Matthias Henke

»*Tanzen wir die Liebe aus!*«

Cornelia Froboess teilt ihre Erinnerungen

Autorisierte Biografie

Besuchen Sie uns im Internet:
www.droemer-knaur.de

Originalausgabe November 2024
© 2024 Knaur Verlag
Ein Imprint der Verlagsgruppe
Droemer Knaur GmbH & Co. KG, München
Alle Rechte vorbehalten. Das Werk darf – auch teilweise – nur mit
Genehmigung des Verlags wiedergegeben werden.
Die Nutzung unserer Werke für Text- und Data-Mining im Sinne
von § 44b UrhG behalten wir uns explizit vor.
Covergestaltung: Alexandra Dohse / www.grafikkiosk.de
Coverabbildung: © Isolde Ohlbaum
Satz und Layout: Adobe InDesign im Verlag
Druck und Bindung: GGP Media GmbH, Pößneck
ISBN 978-3-426-28429-2

2   4   5   3   1

Inhaltsverzeichnis

Macht kein Theater!

George Tabori

Auftakt

Es gibt einen Zaubertrick, liebe Leserinnen und Leser, den Sie bestimmt kennen. Ein Magier zieht aus dem Ärmel seines Jacketts ein Tuch hervor, ein zweites und drittes folgen, in wachsender Geschwindigkeit dann weitere Tücher, sodass man schließlich nicht mehr mitzählen kann und ungläubig zu staunen beginnt, wie der Artist diese vielen Textilien in seinem Anzug untergebracht hat. Ein ähnliches Gefühl ergriff mich in der Zusammenarbeit mit Matthias Henke, meinem Biografen. Immer wieder und immer schneller »zauberte« er Fundstücke aus meinem Archiv und meinem Leben hervor – in einer von mir nicht für möglich gehaltenen Fülle. Der häufigste Satz, den ich bei unseren Treffen verwendete, lautete denn auch: »Das ist nicht zu fassen!« So lapidar der Satz anmutet, so wahr ist er. Wenn der Autor mein Leben vor mir ausbreitet, kann ich dessen Ereignisdichte kaum begreifen. Sie erklärt sich einerseits aus einem nicht geringen Maß an Fortune, die mir zuteilwurde: die »richtige Zeit«, die »richtigen Menschen«, der »richtige Ort« und dergleichen. Andererseits half mir mein Naturell auf die Sprünge: der Mut zur Veränderung (für meinen Beruf unverzichtbar), die Abenteuerlust oder die Gabe, nach vorn zu blicken. Nachdem also die Vor-Schau mein Leben wesentlich geprägt hat, darf ich mich jetzt, als über Achtzigjährige, auch einmal im Rück–Blick üben und eine Art Resümee ziehen. Die Vor-Schau von einst und der Rück-Blick von heute geben mir die Zuver-Sicht für morgen.

Zur Fortune und zum Naturell gesellt sich aber noch eine dritte Stütze: meine Familie, der ich das »Buch meiner Wandlungen« mit großer Freude überreiche – nicht ohne meines 2022 verstorbenen Ehemanns Hellmuth Matiasek innig zu gedenken.

Cornelia Froboess-Matiasek,
im Sommer 2024

Vorspiel

Anfang März 2015. Es ist ein lausig kalter Wintertag. Der Wind pfeift uns um die Ohren. Wir erkunden zu Fuß die Umgebung von Dessau, gelangen dorthin, wo sich Fuchs und Hase Gute Nacht sagen. Wir unterhalten uns über Gott und die Welt. Nach einigen Stunden bekommen wir Hunger. Aber kein Café oder Lokal in Sicht, nicht einmal ein Supermarkt oder Ähnliches. Und keine Menschen auf der Straße, die man fragen könnte.

Doch dann ein Lichtblick: in einem winzigen Dorf ein kleines Fleischereifachgeschäft. Wir gehen hinein. Und wir sorgen, genauer gesagt, »sie« sorgt beinahe für einen Ohnmachtsanfall. »Erich, Erich«, ruft die Metzgersfrau nach hinten, »Cornelia Froboess ist bei uns im Laden.« Die aufgeregte Dame verfällt in Schnappatmung. Man hat regelrecht Angst um sie. Aber sie beruhigt sich wieder und bereitet uns mit zitternder Hand die georderten Mettbrötchen zu. Gerettet! Donnerwetter, denke ich bei mir, die Froboess ist wirklich ein echter Star: Geht übers flache Land, kehrt dick eingemummelt in ein Geschäft ein, und gleich erkennt man sie – und das in Deutschlands Osten, wobei sie doch eigentlich ein Kind des Westens ist.

Wie kam es dazu, dass sie, die ständig in der Öffentlichkeit stehende Künstlerin, und ich, ein meist in seiner »Studierstube« hockender Musikwissenschaftler und Schriftsteller, gemeinsam querfeldein im Nirgendwo marschieren? Die Antwort erfordert einen kurzen Blick zurück.

Wenige Jahre nach dem Mauerfall, im September 1993, gründet sich in Dessau die Kurt-Weill-Gesellschaft. Sie folgt dem Ziel, das Gedenken an den Komponisten »in seiner Geburtsstadt auf jede geeignete Weise zu erhalten«. Zur erfolgreichen Bilanz des Vereins gehört es, den Neubau einer Synagoge vorangetrieben zu haben, die im Oktober 2023 eröffnet wird – in der Nähe ihrer Vorgängerin, an der Weills Vater bis 1920 als Kantor gewirkt hat.

Ein weiteres Verdienst der Gesellschaft ist es, das alljährliche Kurt-Weill-Fest auf den Weg gebracht zu haben und es jedes Jahr neu zu erfinden. Als im Jahr 2009 der Kulturmanager Professor Michael Kaufmann die Intendanz des Festivals übernimmt, sorgt er für einen Modernisierungsschub. Die Programmhefte erhalten ein neues Gesicht. Auch entwickelt er ein ergänzendes Format, *Entdeckungen* genannt, Brückenkopfveranstaltungen, die auf die kommenden Konzerte, Filmvorführungen, Theaterabende und Lesungen vorbereiten sollen. Schließlich bittet er mich, das Schreiben der Programmhefttexte zu übernehmen – eine Aufgabe, der ich mich gemeinsam mit meiner Frau Carola und ausgesuchten Studierenden stelle. Zudem organisiere ich die *Entdeckungen,* die aus Kurzvorträgen und Konzerten bestehen.

Überhaupt tauschen Kaufmann und ich uns damals intensiv über die Möglichkeiten des Kurt-Weill-Festes aus. Im Spätsommer 2014 erhalte ich einen Anruf von ihm. Nicht ohne Stolz berichtet er, Cornelia Froboess für 2015 als Artist in Residence gewonnen zu haben. Ob ich ihr nicht für eines der vier angedachten Programme eine Art Drehbuch schreiben wolle.

Da ich dergleichen immer gern gemacht habe, etwa für Paul Kuhn oder Katharina Thalbach, sage ich spontan zu. Das »Drehbuch«, so Kaufmanns Wunsch, muss Texte von zwei Dessauer Künstlern umfassen: von Kurt Weill natürlich und von Wilhelm Müller, dem Dichter der *Winterreise.* Beiträge von Ernst Krenek sollen das Programm ergänzen – einerseits, weil der österreichische Komponist einen Liederzyklus geschrieben hat, das *Reisebuch,* in dem man ein Nachfolgemodell der Müller-Schubert'schen *Winterreise* sehen kann; andererseits, weil Kaufmann den Zeitgenossen Krenek und Weill das Dessauer Fest 2016 widmen will. Die ausgewählten Texte und die entsprechenden Moderationen sollen musikalisch durch den renommierten Jazzbassisten Dieter Ilg grundiert werden.

Mit einem derartigen Programm entspreche Cornelia Froboess nicht nur dem Generalthema des aktuellen Kurt-Weill-Festes *Vom Lied zum Song,* äußert sich Michael Kaufmann bei einer Pressekonferenz, vielmehr fungiere sie auch als ideale Botschafterin für den Komponisten: Wie Weill habe sie die Verbindung, das Neben- und Miteinander von U und E immer geliebt und gelebt.

Ende Februar 2015 ist es dann so weit. Cornelia Froboess und ich treffen uns zu Beginn des Kurt-Weill-Festes zum ersten Mal persönlich, wohnen im selben Hotel. Das »Drehbuch«, es heißt nun nach Wilhelm Müller *Je weiter meine Stimme dringt, je heller sie mir wieder klingt,* ist akzeptiert.

Rasch merken wir, dass die Chemie stimmt, und verabreden, die Tage mit einem gemeinsamen Frühstück zu beginnen. Mit von der Partie: meine Frau sowie unser vierjähriger Mischling Momo, mit dem wir bei der Hundenärrin Froboess natürlich Extrapunkte einfahren. Nach einer Weile stoßen auch einer ihrer Begleiter, der Gitarrist Sigi Schwab, und seine patente Gattin zu uns (beide sind inzwischen leider verstorben). Auch mit ihnen komme ich bestens ins Gespräch.

Gut gelaunt treffen wir uns an einem der folgenden Tage beim sogenannten Festivalcafé wieder, in dem Cornelia Froboess als Artist in Residence einem Redakteursduo des MDR Rede und Antwort steht. Es wird ein erstaunliches und für uns beide weichenstellendes Interview.

Zunächst bekennt Cornelia Froboess, vor ihrer Einladung nach Dessau vom »amerikanischen« Weill nur wenig gewusst zu haben. Auch Wilhelm Müller hat sie bislang nur als Dichter der *Winterreise* wahrgenommen. Aber sie konnte sich Gott sei Dank die letzten Wochen ziemlich gut freischaufeln, um sich, so Froboess wörtlich, »wie eine Schülerin« auf das Fest vorzubereiten. »Die Beschäftigung mit diesen wunderbaren Komponisten und Dichtern gehörte für mich zu der reichsten Zeit der letzten Jahre.« Dann kommt das Gespräch auf ihre vier Programme. Cornelia Froboess erwähnt die Kunstfigur der Frau Wernicke, der ihr Schöpfer, der jüdische Emigrant Bruno Adler, satirische Beiträge in den Mund legte, um sie von der BBC »heim ins Reich« zu senden. Die Botschaften der »Volksjenossin« Wernicke seien im Berliner Dialekt geschrieben: »Und ich glaub, den kann ich.« Das Publikum lacht. (Ergänzen darf man, dass sie die Wernicke schon im Jahr 2000 in einem Film verkörpert hat.) Als Partnerin steht ihr hier die Jazzpianistin Julia Hülsmann zur Seite.

Dann bitten die Moderatoren Cornelia Froboess, einen oder mehrere Texte von Kurt Weill zu lesen. Sie entscheidet sich unter anderem für das spöttische Porträt seiner Frau Lotte Lenya. »*Meine Frau, 1929.* Sie ist eine miserable Hausfrau. Aber eine sehr gute Schauspielerin. Sie kann keine Noten lesen, aber wenn sie singt, dann hören die Leute zu wie bei Caruso. […] Sie kümmert sich nicht um meine Arbeit (das ist einer ihrer größten Vorzüge). Aber sie wäre sehr böse, wenn ich mich nicht für ihre Arbeit interessieren würde. [...] Sie hat mich geheiratet, weil sie gern das Gruseln lernen wollte, und sie behauptet, dieser Wunsch sei ihr in ausreichendem Maße in Erfüllung gegangen.«

Und jetzt geht's an den nächsten Einspieler: an die unvermeidbare *Badehose,* Cornelias Hit aus Kindertagen. Es kommt zu einer Überraschung. »Das ist nicht das Original«, ruft die Froboess. Sie habe das Lied ursprünglich mit den Schöneberger Sängerknaben aufgenommen, nicht mit Männerstimmen. Man habe hier die Version für die DDR eingespielt, mit dem veränderten Text. Aus dem westlichen Wannsee sei das neutrale Strandbad geworden.

In diesem Augenblick funkt es bei mir. Nie hätte ich gedacht, dass man an einem so harmlosen Lied Politisches festmachen, ja, anschaulich erzählen kann. In meinen Schädel nistet sich die fixe Idee ein, das Leben der Sängerin-Schauspielerin entlang der BRD-Geschichte aufzufächern.

Als ich ein paar Tage später das Programm *Liederliches* höre, das Cornelia und Sigi Schwab in der Dessauer Marienkirche geben, ist es um mich geschehen. Jetzt will ich den Gedanken einer Froboess-Biografie in die Tat umsetzen, so mein fester Entschluss. Besonders hat es mir und dem Publikum der Vortrag des Leonard-Cohen-Songs *Dance Me to the End of Love* angetan, den Cornelias Ehemann Hellmuth Matiasek ins Deutsche übertragen hat: »Tanzen wir die Liebe aus!« Ich gestehe, dass ich ihre intime Deutung gegenüber Cohens Originalversion, die mir wegen der Hintergrundchöre allzu schwülstig erscheint, eindeutig bevorzuge.

Liederliches, das Programm des Duos, ist keine Kleinkunst, wie man gern sagt, sondern die Auslotung der Möglichkeit, im Kleinen das Große zu erblicken, also die Glasscherbe von der Straße aufzuheben, sie gegen die Sonne zu halten und es funkeln zu sehen.

Es dauert ein paar Wochen, bis ich meine »biografischen Gedanken« zu Papier bringe und an die Schauspielerin schicke. Sie sagt nicht Ja und nicht Nein. Vielleicht ist sie noch nicht bereit, denke ich mir. Wir bleiben in Kontakt, wenn auch zunächst ohne Ergebnisse.

Als der Bayerische Rundfunk meine Hörfunksendung über die Musikmäzenin Emmy Rubensohn produzieren will, frage ich Cornelia Froboess, ob sie bereit sei, deren Briefe zu lesen. Sie sagt zu. Aber ihre Dreharbeiten und die freien Zeiten in den BR-Studios passen nicht zusammen. Ihre geschätzte Kollegin Sibylle Canonica springt dankenswerterweise ein. Als ich mit dem Dirigenten Martin Haselböck übereingekommen bin, Joseph Haydns *Die sieben letzten Worte unseres Erlösers am Kreuze* in einer neuen, von mir eingerichteten Textfassung zur Aufführung zu bringen, 2019 im Wiener Stephansdom, frage ich sie, ob sie bereit sei, die Worte und Kommentare zu sprechen. Sie bejaht. Aber die Verantwortlichen haben Bedenken, Jesu Part von einer Frau sprechen zu lassen. So übernimmt Sebastian Koch diese Aufgabe.

Und wie es so geht, andere Projekte überlagern unseren Plan, der auf der Liste tiefer und tiefer rutscht. Sie hat ihre Filme, ich meine Bücher. Dann aber, im Frühjahr 2023, ein Jahr nach dem Tod ihres Mannes, falle ich aus allen Wolken. Cornelia Froboess ruft bei mir an, sie will, dass ich ihre Biografie schreibe. Wir stimmen rasch überein, ihr Leben und ihre Karriere nicht in Ich-Form zu erzählen, sondern in das gesellschaftliche und künstlerische Geschehen der Zeit einzubetten. Achtzigjährig lässt sich die Schauspielerin zum x-ten Mal auf ein Abenteuer ein, übt sie den Sprung ins Ungewisse.

Bei einem unserer zahlreichen Arbeitstreffen, die dann folgen, zeigt mir Cornelia Froboess ein Selfie. Wenige Wochen zuvor ist sie auf einem regennassen Balkon ausgeglitten und heftig gestürzt. Jetzt soll ich die Unfallfolgen auf ihrem Smartphone begutachten. Als ich mich erschreckt abwende, fordert sie mich energisch auf, genau hinzuschauen.

Nun sehe ich ihr fotografiertes Gesicht, das einer von Hämatomen geprägten Landschaft gleicht: mit Farbinseln, die vom tiefen Violett bis zum zarten Gelb reichen. Ich schlucke. Wieso das? Weshalb soll ich mir ihre Verletzungen so genau anschauen? Die Antwort kann ich mir nach ein paar Tagen Bedenkzeit selbst geben. Die Künstlerin hat eine ganzheitliche Sicht auf den Menschen. Sie teilt ihn nicht in schön oder hässlich auf, grenzt ihn nicht auf entweder böse oder gut ein, auf heldenhaft oder wankelmütig, sondern sieht ihn als ein Gesamtes. Alle Facetten zusammen machen für sie Leben aus: das Leben schlechthin, aber auch ihr eigenes Leben. Und sie fühlt sich hierin von einem Theatergiganten wie George Tabori bestätigt. Als sie ihm einmal gesteht, sie habe Angst, auf die Bühne zu gehen, weil sie an einer Bronchitis erkrankt sei und einen Hustenanfall befürchte, zerstreut er ihre Bedenken. »Benutze es«, sagte er ihr, »mach was daraus, auch das Husten gehört zum Leben.« Anders gesagt: Sei wahrhaftig, steh auch auf der Bühne zu deinem Menschsein. Diese Einstellung gehört zu den tragenden Säulen ihrer Darstellungskunst.

Ihr Bekenntnis zu einem ganzheitlichen Menschenbild, ihre Ablehnung eines Entweder-oder, lässt die Charakterdarstellerin auch entspannt mit ihrer Vergangenheit als die »kleine Cornelia« und als Teenager-Idol Conny umgehen. Sie habe Gott sei Dank kein Sissy-Syndrom, bekannte sie einmal mit Blick auf Romy Schneider, die unter ihren frühen Filmen litt. Selbst im Umfeld anspruchsvollster Premieren bleibt Cornelia Froboess locker, wenn man sie auf *Pack die Badehose ein* anspricht. Im Gegenteil, sie zögert nie, ihren ersten und sicherlich populärsten Hit »entzückend« zu nennen. Ja, sie hält es sogar für gefährlich, sich von sogenannten Jugendsünden zu distanzieren. Warum denn auch, schiebt sie in einem Gespräch nach. Die Rolle der zersägten Dame, die sich in ein Damals und ein Heute spaltet, will Cornelia Froboess jedenfalls nicht übernehmen.

Der Star aus dem Hinterhof

Auch wenn viele Deutsche es noch leugnen: Der Krieg ist für sie nicht mehr zu gewinnen. Im Oktober 1943 zerstört ein Luftangriff der Alliierten das Stadtzentrum der westfälischen Metropole Münster. Am Vortag prasseln Bomben auf Hannover nieder, 450 Wohnhäuser gehen in Flammen auf, rund 250 000 EinwohnerInnen sind obdachlos. Am 22. des Monats erlebt Kassel ein Inferno. Weil sie das nordhessische Rüstungszentrum zerstören wollen, überziehen alliierte Flugverbände den Ort mit einem Teppich aus Brandbomben, der Abertausenden das Leben raubt. Noch am 4. Oktober tönte Heinrich Himmler, Reichsführer der SS, beim Posener Gruppenführertag von den deutschen »Herrenmenschen«, die den »slawischen Untermenschen« haushoch überlegen seien. Und er scheute sich nicht, in seiner Rede den Holocaust zu einem »Ruhmesblatt« seiner Organisation zu erklären.

An den Fronten, im Westen wie im Osten, versuchen KünstlerInnen, die deutschen Soldaten zu trösten, sie wenigstens für einen Augenblick die Katastrophe vergessen zu lassen. »Sing, Nachtigall«, fleht die Sängerin Evelyn Künneke, »sing ein Lied aus alten Zeiten, sing, Nachtigall, sing, bring mein Glück zurück.«

Der Reichshauptstadt stehen die schwersten Luftangriffe, die den Untergang Berlins besiegeln, noch bevor. Schon zu

Beginn des Jahres versinken zentrale Gebäude in Schutt und Asche: die Universität, das Opernhaus oder die Deutschlandhalle. Und zwischen dem 23. August und dem 4. September 1943 vernichten feindliche Fliegerstaffeln fast den gesamten Ortsteil Lankwitz. Die Zerstörungen belasten die EinwohnerInnen, zumindest jene, die weder stramme Nazis sind noch an den Endsieg glauben. Luftalarm, nachts in die Schutzkeller hetzen, dort stundenlang die Beben ertragen – all das zermürbt die Nerven der Mütter, der Kinder, der Alten.

In dieser Lage folgt die schwangere, immerhin schon dreißig Jahre alte Margaretha Froboess dem Rat ihres Gatten, ihr Kind nicht in Berlin auf die Welt zu bringen. Die beiden entscheiden sich für Wriezen, nicht zuletzt, weil die brandenburgische Kleinstadt verkehrstechnisch gut an die Reichshauptstadt angebunden ist: Vom Wriezener Bahnhof aus kann man den kleinen Ort im Oderbruch ohne Umsteigen erreichen. Am 28. Oktober 1943 kommt hier im Städtischen Krankenhaus ein gesundes Kind zur Welt, dem die Eltern den Namen Cornelia geben. Wenige Monate später gerät die Familie in eine Art Zangengriff. Mitte November beginnt die verheerende Luftschlacht um Berlin. Von Osten wiederum rückt die Sowjetarmee vor. Im Januar überquert eine Armada aus Panzern die zugefrorene Oder. Und am 19. April 1945, wenige Tage vor der Selbsttötung Hitlers, ziehen russische Soldaten in Wriezen ein.

An die Gräuel jener Tage kann sich Cornelia Froboess heute nicht mehr konkret erinnern. Aber es ist bekannt, dass Kleinkinder ihre Umwelt sehr wohl wahrnehmen und sie das Erlebte verinnerlichen können. Ihre Eltern müssen in der unübersichtlichen Gemengelage eine Entscheidung treffen. Nach Abwägen des Für und Wider kehrt Margaretha samt Töchterlein zu ihrem Ehemann zurück, in den

Wedding, Gottschalkstraße 27, in ein noch heute stehendes Haus. Hier, in einem proletarisch geprägten Viertel, dessen Hymne *Der rote Wedding* lautet, wächst das Mädchen auf.

Von den zuvor fast 1,6 Millionen Wohnungen in Berlin ist rund ein Viertel zerstört, zahllose weitere sind einsturzgefährdet. Familie Froboess muss es als Geschenk betrachten, ein Dach über dem Kopf zu haben, auch wenn die Gottschalkstraße fast die Grenze zum sowjetischen Sektor berührt.

Für Vater Gerhard läuft es auch beruflich gut, nicht zuletzt wegen seiner Vielseitigkeit. Schon als junger Mann hat der 1906 Geborene zwei professionelle Standbeine: die Musik und die Tontechnik. Ende der 1920er-Jahre gastiert er, ein gelernter Pianist, in Hamburg. Seinen Lebensunterhalt verdient er sich dort im Carl-Schultze-Theater, als Mitglied einer Band, die eine damals häufig gespielte Operette begleitet: *Miss Chocolate*. Der Gelegenheitsjob kann seine Passion für die US-amerikanische Tanzmusik allerdings nicht stillen. Er will auf dem Laufenden bleiben, die neuesten Shimmys oder Charlestons hören, deren Popularität seit den Auftritten der Tänzerin Josephine Baker enorm gestiegen ist. Entsprechende Schallplatten gelangen nur selten oder aber spät nach Deutschland. Wie seiner maschinenschriftlich überlieferten Kurzbiografie zu entnehmen ist, liest Gerhard in der Fachzeitschrift *Der Deutsche Rundfunk* »von Leuten, die mit ihren selbstgebastelten Kurzwellenempfängern nachts von zwölf bis zwei Uhr Amerika hörten«.

Der Tanzmusikfan folgt der Spur und kann sich nach einigen Startschwierigkeiten ein derartiges Gerät selbst bauen. Die Jagd nach Novitäten ist eröffnet! Gerhards Coup ist zugleich der Grundstein für seine zweite Karriere, die eines Tontechnikers. Während der 1930er-Jahre studiert er in

Köthen Hochfrequenztechnik und Elektroakustik. Wenige Jahre später arbeitet er als Tontechniker bei etlichen Filmproduktionen mit: etwa bei der Komödie *Kohlhiesels Töchter,* die 1943 in die deutschen Kinos kommt. Ein Highlight für den Familienvater dürfte aber seine Mitwirkung an der Liebesgeschichte *Das Mädchen Juanita (Frau über Bord)* gewesen sein – in einem prominenten Team unter der Regie von Wolfgang Staudte und Schauspielern wie Heinrich George und Axel von Ambesser. 1944/45 produziert, gelangt der Film erst 1952 zur Uraufführung.

Das eine zu tun, heißt für Gerhard Froboess nicht, das andere zu lassen. Nach wie vor tritt er als Musiker auf, als gewandter Klavierspieler, der eigene Nummern sowie moderne Tänze mit Verve zu präsentieren weiß. Mit namhaften Pianokollegen wie Peter Kreuder oder Paul Kuhn darf er sich durchaus vergleichen. Nicht zuletzt ist er ein geschickter Komponist mit einem besonderen Gespür für Schlager, die er seinen Stars auf den Leib schreibt. Zu ihnen zählt Bully Buhlan, ein Publikumsliebling der Nachkriegszeit. Er gehört dem Radio-Berlin-Tanzorchester an, einer Bigband. Der gefragte Filmkomponist Michael Jary gründet sie gleich nach Kriegsende, um den deutschen Nachholbedarf an swingorientierter Tanzmusik zu befriedigen. Als Jary entdeckt, dass Buhlan nicht nur ein versierter Jazzpianist ist, sondern auch über stimmliche Qualitäten verfügt, befördert er den knapp Zwanzigjährigen zum Frontsänger des RBT-Orchesters. Jetzt liegt der Ball bei Gerhard Froboess. Er soll mithelfen, das nötige Repertoire für Buhlan zu schaffen. Und er kommt der Aufgabe rasch nach. Er schreibt für ihn das Lied *Ja, wenn ich ein Tänzer wär,* das 1947 bei dem Label Amiga erscheint. Ein Jahr später lässt er den Schlager *Ein Mann mit knarrenden Schuhen* folgen. Buhlan nimmt ihn erneut bei Amiga auf, allerdings nicht mit den Berliner

Kollegen, sondern mit Kurt Henkels und seinem 1947 ins Leben gerufenen Rundfunk-Tanzorchester Leipzig.

Das Team Froboess/Buhlan ist nicht nur erfolgreich, seine Zusammenarbeit spiegelt auch Zeitgeschichtliches. So ist die Schallplattenfirma Amiga eine Sparte des Verlags *Lied der Zeit,* den der kommunistische Arbeitersänger und Schauspieler Ernst Busch am 3. Februar 1947 in Berlin gründet. In den 1920er-Jahren als »Barrikaden-Tauber« bejubelt (in Anspielung auf den Tenor Richard Tauber) und mit Hanns Eisler wie Bertolt Brecht befreundet, genießt er jetzt das Ansehen der sowjetischen Besatzer. Sie erteilen ihm 1946 die nötige Verlagslizenz. Dass Froboess/Buhlan in Berlin *und* Leipzig produzieren, deutet im Übrigen auf den ungeklärten Zustand Deutschlands hin: Noch hat sich das Ost-West-Denken nicht vollends etabliert.

In den ersten Nachkriegsjahren haben die BerlinerInnen allerdings andere Sorgen. Die Beschaffung von Nahrungsmitteln steht an erster Stelle. Die ausgeteilten Lebensmittelkarten reichen nicht aus. Also blüht der Schwarzhandel. Das Heizen ist ein weiteres Problem. Bedürftige können sich in extra eingerichteten Wärmestuben vor dem Erfrieren schützen. Millionen deutscher Männer befinden sich in Kriegsgefangenschaft. Die Berlinerinnen müssen den Schutt wegräumen. Als Trümmerfrauen schreiben sie Geschichte.

Selbst die Angehörigen der Siegermächte sind angesichts des Elends erschüttert. Betroffen zeigt sich ein Journalist der britischen Wochenzeitung *The Economist,* der im Herbst 1945 Berlin besucht: »Die Gesichter der Babys in den Kinderwägen sind leichenfahl; die Gesichter der wenigen Alten sind genauso totenblass wie die der Babys und Kleinkinder.«

Die kleine Cornelia scheint dank der elterlichen Fürsorge und des professionellen Geschicks ihres Vaters gut durch die Zeiten zu kommen. Ein frühes Foto zeigt sie auf dem Schoß ihrer Mutter im Alter von zwölf oder mehr Monaten. Man sieht kein »leichenfahles Gesicht«, sondern einen Wonneproppen, der freundlich in die Kamera schaut. Im Hintergrund steht der Kinderwagen, ein vollwertiges Gefährt, und nicht etwa ein Bollerwagen, der damals oft als Ersatz dienen muss.

Das Foto zeigt obendrein den Ort, der in den kommenden Jahren zu Cornelias Lebensraum wird: den Hinterhof der Gottschalkstraße 27. Hier trifft sie ihre Freundinnen Hannelore und Helga, die eine Tochter einer Beamtenwitwe, die andere das Kind von Hausmeister Lessow. Hier rauft das zierliche und zugleich burschikose Mädchen aber auch mit Jungen wie Peter. Conne, wie sie alle nennen, juchzt, wenn sie das Holzgeländer runterrutschen kann. Sie spielt auch gern Verstecken. Ruinen gibt's genug. Unter ihnen sind Keller. Einer geht in den anderen über. Tolle Verstecke, in denen es einen so schön gruselt. Angst vor Prellungen oder Schürfwunden hat Conne nicht. Mit ihrem Roller saust sie nur so durch die Gegend. In der Nachbarschaft brennt eine Papierfabrik aus. Hanne und Conne steigen in das Trümmerwerk ein, mopsen Blöcke und Formulare, mit denen sie »Auf der Post« spielen. Ein besonderes Fest ist es aber für die Hinterhofkinder, wenn Vater Froboess auf dem verdämmernden Hinterhof Zeichentrickfilme zeigt. Mit Ton!!

Den knabenhaften Habitus muss Conne allerdings schon bald gegen ein mädchenhaftes Äußeres eintauschen. Außerhalb des Hinterhofs sind Kleider und die obligatorische Haarschleife angesagt, bevor sie wieder in ihr Reich zurückkehren kann, zu Hanne und Peter.

Von der politischen Großwetterlage habe sie zunächst wenig mitbekommen, sagt Cornelia Froboess. Das Dröhnen der sogenannten Rosinenbomber ist ihr allerdings nicht entgangen. Anfang 1948 beginnen die Sowjets, den Waren- und Personenverkehr in den Westsektor Berlins zu behin- dern. Die westlichen Alliierten, die USA, Großbritannien und Frankreich, reagieren auf die Blockadepolitik mit der Einrichtung einer Luftbrücke. Zwischen Juni 1948 und Sep- tember 1949 versorgen ihre Transportflugzeuge die notlei- dende Bevölkerung mit Lebensmitteln, Kohle oder Benzin. Den Kindern gilt die besondere Aufmerksamkeit der Helfer. Aus ihren Fliegern werfen sie kleine, selbst gebastelte Fall- schirme ab, die Päckchen mit Schokolade und anderen Sü- ßigkeiten sicher zu Boden bringen. Insgesamt transportie- ren die »Rosinenbomber« 23 Tonnen der heiß begehrten Ware.

Das Jahr 1949 stellt im Großen wie im Kleinen einen Schnittpunkt dar, jetzt gibt es ein Vorher und ein Nachher. Mit der Unterzeichnung des Grundgesetzes kommt es im Mai zur Gründung der Bundesrepublik Deutschland. Als ihr erster Kanzler tritt der westlich orientierte Konrad Ade- nauer an. Im Oktober wandelt sich die sowjetische Zone zur Deutschen Demokratischen Republik, die im Westen meist das relativierende Etikett »DDR« erhält, weil man sie nicht als souveränen Staat betrachtet. Ihr erster Ministerpräsident heißt Otto Grotewohl. Die sich schon länger abzeichnende Aufteilung in West- und Ostdeutschland ist somit zemen- tiert. Und Cornelia muss die Heimat ihrer frühen Kindheit verlassen. Es beginnt jene Zeit, in der ein Äußeres den Takt im Innenhof vorgibt. Fortan besucht das Mädchen die Grundschule in der Kattegatstraße, deren Gebäude den Zweiten Weltkrieg überstanden hat, wenn auch erheblich beschädigt.

Wannsee-Tsunami

Kalkutta liegt am Ganges, Pigalle, Weiße Rosen aus Athen, Ohne Krimi geht die Mimi nie ins Bett, Das bisschen Haushalt ... sagt mein Mann – ob Schlagerfan oder nicht: Es dürfte nur wenige Deutsche geben, in deren Gehörgängen sich der eine oder andere Titel nicht eingenistet hat. Umgekehrt wird der Mann »dahinter« den meisten unbekannt sein, obwohl der Textautor Hans Bradtke, ein gelernter Architekt, mit namhaften Schlagergrößen zusammengearbeitet hat: mit Bill Ramsey etwa, Vico Torriani, Nana Mouskouri, Johanna von Koczian, Peter Kraus oder Peggy March. Seine Erfolge ruhen auf drei Säulen: erstens dem Gefühl für einprägsame Sprachrhythmen, die den Komponisten eine melodische Struktur vorgeben; zweitens auf der Gabe, nein, nicht dem Volk aufs Maul zu schauen, wohl aber in dessen Herzen, denn Bradtke weiß um die Sehnsüchte der Nachkriegsdeutschen; drittens seiner schöpferischen Spontanität – er drechselt seine Verse nicht wie ein Kunsthandwerker, sondern lässt sie sprudeln, sodass sie ungekünstelt und frisch daherkommen.

1951 gelingt ihm ein besonderer Coup, mit dem er sich in das kulturelle Gedächtnis Deutschlands einschreibt. Innerhalb von einer Viertelstunde, so munkelt man später, vollendet er ein Lied über ein banales Kleidungsstück. Er zeigt die Zeilen seinem Kollegen Gerhard Froboess, der sie in einen schmissigen Marsch verpackt. Mit noch feuchtem

Notenpapier und seiner Tochter an der Hand geht er zum RIAS, dem Rundfunk im amerikanischen Sektor, um sich mit dem Abteilungsleiter und Dirigenten Hans Carste zu treffen. Der schenkt Conne eine Tafel Schokolade. Ihr Vater bittet sie, sich mit einem Liedchen zu bedanken.

Ohne Zögern, ganz Berliner Hinterhofjöre, trällert die Siebenjährige daraufhin den Schlager von der Badehose, entwaffnend natürlich und fehlerfrei – hat sie ihn doch in den letzten Wochen, als ihr Vater an dem Werk feilte, wieder und wieder gehört. Carste, selbst ein erfolgreicher Komponist und wenig später Urheber der *Tagesschau*-Melodie, ist begeistert von dem witzigen Charme der kleinen Sängerin. Er vermittelt sie an den aufstrebenden Moderator Hans Rosenthal, der Cornelia und ihren Vater in ein Rundfunkquiz einlädt.

Am nächsten Morgen steht Berlin Kopf, *Pack die Badehose ein* wird zum Sommerhit 1951. Und als die Electrola, die in Köln ansässige Schallplattenfirma der Millionenseller, bei Vater Froboess anklopft, sind die Weichen gestellt. Nicht ein, sondern *der* Kinderstar des Jahrzehnts macht sich auf den Weg. Am 21. Juni 1951 nimmt die »kleine Cornelia«, so ihr künftiges Label, *Pack die Badehose ein* für die Schallplatte auf, in einer Westberliner Kirche, unterstützt vom Chor der Schöneberger Sängerknaben.

»Wenn man in der Schule sitzt,
über seinen Büchern schwitzt
Und es lacht der Sonnenschein,
dann möcht man draußen sein
Ist die Schule endlich aus,
geh'n die Kinder froh nach Haus,
Und der kleine Klaus
ruft dem Hänschen hinterher:

Pack die Badehose ein,
nimm dein kleines Schwesterlein
Und dann nischt wie raus nach Wannsee
Ja, wir radeln wie der Wind
durch den Grunewald geschwind
Und dann sind wir bald am Wannsee
Hei, wir tummeln uns im Wasser
wie die Fischlein, das ist fein
Und nur deine kleine Schwester,
nee, die traut sich nicht hinein
Pack die Badehose ein,
nimm dein kleines Schwesterlein
Denn um acht müssen wir zu Hause sein.
›Woll'n wir heut ins Kino geh'n
und uns mal Tom Mix anseh'n?‹
Fragte mich der kleine Fritz,
ich sprach ›Du machst 'n Witz!
Schau dir mal den Himmel an,
blau soweit man sehen kann.
Ich fahre an den Wannsee
und pfeife auf Tom Mix.‹«

Vater Froboess ist professionell genug, nun die Rolle von Cornelias Manager zu übernehmen. Es ist ein Fulltime-Job, denn der Erfolg seiner Tochter überrollt das Land wie ein Tsunami. Immer wieder stehen längere Konzertreisen mit ihr und den Schöneberger Sängerknaben an. Vorab heißt es, so manche gesetzliche Klippe zu überwinden. Wenn Kinder abends auf die Bühne sollen, brauchen sie für jeden Einzelfall eine amtliche Genehmigung. Fehlt sie, zieht das eine saftige Geldstrafe nach sich.

»Natürlich bin ich vermarktet worden«, erinnert sich Cornelia Froboess später in einem Gespräch mit Jörg Werner Gronius, »und dadurch, dass mein Vater nicht nur Vater, sondern gleichzeitig auch mein Manager war, hat er natürlich zu der Vermarktung ordentlich beigetragen und auch Imagepflege betrieben mit allem, was dazugehört, mit dem kurzen Haarschnitt, der überall bei den Friseuren dann als originaler Conny-Haarschnitt nachgefragt wurde – das fand er ganz toll. Nein, aber er hat mich nicht vermarktet, in dem Sinne, dass das Kind jetzt losgeschickt wird und weinend lieber zu Hause spielen möchte – daran kann ich mich nicht erinnern. Sicher, ich habe mich im Bürgerpark, wir wohnten damals im Wedding, oft versteckt, und dann hat man mich gesucht, weil ich nachmittags in Schöneberg mit Hänschen Rosenthal irgendeine Quizsendung machen musste. Das war auch alles, das einzige Wehren in dem Sinne.«

Trotz ihrer Bekanntheit, ja, ihres Ruhms bleibt sie im Innern immer noch die Conne, die sich auf dem Hinterhof mit ihren Kumpels herumtreibt. Und der es überhaupt nicht gefällt, wenn ihre Mutter sie vom Spielen abruft, um sie abzuschrubben und ihr ein adrettes Äußeres zu verleihen, »nur« weil sie später einen Auftritt hat. Ihr umsichtiger Vater engagiert derweil einen Ausschnittdienst, also einen Medienpartner, der sämtliche deutsche Tageszeitungen nach Artikeln über Gerhard und Cornelia durchforstet. Ende 1952 füllen die Kritiken zu dem Vater-Tochter-Team bereits einen breiten Ordner. Der Schlagerkomponist bürdet sich noch mehr auf: Er gründet und leitet den Musikverlag Melodie Froboess und Budde KG, in dem fortan seine Lieder erscheinen – geschäftlich gesehen ein kluger Zug, fließen die üblichen Verlagstantiemen doch nun in die eigene Kasse.

Pack die Badehose ein – das Lied katapultiert Familie Froboess in ungeahnte Höhen der Popularität und des Business. »Mit 200 bis 300 DM Abendgage«, meldet der *Spiegel* am 6. August 1952, »ist Cornelia Froboess heute ebenso gestellt wie mancher erwachsene Spitzenstar. Dazu kommen Film-, Funk- und Schallplatten-Einkünfte. Ihre Gage verwaltet der Herr Papa. Cornelia bekommt lediglich eine symbolische Abschlagszahlung: eine DM für jeden Auftritt. Dazu zehn Pfennig zum Vernaschen.« Der Geldsegen ermöglicht es der Familie, am wirtschaftlichen Aufschwung der BRD teilzuhaben. Man legt sich einen Ford Taunus zu. Und die bewegungsfreudige Cornelia bekommt ihr lang ersehntes Fahrrad.

Die *Badehose* zieht aber auch Kreise, die weit über das familiäre Glück hinausgehen. Der Schlager entwickelt sich dank seiner Massenwirksamkeit zu einem Politikum, und das gleich in mehrfacher Hinsicht. Zunächst verpasst man ihm in der DDR ein systemkonformes Gewand. Der in Westberlin gelegene Wannsee wird zum »Strandbad« umgedichtet, der Grunewald zum »grünen Wald«. Und die Anspielung auf Tom Mix (1880–1940), den amerikanischen Cowboy-Darsteller, tilgt man, um nicht länger an die verachtete Hollywoodkultur zu erinnern. Im Juli 1952 kommt es zu einem Schießvorfall am Wannsee. Auf dem nahe gelegenen Übungsplatz der US Army löst sich ein Schuss, der in den Hals der siebenjährigen Karla eindringt. Wie durch ein Wunder überlebt das Mädchen. Die Presse berichtet, während die Kabarettistin Gina Presgott in ein Leipziger Tonstudio geht, um das *Badehosen*-Lied ebenso geschickt wie tendenziös in einen Beitrag zum Kalten Krieg zu verwandeln: »Schließ die Badehose ein, lass das Baden lieber sein, denn der Ami schießt am Wannsee.«

Etwa zur selben Zeit folgen Gerhard und Cornelia einer Einladung des Hessischen Rundfunks nach Frankfurt. Am 20. Juni 1952 stehen sie in einem Interview Rede und Antwort. Die achtjährige Sängerin erzählt so locker, als sei es eine Selbstverständlichkeit, sie wirke jetzt in ihrem dritten Film mit.

Wer kann damals ahnen, dass ihre Rollen auf der Leinwand und in Fernsehspielen eines Tages die Hundert übersteigen würden? In *Die sündige Grenze,* ihrem ersten Film, der Ende 1951 in die Kinos kommt, wenige Tage nach ihrem achten Geburtstag, spielt Cornelia die kleine Bertha. Wie andere Kinder muss sie sich von einem Gauner drangsalieren lassen, der die Kleinen benutzt, um sie, beladen mit Schmuggelware, illegal über die Grenze zu schicken. Dem Regisseur Robert A. Stemmle ist es in diesem Film ein Anliegen, auf die Not vieler Nachkriegskinder hinzuweisen: hier, indem er den Schwarzhandel thematisiert, der damals für viele Menschen die einzige Möglichkeit ist, sich ausreichend mit Lebensmitteln zu versorgen. Im Übrigen beweist Stemmle ein gutes Gespür für Talente: So hat er neben anderen später Prominenten den Berliner Horst Buchholz engagiert, der die Schauspielschule von Marlise Ludwig besucht, jener legendären Lehrerin, unter deren Fittiche sich Ende der 1950er-Jahre auch Cornelia begibt.

Unter dem Titel »Die kleine Cornelia wird Filmstar« schreibt die *Neue Post* am 8. September 1952: »Seit über einem Jahr hat man nicht nur in Deutschland ihre Stimme liebgewonnen: Cornelia Froboess, die ihr Komponist und Vater Gerhard (›Ich nenn ihn einfach Dicker‹) groß beim Funk herausstellte. In ›Sündige Grenze‹ und ›Drei Tage Angst‹ stand Cornelia zum ersten Male vor der Kamera. Sie spielte ohne Scheu, wie ein alter Star.«

Ideale Frau gesucht, der dritte Film des Mädchens, gilt allerdings als wenig raffinierte Verwechslungskomödie. »Den Dolchstoß in den Rücken des Filmes«, witzelt der *Spiegel* Ende Oktober 1952, »führt (unbewusst) die kleine Cornelia

(›Pack die Badehose ein‹) mit den Textworten: Warum reden Erwachsene denn immer so blöd daher…?«

Hier die Tourneen mit den Schöneberger Sängerknaben (sie sei ein »Schöneberger Sängerknaben-Mädchen«, so der Kinderstar), dort das Filmgeschäft – bald weitet sich Cornelias Tätigkeitsfeld erneut. Vater Gerhard kommt in Kontakt zu Heinz Hoffmeister, dem Veranstalter, mit dem er und seine Tochter lange Jahre zusammenarbeiten. Hoffmeister ist ein Kaiser im Reich der Unterhaltungsevents, der so gut wie alle, die hier von Rang und Namen sind, umsichtig managt. Und er ist ein Hansdampf in allen Gassen, der mit seinen Stars Betriebsfeiern, Klubabende, Verbandstreffen oder Jubiläumsveranstaltungen jeglicher Couleur bespielt. Die Reihe seiner KünstlerInnen reicht von Lale Andersen über Caterina Valente, Marika Rökk, Heinz Erhardt, Peter Alexander bis hin zu Hans-Joachim Kulenkampff, Kurt Edelhagen samt seinem Orchester und vielen anderen.

Die von der Gastspieldirektion Hoffmeister durchgeführten Konzertabende gehören der Kategorie »Bunter Abend« an. Sie haben einen lockeren Aufbau. Ein Ensemble, eine Combo eröffnet. Dann sorgt ein Komiker im Saal für gelöste Stimmung. Ein Instrumentalvirtuose lässt die Hörerschaft staunen. Es folgen Schlager aus alter Zeit. Das gleiche Strickmuster bestimmt den zweiten Teil. Es gibt also eigentlich keine Dramaturgie, die auf einen Höhepunkt zustrebt. Es sei denn, und die Kritiken scheinen das zu bestätigen, man betrachtet die kleine Cornelia als Highlight des Programms. Begleitet von ihrem Vater, tritt sie nämlich immer unmittelbar vor der Pause auf. Einerseits können die BesucherInnen das eben Erlebte so ins Foyer mitnehmen; andererseits gibt es auch einen pragmatischen Grund, dürfen Kinder in der Regel doch nur bis 21 Uhr auf der Bühne agieren.

Die *Saarbrücker Zeitung* schwärmt am 1. September 1952:
»Zwei Hauptanziehungspunkte hatte das neue Unterhal-
tungsprogramm, das am Freitag und Samstag, von der
Konzertdirektion Heinz Hoffmeister zusammengestellt, auf
der Bühne der Saarbrücker Wartburg ablief: der eine war
die kleine, acht Jahre alte Cornelia, derzeit Deutschlands
beliebtester Kinderstar. Sie machte, auf dem Stuhl vor den
Mikrofonen stehend, auf die Masche der ›kessen Berliner
Jöre‹ und sang mit ihrer hellen Kinderstimme die bekann-
ten Schlager ›Pack die Badehose ein‹ und ›Ich wünsch mir
ein Kleidchen aus rosa Batist‹. Ganz reizend ein neues Liedchen: ›Lausbub!‹ Am Flügel saß der Papa und Komponist
Gerhard Froboess, während hinter der Bühne die Mutti die
Daumen drückte und die Kleine gleich nach dem Auftritt in
Empfang nahm, um sie ins Bett zu bringen. Ein anmutiges,
burschikoses Mädchen, die kleine Cornelia, die rasch die
Liebe des Saarbrücker Publikums gewann.«

Gewiss, die Schlagzahl für das Kind ist hoch: abends auf
der Bühne sich vor Hunderten Menschen präsentieren, oft
Tag für Tag an einem anderen Ort, und zwischen den Proben mit der Privatlehrerin pauken, einer Frau Morchel, die
Hoffmeister eigens für den Kinderstar engagiert hat. Wie
sorgfältig und fantasievoll die Pädagogin mit ihrem kleinen
Schützling arbeitet, belegen die Übungshefte, die sie eigens
für Cornelia zusammenstellt. Wundersamerweise sind einige von ihnen erhalten. Hervorzuheben ist die »Lehrkladde«
Biologie. Deren handgeschriebener Text fällt bereits durch
sein Äußeres auf: die makellose, fast durchgängige Druck-
schrift. Inhaltlich ist bemerkenswert, dass Frau Morchel zunächst den Vorgang der Bestäubung erklärt, um dann am
Beispiel der Birke mit der Erläuterung von weiblichen und
männlichen Blüten zu beginnen. Es folgen Porträts von allerhand Kleingetier: von Spinnen, Skorpionen, Würmern,

später auch von Schlangen, Schildkröten und Krokodilen. Fast sensationell darf man die Illustrationen nennen: winzige, akkurat ausgeführte Blei- und Buntstiftzeichnungen, die den Text ergänzen – die Tat einer ambitionierten Lehrerin, an deren lebendigen Unterricht ihre Schülerin noch heute gern zurückdenkt: »Sie hat begriffen, wenn man etwas nicht begriffen hat.«

Der Spiegel gibt in seiner Ausgabe vom 4. August 1952 Einblick in die Unterrichtsstunden: »Frau Morchel, 60, mit dreißigjähriger Praxis als Lehrerin, gibt ihr zwei bis drei Stunden Unterricht, in der Regel in ihrem Hotelzimmer. Das geht so vor sich, daß Cornelia morgens, ihre Schulsachen unterm Arm und eine Butterstulle in der Hand, in das Zimmer der Lehrerin hüpft: ›Morjen, Frau Morchel, wat machen wir heute?‹ Auf dem Stundenplan stehen Deutsch, Rechnen und Naturkunde. Wenn die Lehrerin in einem von Cornelias Schulheften verbessert, radiert es Cornelia sofort wieder aus. Rote Striche in ihren Heften kann die Schülerin gleich gar nicht vertragen. In einem solchen Falle ist sie fähig, die ganze Seite herauszureißen.«

Langsam beginnt Cornelia ihre Hinterhoffreundschaften zu vermissen. Zumal sie Einzelkind und fast immer mit Leuten zusammen ist, die ihre Eltern oder Großeltern sein könnten. Doch das Schicksal meint es gut mit ihr und schenkt ihr eine große Schwester – eine, die ganz anders ist als sie. Sie heißt Leila, mit Nachnamen Negra, aber das ist nur ihr Künstlername. In Wirklichkeit heißt sie Marie Nejar. Im Gegensatz zur hellhäutigen Cornelia hat Leila schwarze Haut, schwarze Haare und riesige Augen. Anders als die Berliner »Jöre« wächst Leila auch nicht in einem behütetsorglosen Elternhaus auf.

Marie Nejar kommt 1930 in Mülheim an der Ruhr zur

Welt, in einem Waisenhaus, da ihre Mutter die Geburt verheimlichen will. Als Maries Großmutter schließlich von der Existenz ihrer Enkelin erfährt, holt sie das Mädchen zu sich, zumal der Vater, ein Kapitänsstewart aus Ghana, sich in England niederlässt. 1933, kurz nach der sogenannten Machtergreifung, bezieht das Mädchen sein neues Zuhause im Hamburger Stadtteil St. Pauli. Die besondere Aura des Ortes und die Lebensklugheit ihrer Oma helfen der rassistisch verfemten Marie, die Jahre des Nationalsozialismus zu überleben. In ihrem Viertel ist man den Anblick von Menschen aus fernen Ländern gewohnt. An den Landungsbrücken tummeln sich Afrikaner und Asiaten, treffen täglich Waren aus allen Kontinenten ein. Kurz: Die St. PaulianerInnen bewahren sich trotz der Nazidiktatur einen beachtlichen Rest an Weltoffenheit. Zudem hat das Mädchen eine sympathische Klassenlehrerin, eine Art Schutzpatronin, die ihr fürsorglich zugetan ist, eine wichtige Bezugsperson, denn 1940 stirbt Maries Mutter. Und dann gerät das Kind noch weiter in die Fänge der Nazis, die sich nicht scheuen, es für ihre Zwecke zu missbrauchen. Propagandaminister Joseph Goebbels beauftragt Anfang der 1940er-Jahre seinen Mitarbeiterstab, in Deutschland nach Menschen schwarzer Hautfarbe zu fahnden, um sie in Propaganda- oder Ausstattungsfilmen als »Buschleute« auftreten zu lassen, so der Regierungsjargon.

1942 beginnt man mit den Dreharbeiten zu einem der teuersten Filme der NS-Zeit. Titel: *Münchhausen,* Drehbuch: Erich Kästner, Hauptrolle: Hans Albers. Und Marie? Angetan mit einem Turban muss sie bei ihrem Auftritt einer Haremsdame mit einem Fächer frische Luft zuwedeln, entwürdigt als dekoratives Element. Aber immerhin, sie hat dem schändlichen Verfahren wohl ihr Überleben zu verdanken.

Nach Kriegsende passiert Überraschendes. Mehr oder weniger durch einen Zufall entdeckt man Leilas stimmliche Begabung. Eigentlich kein Wunder, denn ihre Urgroßmutter war Klavierlehrerin, die Großmutter sang in einem Berliner Opernchor, und ihre Mutter versuchte zeitlebens, sich als Barsängerin und Geigerin über Wasser zu halten. Jedenfalls landet Marie zu Beginn der 1950er-Jahre bei dem österreichischen Musikproduzenten Gerhard Mendelson, der ihre Karriere als Schlagersängerin einläutet. Da Marie sehr klein und zierlich ist, zudem über eine eher zarte Stimme verfügt, verpasst er der knapp Zwanzigjährigen das Image eines Kinderstars. Und er verschafft ihr Zutritt in die Welt des Kinos, indem er sie mit Peter Alexander zusammenbringt. Gemeinsam singen sie den Titelsong der 1954 erschienenen Filmkomödie *Die süßesten Früchte* (»fressen nur die großen Tiere«), einen Dauerbrenner seines Genres.

Bei den Hoffmeister-Tourneen treffen die »Kinderstars« Conny und Leila schließlich zusammen, wie sich Marie Nejar in ihrer Autobiografie erinnert: »Als sich zum Schluss sämtliche Interpreten dem Publikum präsentierten, bekam jeder von uns einen großen Blumenstrauß überreicht. Conny stand neben mir, und als sie merkte, dass man mich aufgrund meiner Hautfarbe übergangen hatte, zupfte sie für mich ein paar Rosen aus ihrem Gebinde. Diese Geste war einfach großartig und ersparte mir die unangenehme Situation, mich als Einzige mit leeren Händen zu verbeugen. Nach dieser Geste schloss ich sie noch mehr in mein Herz, was auf Gegenseitigkeit beruhte.«

Die dreizehn Jahre ältere Leila übernimmt den Part der großen Schwester. Wenn Cornelia vor einem Auftritt erkrankt, setzt sie sich zu ihr und liest ihr Geschichten vor oder erfindet selbst welche. Und wenn sie bei den Eltern ihres kleinen Schützlings übernachten darf, albern die beiden so lange herum, bis ihnen die Augen zufallen. Die Freundinnen teilen auch ihre Liebe zu Hunden. Leila ist das Frauchen der kleinen Cora, ihre jüngere »Schwester« liebt Assi, einen schwarzen Pudel. Seite an Seite erledigen sie ihre Schulaufgaben, für Cornelia Pflicht, für Leila eine freiwillige Übung. Und mit sichtlichem Vergnügen geben sie Autogrammstunden, umschwärmt von großen und kleinen VerehrerInnen.

Es kommt, wie es kommen muss: Aus der Heimat der frühen Kindheit vertrieben, folgt nun eine Phase des Übergangs, des Wandels vom Mädchen zum Teenager. Die Ablösung ist für Cornelia besonders schwierig, weil sie einerseits die körperlich-seelischen Veränderungen zu bewältigen hat, andererseits auch ihr professionelles Profil dem neuen Lebensabschnitt anpassen muss. Ihr früher Ruhm wird jetzt zum Bumerang. Einige Kritiker befinden, ihr Repertoire passe nicht mehr zu ihrem Alter, ja, sie habe nicht einmal Stimme. »Die Badehosen-Cornelia«, heißt es am 28. Mai 1954 in der *Mittelbayerischen Zeitung Regensburg,* »benimmt sich von Mal zu Mal unkindlicher und singt ohne Stimme Schlager, welche die Göre ganz und gar verbogen erscheinen lassen«. Gerhard Froboess wehrt sich in einem Leserbrief zwar heftig gegen diesen Verriss, doch das Leben nimmt nun einmal seinen Lauf.

Für Cornelia beginnen nun ein paar Jahre des Suchens und Tastens, eine schwere Zeit, wie sie später sagt, eine, in der die Baumwollstrümpfe schon rutschen, die Nylons aber noch nicht passen.

Brückenjahre

Zwischen dem Nicht-mehr und dem Noch-nicht schwebend, übernimmt Cornelia erstmals die Hauptrolle in einem Film. Unter dem Titel *Laß die Sonne wieder scheinen* erzählt der österreichische Drehbuchautor Franz Marischka eine Story, die einerseits das Schicksal vieler ZeitgenossInnen spiegelt, andererseits aber auch auf die Familie Froboess gemünzt ist. Cornelia alias Angelika, die Tochter des Schlagerkomponisten Herbert Werner, schleicht ihrem Vater heimlich nach, als der in einer Quizshow des Norddeutschen Rundfunks Hamburg für einen Kollegen einspringt. Dabei gelingt es dem Mädchen dank seiner frischen, lockeren Art, die Herzen der Bigband-Musiker zu gewinnen. Sie bitten Angelika, ein Lied ihres Vaters vorzutragen. Der von ihr nun zum Besten gegebene Titelsong des Films stammt aber nicht von Gerhard Froboess, wie man meinen könnte, sondern von Hans Carste, dem Abteilungsleiter der RIAS-Tanzmusik-Sparte und – wie erwähnt – einem Mitentdecker des Kinderstars: *Laß die Sonne wieder scheinen* schlägt im Film (wie in der Wirklichkeit) sofort ein.

Angelikas Konterfei verbreitet sich schnell in der internationalen Presse. Bald entdeckt es auch die österreichische Kinderärztin Mira. Sie erkennt in der kleinen Sängerin ihre Tochter wieder, die sie in den Wirren der letzten Kriegsjahre aus den Augen verloren hat. Sie bittet ihren Vater, einen Rechtsanwalt, nach Hamburg zu reisen, um Herbert Werner zur Rede zu stellen. Anfangs mauert der Musiker, doch dann gesteht er, Angelika als Säugling adoptiert und wie ein eigenes Kind erzogen zu haben. Er willigt ein, das Mädchen in die Obhut der leiblichen Mutter nach Wien zu geben. Angelika vermisst dort ihren Vater allerdings so sehr, dass sie ihm schreibt, er möge sie nach Hamburg zurückholen. Als Herbert Werner in Wien auftaucht, versucht Mira, sich mit ihrer Tochter in Abbazia zu verstecken, dem auf der Halbinsel Istrien gelegenen Seebad. Hier stöbert sie der verzweifelte Vater auf und entdeckt Schritt für Schritt seine Gefühle für Mira. Die wunderschöne Küstenlandschaft und die zauberhaften Nächte tun ein Übriges. Und Angelika? Sie hat jetzt einen Vater und eine Mutter, wie andere Kinder auch.

Sicher, das Drehbuch Marischkas wirkt eher zusammengeschraubt als raffiniert. Dennoch entpuppt sich der von seinem Vater Hubert Marischka in Szene gesetzte Film als Kassenmagnet. Seinerzeit kennt wohl jeder und jede Familien, deren Angehörige sich infolge der Kriegswirren aus den Augen verloren haben. Noch heute kann man auf der Website des Deutschen Roten Kreuzes unter dem Stichwort »Kindersuchdienst« vom Schicksal betroffener Jungen und Mädchen lesen. Seit 1945 hat sich die hilfreiche Einrichtung um circa 300 000 Fälle gekümmert und die Zahl der erfolglosen Anfragen auf 5000 reduzieren können.

Ein besonderes Augenmerk gilt den sogenannten Findelkindern. Wie die Film-Angelika sind sie noch zu jung, um ihren Namen und ihr Alter zu kennen. Die Suche nach ihnen gestaltet sich dadurch umso schwieriger: In steckbriefartigen Zeitungsanzeigen und Rundfunkdurchsagen werden das Erscheinungsbild der Kinder, ihre Kleidung und Spielzeug sowie ihr Auffindeort detailgenau beschrieben und die Bevölkerung um Mithilfe bei der Identifizierung gebeten. Bald schon entwickeln sich auch Fotos zum zentralen Instrument der Nachforschungen. »So entstehen früh die ersten Kinderbildplakate, die an Bahnhöfen, Jugendämtern und Suchdienst-Einrichtungen aushängen und so dazu beitragen, dass sich die Zahl der Findelkinder auf rund 400 verringert«, schreibt der Kindersuchdienst.

Ja, der 1955 ins Kino kommende Film löst bei weiten Teilen des Publikums persönliche Betroffenheit aus. Die starke Resonanz verdankt sich aber auch dem unbekümmerten Gesang und professionellen Spiel der gar nicht mehr so kleinen Cornelia.

Im Begleitmaterial lässt die Atlantic Film-Verleih GmbH den Kinderstar über die Dreharbeiten plaudern: »In meinem Film hatte ich wirklich anstrengend zu tun. Ich hatte tragische, aber auch heiter-beschwingte Szenen zu spielen und das war manchmal gar nicht so einfach für mich. Ein Film wird meistens nicht chronologisch gedreht, d. h. die Szenen laufen bei der Aufnahme durcheinander. So hatte ich z. B. meiner Filmmutter, Hertha Feiler, gegenüber ablehnend zu sein und im nächsten Augenblick in einer anderen Szene wieder liebevoll gegenüberzustehen. Meine Eltern hatten mir vor dem Film gesagt, dass man im Film nur etwas leisten kann, wenn man sich ganz in die Person, die man im Film darstellt, hineinversetzt. Das habe ich versucht zu tun.«

Die meisten KinogängerInnen teilen auch die Botschaft des Films, dass jetzt die Sonne wieder scheint, jetzt, inmitten des Wirtschaftswunders. Butter und Bohnenkaffee gibt es wieder, so viel das Herz begehrt. Auch größeren Konsum kann man sich leisten. Die Schaufenster locken mit Möbeln und allen erdenklichen Elektrogeräten. Das Symbol des Wirtschaftswunders aber ist der VW Käfer. 1955 rollt im Werk Wolfsburg das millionste Exemplar vom Band.

Vom allgemeinen Aufschwung profitiert auch Familie Froboess. Die drei verlassen das angestammte Milieu, um 1956 eine Villa im vornehmen Grunewald zu beziehen, Kudowastraße 21: ein großzügig geschnittenes Haus mit sechs Zimmern und weitflächigem Garten. Wie es der Zufall will, beherbergt das Haus des einstigen Kinderstars heute eine Kita, die den verheißungsvollen Namen »Glücksweg« trägt. Cornelia aber fühlt sich in der neuen Gegend zunächst gar nicht wohl. Sie vermisst ihre SpielgefährtInnen und den Hinterhof. So mutet ihr Umzug an, als würde er ihre persönliche Wandlung bekräftigen.

Es mag mit dem gesellschaftlichen Pragmatismus jener Jahre zusammenhängen, aber auch mit Cornelias Sinn für Organisatorisches und feste Strukturen. Mit ihrer Sehnsucht nach einem Raum, der ganz anders ist als die Welt der Bühne, nach etwas, das sie, die monatelang im Künstlerbus quer durch Deutschland vagabundiert, verorten kann. Jedenfalls besucht Cornelia ab November 1956 die 3. Oberschule technischen Zweiges in Berlin-Wilmersdorf, in einem Gebäude, das den Krieg überstanden hat. »Für mich in erster Linie die Möglichkeit, mit Gleichaltrigen beisammen zu sein«, sagt Cornelia Froboess 1975 rückblickend in einem Interview. »Wir haben uns in erster Linie damit beschäftigt, was wir wieder für neue Streiche aushecken konnten. Alles in allem eine sehr glückliche Zeit.«

Das Abgangszeugnis der Fünfzehnjährigen, ausgestellt am 18. April 1958, weist eine freundliche, aber blasse »Kopfnote« aus, wie man damals sagt: »Cornelia erfreut durch sehr gutes Betragen, meist rege Zusammenarbeit und sehr guten Fleiß.« Bemerkenswert sind indes die anständigen Noten in den Fremdsprachen, in Englisch und Französisch – Kenntnisse, die ihr wenig später den Einstieg in das internationale Filmgeschäft erleichtern.

Ob Cornelia sich immer durch »sehr gutes Betragen« ausgezeichnet hat, darf man allerdings bezweifeln. Als Star hat sie innerhalb der Klassengemeinschaft eine Sonderstellung inne, ja, mit ihrem kessen Mundwerk und ihrer Bühnenerfahrung gibt sie von Zeit zu Zeit den Klassenclown. Noch heute erzählt sie mit diebischer Freude, wie sie einen Lehrer an der Nase herumgeführt hat. Eines Tages will der ältere Herr unvermutet eine Klassenarbeit schreiben lassen, und das ausgerechnet in Mathe, dem von ihren MitschülerInnen am meisten gefürchteten Fach. In ihrer Not raunen sie Cornelia zu, ob sie den Lehrer nicht irgendwie ablenken kann. Die lässt sich nicht lange bitten. Sie fragt ihn, während er schon die Klassenhefte austeilt, warum denn die Flaggen heute auf halbmast wehen würden. Und es gelingt ihr, den strengen Pädagogen in ein Gespräch zu verwickeln, das sich so lange hinzieht, bis an eine Klassenarbeit nicht mehr zu denken ist.

Den Sinn fürs Praktische offenbart die Heranwachsende auch 1957 während eines längeren Auslandsgastspiels in Zürich. In einer Art Café oder Klub hat sie meist gegen Abend nur einige kurze Auftritte, begleitet von Vater Gerhard. Da sie sich nicht ausgelastet fühlt, besucht sie tagsüber Dr. Raebers Höhere Handelsschule, ein seit 1925 bestehendes Institut. Erstaunlich Cornelias Lieblingsfach: Maschineschreiben.

Das Zürcher Intermezzo führt auch zu einem profunden Wandel ihres künstlerischen Stils, zu einer Neuorientierung, die das heranwachsende Mädchen vor allem Nils Nobach verdankt. Der 1918 in Neustrelitz geborene Schlager- und Filmproduzent, der zudem als Texter arbeitet, ist eine der dominierenden Gestalten der deutschen Unterhaltung und Geburtshelfer so mancher Schlager- oder Entertainmentgröße, der Entdecker von Vico Torriani, Wolfgang Sauer,

Paul Kuhn und vielen anderen. Schon 1953 leitet er Platten-
aufnahmen mit Eddie Constantine, dessen Wiener ame-
rikanisch-französisches Deutsch ihm gefällt. Zehn Jahre
später landet er mit seinem aufmüpfigen Text *Ich will 'nen
Cowboy als Mann* einen seiner größten Hits. In ihm erklärt
eine junge Frau ihren bürgerlichen Eltern, keinen Spießer
heiraten zu wollen. Überhaupt ist 1963 ein Glücksjahr für
Nobach, hat er doch die Möglichkeit, mit internationalen
Megastars wie Marlene Dietrich, Sophia Loren, Dalida und
Zarah Leander zu produzieren.

1957, als Cornelia in der Schweiz gastiert, leitet der erfolgreiche Manager die Produktionsabteilung der Electrola.
In der Rückschau sieht es so aus, als habe man sich seinerzeit besprochen, wie es mit der heranreifenden Sängerin
weitergehen soll. Ist es Zufall? Oder schon Grundlage der
Überlegungen? Jedenfalls gastiert ausgerechnet in dem Klub,
der die Froboesse engagiert hat, auch das Jochen Brauer
Quartett, eine Jazzcombo, die ihr Leader 1956 gründete. Allerdings: Vom Jazz kann man im provinziellen Deutschland
nur schwer leben. Um die Existenz für sich und seine Leute
abzusichern, wendet sich Brauer daher der Unterhaltungs-
musik zu – mit beachtlichem Erfolg, wie die kommenden
Jahre bezeugen. Quizmaster Hans-Joachim Kulenkampff
engagiert die Band für seine Sendung *Die große Show,* später
wirkt sie in Franz Marischkas Streifen *Die große Schlagerpa-
rade* mit, um danach viele Jahre lang Kultsendungen wie
Dalli Dalli und *Die Montagsmaler* zu begleiten.

Gerhard Froboess, Nils Nobach, Jochen Brauer – die ge-
bündelte Kompetenz der drei Akteure führt zu einer überraschenden Verwandlung ihres Schützlings. Aus der »kleinen Cornelia«, dem Kinderstar, erwächst »Conny«, das
Teenager-Idol, so passgenau auf die Bedürfnisse der neuen
Generation abgestimmt, als hätte das Trio im Vorfeld den

Markt studiert und soziologische Forschungen betrieben. Denn »Conny« und ihr Profil treffen ins Schwarze, stimmen mit dem Lebensgefühl der jungen Deutschen überein, die weder den nationalsozialistischen Terror noch die Kriegsgräuel zu verantworten haben.

In der zweiten Hälfte der 1950er-Jahre beginnen sie sich mehr und mehr gegen die Deutschtümelei und vermeintliche Spießigkeit ihrer Eltern aufzulehnen. Die sogenannten Halbstarken, also die männlichen Teens und Twens, lehnen deren geschniegelten Kleidungsstil ab. Stattdessen provozieren sie mit Bluejeans, auch Nietenhosen genannt, deren Beine sie lässig umschlagen. Dazu tragen sie Turnschuhe, in denen sie sich geschmeidig bewegen können. Für Aufregung sorgen ihre Frisuren, etwa der von Männern getragene »Entenschwanz«. Für ihn müssen die Haare so lang sein, dass man sie nach vorn kämmen und in der Mitte mithilfe von reichlich Pomade scheiteln kann – eine Absage an den Kopfschmuck der Väter, die sich nach militärischer Art den Nacken blank rasieren, sich andernfalls höchstens Kragenlänge erlauben. Nicht weniger Entsetzen ruft die Elvis-Tolle hervor, auch weil sie auf der »weiblichen« Frisiertechnik des Toupierens beruht.

Die Freundinnen der männlichen Halbstarken versenken die Lockenwickler ihrer Mütter in die Kommoden. Sie binden ihr Haar zu einem Pferdeschwanz, wenn sie sich nicht für einen Pony oder eine Kurzhaarfrisur entscheiden. Den damenhaften Stöckelschuhen bleibt allenfalls die zweite Reihe vorbehalten. In der ersten stehen flache Schuhe, vor allem Ballerinas. Und die Röcke brauchen keinen Gehschlitz mehr. Sie haben einen tellerhaften Schnitt, der durch die modischen Petticoats vollends zur Geltung kommt. Kesser noch wirken die Beinkleider, etwa die leicht verkürzten, schmalen Zigarettenhosen, die ein Dorn im Auge selbst ernannter Sittenwächter sind. Noch kommt es vor, dass Frauen, die Hosen tragen, in Cafés oder Restaurants abgewiesen werden oder Schülerinnen über den modernen Beinkleidern Röcke tragen müssen, wenn sie am Unterricht teilnehmen wollen.

Die jugendliche Mode gehört auch zu den Attributen der Kunstfigur »Conny«, die ihre Fans allerdings ziemlich oft mit der echten Conny verwechseln, die »Conny« lediglich verkörpert. Beide, die unkomplizierte, eindimensionale »Conny« und Conny, der vielschichtige, seinem Wesenskern nachspürende Teenager, präsentieren sich dem Publikum erstmals in dem 1958 produzierten Schlagerfilm *Wenn die Conny mit dem Peter*. Die Besetzungsliste darf man hochkarätig nennen. Loni Heuser, die Witwe des Lieder- und Filmkomponisten Theo Mackeben *(Die Nacht ist nicht allein zum Schlafen da)*, übernimmt den Part von Fräulein Säuberlich. Deren plakativer Name hält, was er verspricht. Das Fräulein ist die strenge Leiterin eines Landschulheims namens Werneck. Ihre SchülerInnen vernachlässigen allerdings das Lernen, vor allem das Fach Latein. Sie kennen nur eine Leidenschaft: ihre Band und die amerikanische Tanzmusik. Um dem Treiben Einhalt zu gebieten, wendet sich Fräulein Säuberlich an den reichen Generaldirektor Werneck, den Gründer der nach ihm benannten Einrichtung. Der, gespielt von Rudolf Vogel, verfällt auf die Idee, sich als Hausmeister getarnt in das Internat einzuschleichen (filmische Verwechslungskomödien stehen hoch im Kurs, man denke nur an die Adaption von Erich Kästners Roman *Drei Männer im Schnee* oder an *Die Feuerzangenbowle* mit Heinz Rühmann). Im Gegensatz zu der Leiterin des Landschulheims findet der Generaldirektor die jungen Leute jedoch patent, ja, er hilft ihnen, das von der Mehrheit des Lehrerkollegiums abgesagte Musikfestival durchzuführen. Schließlich lüftet er sein Inkognito, nicht zuletzt, weil er den beliebten Sportlehrer, den Heinz Weiss überzeugend darstellt, und den Englischlehrer befördern will, einen Mädchenschwarm, dessen Part der dandyhaft auftretende Ernst Stankowski übernimmt. »Conny« und Conny und Peter und Peter Kraus aber tanzen und singen sich als Traumpaar durch die abwechslungsreichen Kulissen: durch die Räumlichkeiten des historistischen Internatsgebäudes, aber auch durch Jahrmarkts- und Gasthausszenen.

Die Trends der späten 1950er-Jahre lassen sich bis in die Details der Filmkomödie verfolgen. Gleich zu Beginn sind zwei Kultgegenstände jener Zeit zu sehen: zunächst eine Jukebox, also der Schallplattenautomat, mit dem die Gastronomie vor allem das jugendliche Publikum anlocken will, dann ein Heimsiphon, der das Mixen der beliebten Cocktails erleichtert. Der Einsatz dieser ikonischen Gegenstände ist ebenso wenig Zufall wie die Tatsache, dass der Klassenstreber (der allerdings seinen MitschülerInnen hilft, wo er kann) der Einzige seiner Clique ist, der Sakko und Krawatte trägt. Und auch die Texte der eingespielten, teils rockigen Schlager beschwören den Zeitgeist. In der von Vater Gerhard komponierten und von Aldo von Pinelli und Peter Ström alias Nils Nobach getexteten *Teenagermelodie* fordern Conny und Peter ihre MitschülerInnen auf, sich für die anstehende Party flott zu kleiden:

Conny:
»Zieht euch nur die flachen Schuhe an,
weil man damit besser tanzen kann.
Die Pullis blau und gelb und rot,
zum Rock den neuen Petticoat.«

Peter:

»Sucht die schönsten Blue Jeans heute aus,
sagt Bescheid, ihr kommt heut' spät nach Haus.
Bringt Platten mit und möglichst viel
von Elvis und von Tommy Steele.«

Ob der Schlagerfilm tatsächlich so naiv und apolitisch ist, wie manche Kritiker meinen, bleibt fraglich. Immerhin lehnen sich die SchülerInnen gegen den autoritären Stil einiger Lehrer auf, um sich jenen zuzuwenden, die ihnen Freiräume bieten und ihr Sozialverhalten fördern. Entspricht dies nicht der damaligen Realität? Viele Teenager spüren, dass der braune Geist noch immer durch die Klassen weht und sie sich oft Pädagogen beugen müssen, die noch wenige Jahre zuvor vehemente Anhänger der Nazis waren.

Eine Schlüsselpassage des Films untermauert eine solche Deutung: Der als Hausmeister getarnte Generaldirektor gerät in den Verdacht, ein wertvolles Bild gestohlen zu haben. Ausgerechnet Fräulein Säuberlich übernimmt sein Verhör. Dabei fallen Sätze, die der nationalsozialistischen Rassenlehre entsprechen. Er solle sich doch nur den Verdächtigen anschauen, fordert sie einen Kollegen auf, der Hausmeister habe Verbrecherohren. Und erst sein Profil! Er gehöre sofort eingesperrt. Ein weiteres Indiz für den Nazi-jargon der von Conny und Co. verachteten Lehrpersonen ist deren Vokabular. Das N-Wort fällt zwar nicht, aber die Songs der jungen Leute kanzeln sie kurzerhand als »Urwald-musik« ab.

Politik hin, Politik her: Mit dem Conny-und-Peter-Film beginnt ein atemloser Höhenflug der beiden Youngster, ein Medienhype, der in Deutschland seinesgleichen sucht. Als leistungsstarkes Triebwerk dient die *Bravo,* die 1956 gegründete Jugendzeitschrift, deren Aufstieg mit dem von Conny und Peter einhergeht. Das wöchentlich erscheinende Blatt beginnt mit einer Auflage von 30 000 Exemplaren. 1959 schnellen die Zahlen in ungeahnte Höhen, auf mehr als 500 000. Ein Jahr später gibt der verantwortliche Verlag nach einer Repräsentativumfrage bekannt, die *Bravo* erreiche jetzt mehr als 1 500 000 LeserInnen. Grundlage des Erfolgs ist die hochprofessionelle Beschäftigung mit den Interessen und Sehnsüchten ihrer Kundschaft. »Es gibt wohl kein zweites Jugendmagazin auf der ganzen Welt«, kommentiert das Archiv der Jugendkulturen e. V., »das so intensive Zielgruppenanalysen und Zielgruppenkommunikation betreibt.«

Diesem Ansatz entsprechen zwei Wesensmerkmale der *Bravo*. Einerseits setzt sich die Zeitschrift für den American Way of Life ein, etwa durch Artikel über die aktuelle Rockmusik, den aus den USA übernommenen Sound der Teens. Andererseits widerspricht die *Bravo* der Mär miefiger Kulturbewahrer, Kunst entstehe aus reinem Idealismus und sei ausschließlich den Werten des Wahren, Guten und Schönen verpflichtet. Mithilfe der Charts, die meist auf den ermittelten Plattenverkäufen basieren, führen die Blattmacher nämlich einen neuen Gradmesser der Bewertung ein: den des kommerziellen Erfolgs. Ob er der Weisheit letzter Schluss ist, mag dahingestellt sein. Für die deutschen Jugendlichen gehen die Charts jedenfalls mit einer Befreiung vom bürgerlichen Wertekanon einher. Die Ausrichtung der *Bravo* deckt sich demnach mit der Botschaft von *Wenn die Conny mit dem Peter*. So lebt die Filmkomödie von rockigen Nummern wie *Der Jolly Joker*. Und der den Hausmeister mimende Generaldirektor managt die Internatsband und zeigt ihr, dass sie mit ihrer Musik gutes Geld verdienen kann.

Zu den Werbestrategien der *Bravo* gehört auch ein geschickt betriebener Starkult. Die Titelbilder zeigen fast jedes Mal ein Kopfporträt der ausgewählten KünstlerInnen. Ein international agierender Megastar wie Elvis Presley schafft es zwischen 1956 und 2005 insgesamt 37-mal auf den Umschlag, Freddy Quinn bringt es auf 23 Titel, Peter Kraus auf 14 und Cornelia Froboess immerhin auf ein knappes Dutzend – erstmals in der *Bravo* Nr. 21 vom 20. Mai 1958 und letztmalig in der Nr. 47 vom 17. November 1964.

Ein weiteres Mittel zur Leserbindung sind die sogenannten Starschnitte. Sie bilden die Angehimmelten in voller Lebensgröße ab. Allerdings erhalten die *Bravo*-KäuferInnen das begehrte Poster nicht gleich zur Gänze, sondern in Teilstücken, die sich über mehrere Hefte erstrecken. Natürlich gibt es einen solchen Starschnitt auch von Conny. Ihr Porträt erscheint 1959, in den Heften 39 bis 48. Mehrfach kann sie auch den *Otto* entgegennehmen, einen von der *Bravo* gestifteten Preis, den sie 1960, 1962, 1963 und 1964 erhält. »Damals bedeuteten [diese Erfolge] mir sehr viel«, erinnert sich Cornelia Froboess Jahre später. »Wenn man in der *Bravo*-Musikbox unter den ersten zehn oder vielleicht sogar unter den ersten drei stand, hatte diese Platzierung entscheidenden Einfluss auf den Plattenverkauf. In den *Bravo*-Hitlisten zu stehen oder in der Zeitschrift auf mehreren Seiten abgebildet zu sein, ›adelte‹ einen Künstler.«

Nicht nur, aber auch wegen der auflagenstarken Jugendzeitschrift gewinnt die Sängerin die Herzen der Heranwachsenden sozusagen flächendeckend. Die Presseabteilung der Schallplattenfirma Electrola, bei der sie aktuell unter Vertrag ist, jubelt: »Conny ist heute bereits mehr als die Favoritin aller Music-Boxen, deren verkaufte Platten nach Millionen zählen. Die Jungen und Mädchen zwischen zwölf und zwanzig wissen, daß Conny trotz ihres Starruhms eine von ihnen ist. Sie mögen ihre frische, ungekünstelte Art und bewundern ›ihre Conny‹ gerade wegen dieser Eigenschaft um so mehr.«

1959 scheinen sich die Kinoleute regelrecht um das Teenager-Idol zu reißen. Gleich in drei Filmen wirkt die Sängerin mit. In *Hula-Hopp Conny* mimt sie eine Bandleaderin, die sich umständehalber als Mann ausgibt. Sie spielt nicht nur an der Seite erfahrener Kollegen (einmal mehr mit Rudolf Vogel), sondern gesellt sich auch zu aufstrebenden Kräften: zu Rex Gildo, der sich damals noch Alexander Gildo nennt, und Harald Juhnke. Vor allem aber präsentiert sie einen ihrer erfolgreichsten, aus dem Jahr 1957 stammenden Schlager: *Diana* – eine Coverversion von Paul Ankas gleichnamigem Song, dessen deutscher Text erneut von Nils Nobach stammt. Wohlgemerkt: Das Lied verdankt seine Popularität nicht der Verwechslungskomödie, die Produzenten setzen es vielmehr in der Hoffnung ein, mit ihm ein größeres Publikum anzulocken. Der zweite Film des Jahres heißt *Wenn das mein großer Bruder wüßte*. Für Conny bedeutet er ein Wiedersehen mit Fred Bertelmann (er spielt den großen Bruder), mit dem sie bereits 1958 in *Der lachende Vagabund* vor der Kamera stand. Und schließlich die Nummer drei, erneut ein Schlagerfilm: *Ja, so ein Mädchen mit 16*, dessen Lieder das bewährte Team Nobach und Vater Gerhard schreibt.

Es ist zwar nicht durch vier teilbar. Dennoch wird 1959 für Conny, dem »Mädchen mit 16« auch im wirklichen Leben, zu ihrem persönlichen Schaltjahr. Sie zeigt, dass sie in der Lage ist, mit preußisch anmutender Disziplin und organisatorischer Begabung ein enormes Arbeitspensum zu bewältigen. Aber dass sie eigentlich immer nur ein und dieselbe Figur spielt, nämlich die adrette, auch vom Image des Sauberen lebende Kunst-Conny, geht ihr mehr und mehr auf den Zeiger. Aus eigener Kraft gibt sie ihrem Leben jetzt eine neue Richtung, mehr noch: Sie zieht die Reißleine.

Spurwechsel

Jetzt reicht's, beschließt Leila Negra, Connys schwarze »Schwester«. 1957 ist die 27-Jährige es endgültig leid, auf Geheiß ihrer Manager nur Songs singen zu dürfen, die auf ihr Äußeres anspielen, oder aber Kinderlieder. Auf ihre Hautfarbe und ihre geringe Körpergröße reduziert zu werden, das hat sie endgültig satt: »Ich sollte weiterhin den naiven Teenager Leila Negra spielen, der einmal von meinem Schallplattenproduzenten kreiert worden war. Meine Entwicklung als junge Frau wurde einfach ignoriert.« Und sie erläutert: »Mein Unbehagen bestand darin, dass man mich in eine bestimmte Schublade gepackt hatte, und diese Schublade hieß: Du bist ein Kind und bleibst ein Kind. Denn obwohl ich älter und erwachsener wurde, musste ich immer noch mit einem dicken, großen Teddybär auf der Bühne stehen.« Die unzumutbare Situation beendet Leila Negra mit einem Befreiungsschlag. Sie zerreißt das Showkostüm, bekennt sich zu sich, zu Marie Nejar – und wird Krankenschwester. 1987 schreibt sie Cornelia Froboess aus Hamburg: »Liebe Conny, auch meine Freude war kaum zu beschreiben, Dich nach so langer Zeit wieder zu sehen und dazu noch unverändert. Vielen Dank für das Bild. Noch drei Jahre arbeite ich als Krankenschwester – dann gehe ich in den wohlverdienten Ruhestand.«

Connys Spurwechsel verläuft weniger radikal, doch betreibt sie ihn mit vergleichbarer Energie und aus ähnlichen

Gründen. Es reicht ihr nicht mehr, immer nur die »Conny«
zu spielen. Da sie eine schablonenhafte Erstarrung fürchtet,
nimmt sie ab 1959 Schauspielunterricht.

In Berlin gibt es damals im Wesentlichen zwei Möglichkeiten, sich für die Sprechbühne ausbilden zu lassen. Entweder besucht man das altehrwürdige Max Reinhardt Seminar. Oder man geht zu Marlise Ludwig. Die 1886 geborene Schauspielerin unterrichtet zwar in ihrer Privatwohnung,
im vierten Stock der Wilhelmsaue 10, einem Gründerzeit-
haus in Wilmersdorf. Aber sie ist eine Instanz, eine gefürch-
tete obendrein. Sie legt höchsten Wert auf Pünktlichkeit.
Kommt eine Schülerin oder ein Schüler zu spät, dann war's
das erst mal: Die Betroffenen müssen in der Küche brum-
men (auch Cornelia Froboess ist Unpünktlichkeit ein Dorn
im Auge, vor allem wenn es um berufliche Termine geht).
Sicherheit in puncto Text ist für Frau Ludwig unverzichtbar,
selbst die Stichwortgeber haben ihn auswendig zu lernen.
Nach den Proben gibt es eine Art Manöverkritik, bei der die
SchülerInnen das eigene Spiel und das der anderen zu be-
werten haben. Gibt's für jemanden einen Verriss, darf sie
oder er sich in der Küche ausheulen. Aber, und das ist das
Entscheidende: Die Ludwig hat eine Spürnase für Begabun-
gen. Ihrer Schmiede entstammen DarstellerInnen wie Horst
Buchholz, Wolfgang Gruner, Dieter Hallervorden, Gott-
fried John, Harald Juhnke, Klaus Kinski, Monika Peitsch,
Cordula Trantow, Vera Tschechowa oder Klausjürgen Wus-
sow, um nur einige zu nennen.

Conny entscheidet sich für Marlise Ludwig, weil sie den
Unterricht bei ihr besser mit ihren sonstigen Tätigkeiten
verbinden kann als im weniger flexiblen Seminar. Außerdem gefällt ihr Ludwigs Ansatz, Gefühle nicht nur sprachlich, sondern auch mithilfe der Gestik zu verdeutlichen. Der
Unterricht, den Cornelia Froboess bis 1961 meist dreimal in

der Woche besucht, beeindruckt durch seine Nachhaltigkeit. Noch 1977, als sie an den Münchner Kammerspielen die Titelrolle in Wedekinds *Lulu* übernimmt, ist ihre Lehrerin zugegen, voll des Lobes und stolz auf ihre Elevin.

Zusätzliche Anregungen bekommt die angehende Schauspielerin von ihrem väterlichen Freund Gustav Knuth. Ihm, der ihre schauspielerische Begabung schnell erkennt und sie ermutigt, den eingeschlagenen Weg weiterzugehen, verdankt sie eine wichtige Erfahrung. Als sie vor der Kamera in ein Gespräch mit ihm verwickelt ist, muss sie plötzlich weinen – nicht nur, weil es so im Drehbuch steht, sondern weil sie der Suggestivkraft des erfahrenen Kollegen erliegt.

1960 begegnen sich die beiden beim Dreh des neuen Schlagerfilms *Conny und Peter machen Musik*. Das Produktionsteam hat hier sämtliche Register gezogen, um die Kinokassen klingeln zu lassen. Die Handlung spielt in der traumhaften Landschaft um den Luganer See, lockt also mit dem Dolce-Vita-Moment Italiens, dem Sehnsuchtsort der meisten Deutschen. Eine innige Ballade Connys verklanglicht dieses Gefühl, auch wenn das Lied eine Art Fake ist, widmet es den Luganer See doch kurzerhand in den Lago Maggiore um. Überhaupt lebt der Film von Scheinidentitäten: Peter Kraus gibt eine Weile vor, er sei reich und nicht ein schlecht bezahlter Aushilfskellner. Conny tut das Gegenteil. Sie schlüpft in die Rolle eines schlichten Zimmermädchens, obwohl ihr Onkel das Luxushotel besitzt, in dem sie arbeitet. Und auch der hat zwei Gesichter. Er hat Sorgen, weil es in seiner Nobelherberge immer wieder zu Diebstählen kommt. Trotz alledem muss der von Gustav Knuth gespielte Hoteldirektor äußerlich die Fassung wahren und gute Laune verbreiten.

In die Welt des Luxus entführt auch der nächste, ebenfalls noch 1960 erschienene Conny-Film: *Mein Mann, das Wirt-*

schaftswunder. Seinen Schwung verdankt er zunächst dem Drehbuchautor, nämlich keinem Geringeren als dem Kabarettisten Dieter Hildebrandt. Für Tempo sorgen zudem Cornelia Froboess und Marika Rökk, die nur so durch die Räume wirbeln, mit virtuosen, oft akrobatisch anmutenden Tanzeinlagen – hier die Siebzehnjährige, dort der einstige UFA-Star, der im Zweiten Weltkrieg mit Schlagern wie *Ich brauche keine Millionen* oder *In der Nacht ist der Mensch nicht gern alleine* zum Blendwerk der Nazis beigetragen hat. Dass Conny mit der dreißig Jahre älteren Primadonna des Revuetanzes mithalten kann, ist erstaunlich. Aber sie trainiert für derartige Auftritte schon seit Jahren, etwa mithilfe von Alberto, einem Bruder Caterina Valentes – eine Professionalisierung, die auch ihren Filmen mit dem elastischen Peter Kraus zugutekommt. Conny spielt in der Komödie eine aufmüpfige Göre, die mehrfach von der Schule fliegt und nur Flausen im Kopf hat. Ihr auffälliges Verhalten ist als Protest gegen ihren Vater zu verstehen, einen schwerreichen Industriellen, der nie Zeit für sie hat. Ein wirkliches Heim bietet er ihr nicht, dafür aber eine durchdesignte Wohnlandschaft, »Stahlmöbel-Barock«, wie ein Mitschüler Connys lästert. Weil der Witwer seine Tochter aber liebt, bemüht er sich um Nestwärme für sie, indem er heiratet. Ach was, heiraten. Er, der zupackende Macher, stellt seine Frau gewissermaßen an und fixiert die eher geschäftliche Beziehung mithilfe eines ausführlichen Vertrags. Aber er hat sich in seiner Als-ob-Gattin, der Tänzerin Ilona alias Marika Rökk, zutiefst getäuscht. Sie unterläuft das Regelwerk mit so viel Chuzpe, dass sie nach und nach sein Herz gewinnt und er sie schlussendlich bittet, seine wirkliche Ehefrau zu werden.

Sicher, das Zusammenspiel mit einem so agilen Star wie Marika Rökk ist ein Highlight für Conny. Aber sie hat zu der älteren Kollegin ein durchaus ambivalentes Verhältnis. Eines Tages habe sich die Rökk von den Dreharbeiten abgemeldet, weil sie krank sei. Das habe sie aber nicht gehindert, sich an das Set zu begeben, um der jungen Kollegin bei der Arbeit auf die Finger zu schauen. Noch als Achtzigjährige empört sich Cornelia Froboess über dieses unkollegiale, übergriffige Verhalten und ärgert sich, dass weder sie noch der Regisseur die Diva hinauskomplimentiert haben.

Connys Herz geht allerdings auf, wenn sie Heinz Erhardt zuschauen kann, der den Fahrer ihres Filmvaters spielt. Nicht nur, weil er sich in seinen improvisiert anmutenden Sätzen immer so drollig verheddert, sondern weil sie ihn einfach gernhat, seine Güte und Freundlichkeit schätzt. Vertraut ist er ihr allerdings schon länger, seit den gemeinsamen, von der Konzertdirektion Hoffmeister organisierten Tourneen. Bereits 1958 stehen sie bei einer Weihnachtsgala in Kiel gemeinsam auf der Bühne. Danach freut sich Conny, wieder einmal bei den Erhardts in Hamburg übernachten zu können und mit den vier Kindern ihren Spaß zu haben. Der gleichaltrige Gero, der spätere Kameramann und erfolgreiche Filmregisseur, bleibt zeitlebens einer ihrer liebsten Freunde.

Als Wirtschaftswunder bezeichnet man den Aufstieg der Bundesrepublik Deutschland, den der junge Staat vor allem dem Marshallplan verdankt: Ab 1948 unterstützen die USA den ehemaligen Kriegsgegner mit Krediten, Rohstoffen, Lebensmitteln und anderen Waren. Die industrielle Entwicklung geht so rasant vor sich, dass dem westdeutschen Binnenmarkt bald Abertausende von Arbeitskräften fehlen. In dieser Situation kommen die Regierenden auf die Idee, sogenannte Gastarbeiter anzuwerben. 1955 schließen sie ein entsprechendes Abkommen mit Italien, wenige Jahre später folgen Griechenland, Spanien und die Türkei. Von einer wie auch immer gearteten Willkommenskultur ist damals nicht die Rede. Integrative Maßnahmen wie Sprachkurse oder Familienzusammenführungen gibt es nicht. Die Arbeiter, fast ausnahmslos Männer, müssen nicht selten in schäbigen Holzbaracken wohnen. Einsamkeit ist demnach vorprogrammiert. Die Sehnsucht nach den Liebsten und der Heimat gehört zum Alltag. Der Bahnhof dient oft als eine Art Nabelschnur, als letzter Verbindungsstrang nach Hause. Viele Betroffene pilgern regelrecht dorthin, um wie bei einem Kirchgang Trost zu finden, als wollten sie sich vergewissern, jederzeit das Gastland verlassen zu können.

1961, am 28. November, begibt sich Conny Froboess in das Kölner Aufnahmestudio ihrer Schallplattenfirma Electrola, um ein für sie besonderes und besonders wichtiges Lied aufzunehmen. Es stammt von einem Autorenteam, das einen Erfolg so gut wie garantiert. Christian Bruhn, einer der gewieftesten Schlagerkomponisten der Nachkriegszeit, eine Art Hitfabrik, steuert die Musik bei, sein kaum weniger erfahrener Kollege Georg Buschor den Text. Und Conny? Sie singt die Romanze betont schlicht, ohne jedes Vibrato, unsentimental, sodass die Geschichte von den beiden Italienern, die aus der Ferne an ihre Frauen denken, wirklich berührt.

»*Zwei kleine Italiener*
Die träumen von Napoli
Von Tina und Marina
Die warten schon lang auf sie.

Zwei kleine Italiener
Am Bahnhof, da kennt man sie
Sie kommen jeden Abend
Zum D-Zug nach Napoli.«

Sicher, heute würde man andere Wörter benutzen. Aber der Refrain verweist auf ein soziales Dilemma. Diejenigen, die zum Wirtschaftswunder in Deutschland erheblich beitragen, die GastarbeiterInnen, leiden unter ihrer Entheimatung, während diejenigen, die von ihnen profitieren, es sich leisten können, an der Adria zu entspannen:

> *»Eine Reise in den Süden*
> *Ist für andre schick und fein*
> *Doch zwei kleine Italiener*
> *Möchten gern zu Hause sein.«*

Trotz der (behutsamen) Politisierung des Genres fährt Conny mit den *kleinen Italienern* ihren größten Hit ein. Sie verkauft weit mehr als eine Million Singles, erhält dafür die Goldene Schallplatte, landet für sieben Monate auf Platz eins der Charts, gewinnt mit dem Lied die Deutschen Schlagerfestspiele und erreicht mit dem Sehnsuchtssong am 18. März 1962 einen achtbaren sechsten Platz beim Grand Prix Eurovision de la Chanson Européenne. Wichtiger noch als die Platzierung ist die internationale Verbreitung des Liedes. Im April nimmt die Sängerin eine italienische, eine niederländische sowie eine englische Fassung auf.

Ein Drehbuchautor würde den aktuellen Lauf wohl als Happy End einer Lebensphase deuten und einen Schlussstrich setzen. Cornelia Froboess verabschiedet sich allerdings nicht gleich von der Glamourwelt der Unterhaltung. Noch zögert sie, ihrem Hang zum Theater vollends nachzugeben. Ein Motiv ist die Rücksicht auf ihren Vater. Zwar bejahen ihre Eltern grundsätzlich ihr Ziel, Bühnenschauspielerin zu werden. Aber für Gerhard Froboess, jetzt ein fitter Mittfünfziger, der seine Tochter mehr als zehn Jahre lang betreut hat, als Komponist, Klavierbegleiter, Manager und

Verleger, wäre das ein herber Rückschlag, ja, zumindest teilweise ein Verlust seines Lebenssinns. Nicht von ungefähr bekennt Cornelia Froboess Jahre später, ihre Karriere habe die ihres Vaters zerstört. Ob ihr damals das *Faust*-Zitat von den zwei Seelen durch den Kopf geht, die sich voneinander trennen wollen? Ihre seinerzeit entstandenen Filme scheinen jedenfalls aus zwei verschiedenen Welten zu stammen. Da übernimmt sie in dem 1961 gedrehten Rührstück *Mariandl* die Titelrolle und spielt eine uneheliche Tochter. Die lebt in Berlin, hat sich aber in Wien um ein Stipendium für ein Musikstudium beworben. Empört über die Ablehnung ihres Gesuchs reist sie nach Wien, um gegen den Entscheid zu protestieren. Bei der Überprüfung des Sachverhalts geht dem zuständigen Beamten ein Licht auf. Er erinnert sich, gegen Kriegsende ein Verhältnis mit Marianne Mühlhuber eingegangen zu sein, in Dürnstein, in jenem Ort und jenem Jahr, in dem Mariandl auf die Welt kam. Der Hofrat reist mit ihr in die Wachau, erkennt in der Mutter seine ehemalige Geliebte, sie heiraten – und auch Mariandl findet ihr Eheglück.

Ein Kontrastprogramm bietet das im selben Jahr entstandene Filmdrama *Der Korporal in der Schlinge (Le Caporal épinglé)*. Großmeister Jean Renoir führt die Regie und zeichnet als Co-Autor für das Drehbuch mitverantwortlich. Der wunderbare Joseph Kosma, der Komponist des späteren Jazzstandards *Les Feuilles Mortes*, liefert die Musik. Männliche Darsteller sind Jean-Pierre Cassel, Claude Brasseur und O. E. Hasse, während Cornelia Froboess auf besonderen Wunsch Renoirs den Part der Erika Schmidt übernimmt, der weiblichen Zentralfigur. Hinter ihr verbirgt sich eine stille Heldin, die 1940 als Deutsche drei Franzosen zur Flucht aus einem Stalag verhilft – einem Stammlager, in dem Kriegsgefangene bei Mangelernährung und Schwerstarbeit kaum Überlebenschancen haben. Demnach könnte man den Film und den Brückenschlag der Erika Schmidt als Vorschein der deutsch-französischen Verständigung auffassen, die Bundeskanzler Konrad Adenauer und Ministerpräsident Charles de Gaulle Anfang 1963 mit dem Élysée-Vertrag besiegeln. Sicher aber ist ihre Rolle in *Der Korporal* ein Glücksfall für die Achtzehnjährige, den ihr Renoir denn auch in einem freundlichen Brief bestätigt. Und ganz nebenbei verliebt sich Conny »unsterblich« in ihren Kollegen Cassel – auch weil er, ein begabter Tänzer, ihr den gerade aufgekommenen Twist beibringt.

Während sich die Grenzen zwischen den »Erbfeinden« allmählich öffnen, kommt es innerhalb Deutschlands zu einer Schließung derselben. Am 13. August 1961 riegeln Grenzpolizisten der DDR und Soldaten der Nationalen Volksarmee den Ostsektor Berlins vom Westteil ab. Es kommt zum Bau der sogenannten Mauer, die fast drei Jahrzehnte Bestand haben wird. Mit Joseph Kosma kann sich Cornelia Froboess recht gut über das Ereignis unterhalten. Immerhin hat er von 1928 bis 1933 in Berlin studiert und ist seitdem mit Hanns Eisler befreundet, dem Komponisten der DDR-Hymne *Auferstanden aus Ruinen*. Akutes Thema ist der Mauerbau jedoch in Connys Elternhaus. Gerhard Froboess und seine Frau sind zwar überzeugte Berliner, aber sie empfinden die Situation als bedrohlich. Ihre finanzielle Lage erlaubt es ihnen jedoch, sich den gewünschten Freiraum zu schaffen. Sie können es sich leisten, eine Wohnung in München zu kaufen, am isarnahen Candidplatz, fortan ihr zweiter Wohnsitz, den später auch ihre jung verheiratete Tochter bewohnt, als sie ihre Zelte in der bayerischen Landeshauptstadt aufschlagen will.

Trotz seiner Thematik entsteht *Der Korporal* hauptsächlich in Wien, wenn man von einigen nachgereichten Atelier-

aufnahmen in Paris absieht. Überhaupt weist die Kompass-
nadel für Cornelia Froboess in den späten 1950er- und
frühen 60er-Jahren eindeutig nach Österreich. Ablesbar ist
dies an der Vervollständigung ihres »Peter-Quartetts«. Neben Peter Kraus und Peter Vogel gesellen sich Peter Weck
und Peter Alexander zu ihr. Mit allen vieren dreht sie. Zu
allen vieren entwickelt sich ein Naheverhältnis, wenn auch
ein jeweils sehr eigenständiges, unvergleichbares. Mit Peter
Kraus ist sie beruflich besonders eng und dauerhaft verbunden. »Peter ist und bleibt für mich immer der große Bruder.
Wenn wir zusammen auf Tournee waren, hat er mich oft
beschützt: In den großen Konzerthallen, wie der Grugahalle
in Essen, der Kieler Ostseehalle oder der Dortmunder West-
falenhalle, mussten wir uns nach den Autogrammstunden
oft Fluchtwege durch die Menschenmassen bahnen, um ins
Hotel zu gelangen. Peter hat mich in diesen Fällen immer an
die Hand genommen. Allen Gerüchten zum Trotz waren
wir aber nie ineinander verliebt, sondern sehr gute Freunde
und Gesangspartner.«

Mit einem spitzbübischen Lächeln erzählt Cornelia Froboess noch heute, wie sie von ihrem Peter den ersten »richtigen« Kuss bekam, bei dem sich ihre Zungen berührten.
Auch habe ihr »großer Bruder« sie einmal »gerettet«, als sie
1958 ein Bill-Haley-Konzert im Berliner Sportpalast besuchen. Es kommt bei dieser Gelegenheit zu einer blutigen
Saalschlacht, wie in der *Berliner Zeitung* nachzulesen ist.
Rund eintausend Jugendliche stürmen bereits vor der Veranstaltung die Eingänge des Saals, die »Vorgruppe« – das
Orchester Kurt Edelhagen – wird von der Bühne geprügelt:
»Blutüberströmte Menschen wankten in den Gängen um-
her. Mit Knüppeln, Brettern und Stuhlbeinen bewaffnet,
zerlegte die aufgepeitschte Menge den Sportpalast.« »Da hat
der Peter mich an der Hand genommen«, so Conny, »und

gesagt: ›Komm Schatzi, jetzt führ ich dich hier raus und bring dich nach Hause.‹ Er hat immer auf mich aufgepasst, immer, ein ganzes Leben.«

Aber wo die Liebe der Schauspielerin hinfällt: eben nicht auf Peter Kraus, den großen Bruder, sondern auf seinen besten Freund, den allzu früh verstorbenen Peter Vogel. Mit ihm steht sie erstmals 1958 vor der Kamera, in *Wenn die Conny mit dem Peter*. Privat liebt Conny den melancholischen Peter Vogel wegen seiner Intellektualität, seiner Bildung, und sie lässt sich von ihm für die sogenannte E-Musik begeistern, etwa für eine Aufnahme der *Symphonie classique* von Sergej Prokofjew. Nach einiger Zeit erobert allerdings Peter Weck das Herz von Conny. »Wir waren so gut wie verlobt«, blickt sie als Siebzigjährige zurück, »wir waren ein wirkliches Paar«, auch wenn Peter Weck es vielleicht nicht mehr hören wolle. Zwischen den beiden knistert es aber nicht nur, es gibt auch Reibungsflächen. Dass Weck sie nach eigener Aussage zum Theater gebracht habe, kommentiert die Schauspielerin in einem Hörfunkinterview des Jahres 2011 jedenfalls mit einem skeptischen »na ja«. Dem Wiener *Kurier* vom 7. August 2011 ist außerdem eine Anekdote zu entnehmen, die auf ein gutes Selbstbewusstsein der Sängerin schließen lässt: Weck weilt 1963 »mit seiner damaligen ›Flamme‹ Conny Froboess in der Wiener Eden Bar, als die Filmcrew von Otto Premingers *Der Kardinal* hereinschneit. Weck, der in einer kleinen Rolle mitwirkt, flirtet mit Romy Schneider. Als er sich umdreht, ist Froboess weg«.

Dass Wecks Verhältnis zu seiner »Flamme« nicht immer einfach ist, mag auch mit dem gegensätzlichen Blick auf ihre Vergangenheit zusammenhängen. Während Weck in einer ARD-Sendung einmal äußert, es wäre sein Herzenswunsch, seine frühen Filme verbrannt zu sehen, steht seine Ex-Verlobte zu ihrer Vergangenheit. Sie möchte sich von ihr keinesfalls lossagen, sondern gerade das im Sinn behalten, was sie ihr verdankt, also auch ihre Filme mit Weck – wie *Der Vogelhändler* (1962), *Mariandls Heimkehr* (1962) oder *Der Musterknabe* (1963).

Als vierter, aber keinesfalls nachgeordneter Trumpf in Connys Quartett ist Peter Alexander zu nennen. Ihre Zusammenarbeit beginnt mit der 1963 produzierten Kinokomödie *Der Musterknabe,* einem Seitenstück zur *Feuerzangenbowle* (1944). Peter Alexander, im Film Dr. Fritz Geyer, schlüpft in die Rolle seines schulisch schwächelnden Bruders, um an seiner statt die Abiturprüfungen zu absolvieren. Conny übernimmt den Part von Alexanders Mitschülerin, die ihn, den vermeintlichen Streber, anfangs nicht ausstehen kann. Man ahnt, was kommt: Die beiden Widerwurzen fallen sich letztendlich in die Arme.

»Verliebt, verlobt, verheiratet, so heißt das Spiel zu zweit. Verliebt, verlobt, verheiratet, da sag ich Dir nicht Nein« – das von Peter und Conny wunderbar leicht präsentierte Duett kommt in die Charts, um sich dort vier Monate lang zu halten. »Die Zusammenarbeit mit Peter war wunderbar«, bekennt Froboess denn auch später. »Peter war ein sehr professioneller Partner, ich halte ihn immer noch für den wahrscheinlich größten Entertainer, den wir in Deutschland je hatten. Mit seinem Talent hätte er noch viel mehr auf der Bühne zeigen können. Zum Beispiel war er ein wunderbarer Pianist, vor allem im Jazzmetier kannte er sich sehr gut aus, was keiner wusste.« Cornelias Sicht auf Peter Alexander offenbart ihren sensiblen Blick auf Menschen. Man könnte ihr zugestehen, auf den Grund von Seelen schauen zu können – eine Begabung, die ein Grundstock ihrer Darstellungskunst ist. Nach dem Tod ihres geschätzten Kollegen im Jahr 2011 erzählt sie von einem Privileg. Sie durfte als einer von wenigen Menschen in Alexanders Garderobe zugegen sein, wenn ihm, der kaum noch Haupthaar hatte, das Toupet geklebt wurde. Diesem Vertrauensbeweis entspricht eine ergänzende Beobachtung Connys. Ihr lieber Freund habe als Peter Alexander Ferdinand Maximilian Neumayer, so sein voller bürgerlicher Name, zeitlebens den Peter Alexander nur gespielt. Privat sei er ein ernster Typ gewesen, zu dessen Kern die Traurigkeit gehörte.

Die Verbundenheit mit dem »Peter-Quartett«, aber auch ihr häufiger Aufenthalt in den Rosenhügel-Studios, die auch ausländischen Produktionen gegenüber offenstehen, lassen die junge Frau Wurzeln in Wien fassen. Sie lernt nun Hans Weigel kennen, den österreichischen Schriftsteller und Theaterkritiker. Dem Deutschen Marcel Reich-Ranicki vergleichbar, erregt der 1908 in Wien Geborene zugleich Wut und Bewunderung. Sympathie kann er verbuchen, weil er sich für junge AutorInnen einsetzt, für Paul Celan, Ilse Aichinger, Max Frisch oder Ingeborg Bachmann. Hass schlägt ihm entgegen, weil er ein fanatischer Kommunistenjäger ist und auf den Bühnen Österreichs den Boykott Bertolt Brechts vorantreibt, aber auch, weil viele seine Kritiken als verletzend empfinden.

Für die Theaterschauspielerin Cornelia Froboess wird er zum Mentor: »Wenn Sie wirklich Theater spielen wollen«, rät Hans Weigel ihr, »dann gehen Sie in die Provinz, lassen Sie sich die Möglichkeit geben, dort schlecht sein zu dürfen, kleine und große Rollen spielen zu müssen und – zu lernen.«

In Connys »Buch der Wandlungen«, wie man ihr Leben überschreiben könnte, beginnt ein neues Kapitel. Nach dem Kinderstar und Teenager-Idol erscheint nun die Theaterschauspielerin auf der Bühne, auf eben jenen Brettern, die künftig ihre Welt bedeuten. »Ich habe mich auf dem Höhepunkt meiner Karriere – nach meinem letzten großen Hit

Zwei kleine Italiener – zurückgezogen«, lautet ihr Fazit. »Das war nicht geplant, sondern hatte einzig mit meiner Berufswahl zu tun. Ich bekam mein erstes Theaterengagement, was mich sehr in Anspruch nahm. Ich drehte noch ein paar Filme, doch interessierte mich das Theaterspielen immer stärker. Ich nahm weitere Schallplatten auf, aber sie verkauften sich nicht so gut wie *Zwei kleine Italiener*. Mit der Zeit verflog mein Interesse am Schlager. Das Angebot, nochmals bei einem Schlagerfestival aufzutreten, lehnte ich ab, weil ich nicht mehr mit anderen konkurrieren wollte. Ich sollte *Ich will 'nen Cowboy als Mann* singen, daran erinnere ich mich noch. Mit dem Song trat dann Gitte Haenning an, das war der Beginn ihrer Karriere.«

Nicht mehr mit anderen konkurrieren, sondern mit ihnen agieren, nicht länger als Solistin vor einer Band stehen, sondern gemeinsam mit einem Ensemble aus Gleichberechtigten ein Ergebnis erarbeiten, nicht mehr die Konserve, sei es in Form einer Schallplatte oder eines Films, sondern das prickelnde Live-Erlebnis, die unmittelbare Berührung mit dem Publikum, so in etwa könnte man Froboess' künftigen Wertekanon beschreiben.

1963–1964

Zeitenwenden

Am 20. Februar 1963 kommt es in Westberlin, in der Freien Volksbühne, zur Uraufführung von Rolf Hochhuths Drama *Der Stellvertreter*, das den Vatikan wegen seiner passiven Haltung gegenüber der nationalsozialistischen Judenverfolgung verurteilt. Im Herbst tritt Bundeskanzler Konrad Adenauer nach vierzehn Jahren Amtszeit zurück, um den Weg für Ludwig Erhard frei zu machen, den Architekten des Wirtschaftswunders. Gegen Ende des Jahres beginnen in Frankfurt am Main die Gerichtsverfahren gegen 21 ehemalige KZ-Aufseher, die sogenannten Auschwitz-Prozesse. Die Nachkriegszeit ist vorbei. Jetzt tanzt man nicht mehr so leicht über die hausgemachten Probleme von einst und jetzt hinweg. Schritt für Schritt muss sich die Bundesrepublik ihnen nun stellen, auch wenn es schmerzt.

In die Krise gerät auch der Schlagerfilm, den eine junge Generation von Regisseuren vehement bekämpft. Bereits 1962 unterzeichnen 26 ihrer Akteure das Oberhausener Manifest, an der Spitze Alexander Kluge, Edgar Reitz, Rainer Werner Fassbinder, Wim Wenders und Werner Herzog. Ihr Ziel ist es, sich kritisch mit dem Nationalsozialismus, dem Wirtschaftswunder und aktuellen Problemen der Gesellschaft auseinanderzusetzen.

Auch Cornelia Froboess spürt die Notwendigkeit zu einer Veränderung, allerdings einer persönlichen. Bereitwillig folgt sie dem Rat ihres Mentors Hans Weigel, sich als Schauspielerin am Landestheater Salzburg zu bewerben. Trotz ihrer Routine betritt sie dessen altertümlichen Bau mit bangem Herzen. Ihr Weg führt sie in das Büro des Intendanten, der sich ihr als Hellmuth Matiasek vorstellt, Dr. Hellmuth Matiasek. Ein schlaksiger, sportlich aussehender junger Mann, Werner Schneyder, der Dramaturg des Hauses, ist ebenfalls im Raum. Dann folgen nacheinander zwei Gesprächsteile: ein erstes Beschnuppern, im Anschluss das künstlerische Vorsprechen.

Für Cornelia Froboess, die seit mehr als zehn Jahren die großen Veranstaltungshallen in Deutschland und Österreich bespielt, dauernd vor der Kamera steht, auch in der Werbebranche tätig ist (etwa für »Kölnisch Wasser 4711« oder für »Milano – das Tourenmoped mit der eleganten Note« der Firma Gritzner), ist das dennoch eine Feuerprobe. Es ist ihr innigster Wunsch, das selbst gesetzte Ziel zu erreichen. Doch der Herr Intendant wirkt ernst und verschlossen. Selbstzweifel der Bewerberin kommen auf. Die Spannung löst sich schließlich: Werner Schneyder lächelt breit und sympathisch. Wieder einmal hat Cornelia einen Freund fürs Leben gefunden. Den strengen Dr. Matiasek aber heiratet sie, wenn auch nicht auf der Stelle. Im Hier und Jetzt, im Salzburg des Jahres 1963, ist es für sie wichtig, die Vorstellungsrunde siegreich zu verlassen. Nach vierzehn Tagen trifft die erlösende Nachricht ein: Conny hat es geschafft und erhält einen Jahresvertrag.

Freilich, von ungefähr kommt ihr Engagement nicht. Schließlich hat sie so einiges im Gepäck. »Für meinen Weg als Schauspielerin, mein persönliches Verständnis von Menschendarstellung und mein Vertrauen in die sogenannte Bühnenpräsenz«, erläutert sie lange Zeit später, »waren meine Erfahrungen aus der Zeit des Schlagersingens sehr wertvoll. Ich beobachte, dass viele junge Künstler zunächst mit großer Scheu vor das Publikum treten. Mir war das niemals fremd. Ich hatte das Glück, es ›in die Wiege gelegt‹ zu bekommen. Was Timing anbelangt, konnte ich beim Singen viel für die Schauspielbühne lernen. Ich glaube zu spüren, wenn die Aufmerksamkeit im Publikum schwankt und nachlässt. Durch die Musik durfte ich erfahren, wie wichtig es ist, in den Pausen Präsenz zu zeigen, Spannungen zu halten. Für diese Schlagerzeit, die für mich Lehrjahre bedeutete, bin ich dankbar.«

Sich auf Lorbeeren ausruhen, vielleicht sogar das Ausruhen schlechthin, ist nicht das Ding einer Cornelia Froboess. Sie dreht noch zwei Peter-Filme, die Komödien *Ist Geraldine ein Engel?* (1963, mit Peter Weck) und *Hilfe, meine Braut klaut* (1964, mit Peter Alexander), gewiss keine Meilensteine. Aber immerhin lernt sie während der Dreharbeiten zu Letzterem einen Giganten der Filmgeschichte kennen: Alfred Hitchcock. Man übernachtet im selben Hotel, dem Imperial an der Wiener Ringstraße, das der Regisseur auf unnachahmliche Weise kommentiert: »Wir wohnten in diesen riesigen Zimmern im Hotel Imperial. Die waren so groß, dass ich meine kleine Frau verlor. Hinter einer Marmorsäule fand ich sie wieder.«

Dann aber ist für Conny die Ära der Schlagerfilme und Verwechslungsgeschichten vorbei. Mit Haut und Haaren verschreibt sie sich dem Theater, der Leidenschaft ihres Lebens. Sie arbeitet weiter an sich, besessen, unermüdlich und von ihrem Mentor Hans Weigel getrieben, auch wenn er gelegentlich heftig poltert. Ohne ihn »wären wir verloren gewesen«, sagt sie. »Er hat uns wüst beschimpft, wenn wir träge waren und den bequemen Weg gehen wollten. Er war der Einzige, der uns zuhörte und uns zutraute, was wir uns selbst nicht zugetraut hätten.«

Wichtig ist der Debütantin, der nach damaligem Recht

nicht einmal Volljährigen, sich in das Team einzufinden, als Liebling der Regenbogenpresse keine Sonderrolle zu beanspruchen. Deren Vertreter lauern ihr nach Proben oder Vorstellungen gern auf, um ein Interview oder einen Schnappschuss mit ihr zu ergattern, mit eben jenem Idol, dem Fanklubs und Abertausende Teenies huldigen. Entsprechende Anfragen der JournalistInnen beantwortet Conny stereotyp mit immer demselben Satz: Sie mögen sich in dieser Angelegenheit an Dr. Matiasek wenden. Ihr geschicktes Agreement mit dem Herrn Intendanten: den Presseleuten freundlich, aber bestimmt abzusagen. Matiasek fördert ihre Integration in sein Ensemble auch, indem er ihr zunächst nur kleinere Rollen anbietet – ein diplomatisches Meisterstück, das die immer ein wenig explosive Theaterluft deutlich entschärft habe, wie sich Werner Schneyder noch fünfzig Jahre später erinnert, in einem Interview mit dem Bayerischen Rundfunk. Sich behutsam in das Ensemble einfühlend, kommt Cornelia Froboess ihrem Vorsatz nahe, nichts Besonderes mehr zu sein, so die Schauspielerin, und den Exhibitionismus der Schlagerwelt hinter sich zu lassen. »Ich bin ein Ensemblemensch«, resümiert sie, »ich brauche meine Kollegen um mich herum.«

Der Wechsel scheint wie geschmiert zu laufen. Aber er ist eigentlich ein Kraft- und Willensakt sondergleichen: Als ob ein Lebewesen, das im Süßwasser lebt, sich plötzlich im Salzwasser bewähren muss. Schaut man auf die beiden für die Künstlerin zentralen Produktionen des Jahres 1963, wird das ohne Weiteres deutlich. Der Streifen *Ist Geraldine ein Engel?*, in dem sie die weibliche Hauptrolle spielt, folgt einem bewährten, abgekauten Muster, das Spötter mit der Form von O-Beinen vergleichen: »Erst ham se sich, denn jehn se auseinander und denn finden se sich wieder.« Gewiss, der Film ist toll in Szene gesetzt, nicht zuletzt dank des deutsch-amerikanischen Regisseurs Steven Previn, dem Bruder des Dirigenten und Komponisten André Previn. Aber er ist doch Konfektion, reicht allenfalls für einen netten Kinoabend.

Da geht es in František Langers Komödie *Peripherie,* in der Cornelia Froboess ihren ersten Salzburger Theaterauftritt hat, ganz anders zu. Die um 1925 entstandene Moritat erzählt von Menschen an der Peripherie, sprich am Rand der Gesellschaft. Der Eintänzer Franzi erschlägt aus Eifersucht, doch eigentlich ohne Absicht, einen Kunden seiner Geliebten, der Prostituierten Anna. Es gelingt dem Paar, den Totschlag zu vertuschen. Franzi plagt jedoch das schlechte Gewissen. Als er seine Tat sühnen will, gerät er tiefer und tiefer in den Sumpf. Schon die knappe Handlungsskizze zeigt, dass es hier nicht um gefälligen Hochglanz geht, sondern um das Bemühen, in menschliche Abgründe zu schauen und die Frage zu stellen, wie viel Schuld der Einzelne auf sich lädt und welchen Anteil das Schicksal an ihr hat. Cornelia Froboess übernimmt in *Peripherie* nur eine Minirolle. Sie spielt ein Dienstmädchen. Aber sie kann bei den Aufführungen verinnerlichen, wie wichtig auch ein kleines Rad für das Getriebe insgesamt ist. Einem Orchestermusiker oder einer Orchestermusikerin vergleichbar muss sie nicht nur die eigene Stimme beherrschen, sondern auch die Parts der MitspielerInnen kennen, wenn sie sich in das Große und Ganze sinnhaft einfügen will.

Befriedung verschafft ihr zudem, sich mit dem Kontext eines Theaterstückes zu befassen. Unter welchen Zeitumständen ist es entstanden? Wer ist der Autor? In welchen Kreisen verkehrt er? Wer dient ihm als Vorbild? Über František Langer liest sie etwa, dass er aus einer in Prag lebenden jüdisch-assimilierten Familie stammt. Dass er mit den angesehensten Intellektuellen seiner Heimatstadt umgeht, etwa mit Jaroslav Hašek, dem Schöpfer des Schelmenromans *Der brave Soldat Schwejk*. Und dass er Franz Kafka verehrt.

Nach ihrem Debüt in Langers *Peripherie* geht es für die Zwanzigjährige ohne Unterbrechung weiter. In Molières Komödie *Die Schule der Frauen* übernimmt sie die anspruchsvolle Rolle der Agnes, auch dank der Empfehlung Hans Weigels, der das Meisterwerk ins Deutsche übertragen hat. Die Besetzung erscheint in der Rückschau geradewegs ideal zu sein. Agnes und Cornelia haben nämlich überraschende Gemeinsamkeiten, sind gewissermaßen Schwestern im Geiste. Beide wollen sich emanzipieren. Agnes von dem Hagestolz Arnolph, der sie als Kleinkind adoptiert hat, um sie in klösterlicher Abgeschiedenheit aufwachsen zu lassen und sie dort zu einer Frau nach seinem Gusto zu formen: zu einem unwissenden, harmlosen, unerotischen Geschöpf, das er nach Abschluss der Dressur zu heiraten gedenkt. Doch Agnes versteht es letztendlich, den Möchtegern abblitzen zu lassen und ihre Partnerwahl selbst zu treffen.

Die sie verkörpernde Cornelia Froboess will sich hingegen endgültig von ihren Eltern und ihrem Managervater abnabeln – ein durchaus schmerzhaftes Vorhaben. Sie meistert es, indem sie sich vom Theaterbetrieb regelrecht verschlingen lässt. In der laufenden Saison absolviert sie ein Mammutprogramm. Unter der Regie des »strengen Herrn Intendanten« verkörpert sie in Ferdinand Raimunds Zauberspiel *Der Diamant des Geisterkönigs* die Amine, in dem heute fast vergessenen Theaterstück *Brise aus Korsika* spielt sie die Clarissa, um ihr Salzburger Intermezzo als die todgeweihte Marie Beaumarchais in Goethes Trauerspiel *Clavigo* zu beenden.

»Es war für mich geradezu Knochenarbeit. Ich wollte ja von den Kollegen am Theater akzeptiert werden und nicht nur die Schlagertante sein, die ein bisschen Theater spielen möchte.«

Speziell ein Salzburger Theaterabend bleibt der Schauspielerin zeitlebens unvergesslich. Man schreibt den 22. November 1963. Da schlägt eine Nachricht mit der Kraft einer Bombe ein: Der amerikanische Präsident John F. Kennedy ist in Dallas einem Attentat zum Opfer gefallen. Geschockt berät sich das Leitungsteam. Abbrechen oder weiterspielen? Matiasek entscheidet sich für Letzteres, um das Publikum nach dem Schlussakt über das tragische Ereignis zu informieren. Kennedys berühmter Satz: »Ich bin ein Berliner!«, mit dem er die Menschen erst kürzlich begeistert hat, ist Cornelia Froboess noch heute unvergesslich.

Rollenwechsel,
mehrfach

A m 18. Februar 1965 berichtet das Fernsehen des Norddeutschen Rundfunks von einer Sensation, einer Wegmarke der Theatergeschichte. Der Beitrag handelt von Elias Canettis *Komödie der Eitelkeit*, einem Werk mit einer sehr speziellen Historie. 1934 vollendet, kommt es erst 1965 zur Uraufführung. Die Gründe dafür liegen auf der Hand. Denn 1938, nach der Besetzung Österreichs durch die Wehrmacht, muss der spätere Nobelpreisträger vor den Nationalsozialisten fliehen, weil er aus einer sephardisch-jüdischen Familie stammt. Während des Londoner Exils können er und seine Frau Veza sich nur mit Mühe über Wasser halten. Immerhin gelingt es Canetti, die für ihn zentrale Schrift *Masse und Macht* fertigzustellen.

Dass seine *Komödie* überhaupt auf die Bühne kommt, und dies nicht in Wien, Hamburg, Berlin oder München, sondern im dezentralen Braunschweig, ist das Verdienst von Intendant Matiasek, der mit der Saison 1964/65 in selbiger Funktion an das dortige Staatstheater wechselt. Einige seiner KollegInnen hat er dabei von Salzburg in die norddeutsche Provinz verpflanzt, so Kurt Weinzierl – und Cornelia Froboess.

Schaut man sich den knapp viertelstündigen NDR-Beitrag anlässlich der Uraufführung genauer an, dürften jene Passagen besonders beeindrucken, die Matiaseks Regiearbeit spiegeln. Da weiß einer genau, was er beziehungsweise Canetti will. Bloß nicht psychologisieren, mahnt er die SchauspielerInnen. Und er bittet sie nachdrücklich, genau die Sprachmasken zu beachten, die der Autor jeder seiner Figuren aufsetzt, eine individuell abgestimmte Diktion und Klanglichkeit. Dann bittet er die KollegInnen zur Kritik ins »Konversationszimmer«, so seine Wortwahl. Die Kamera schwenkt über die DarstellerInnen und verharrt kurz auf Cornelia Froboess. Die Augen der jungen Frau leuchten, Wort für Wort scheint sie die Erläuterungen des Regisseurs aufsaugen zu wollen.

Sicher ist, dass in keinem anderen Lebensabschnitt von Cornelia Froboess so krass Unterschiedliches aufeinan-derprallt wie damals: mächtige Kontinentalplatten, könnte man sagen, deren Zusammenstoß eine unbändige Energie freisetzt. 1965 nimmt die Sängerin zum letzten Mal an den Deutschen Schlagerfestspielen teil, an der Endausscheidung in Baden-Baden, die allerdings Petula Clark dank ihres Hits *Mit 17 hat man noch Träume* gewinnt. Außerdem tritt Con-ny noch in der *Drehscheibe* auf, dem Boulevardmagazin des eben gegründeten ZDF, in dem NDR-Dauerbrenner *Die ak-tuelle Schaubude* sowie in der populären, von Chris How-land moderierten Show *Musik aus Studio B.*

Und dann das Kontrastprogramm: die Uraufführung der *Komödie der Eitelkeit* im Beisein Canettis, von einem Gleichnis, das an die DarstellerInnen wie an das Publikum höchste Ansprüche stellt. Hinter dem in dem Theaterstück ausgesprochenen Verbot sämtlicher Spiegel im Lande lässt sich eine Diktatur erkennen, die durch diesen symbolischen Ich-Verlust das Individuum auslöschen will.

Starker Tobak für Cornelia Froboess, die den eher klei-nen Part der Milli Kreiss übernimmt, starker Tobak aber auch für die Braunschweiger. Als der Ausrufer, die von Kurt

Weinzierl verkörperte Bühnenfigur, auf einem Jahrmarkt die Gaffer auffordert, mit Bällen das eigene Spiegelbild zu zerdeppern, reagiert das Publikum unruhig. Es kommt zum Buhen und Zischen und Türenknallen. Fühlen sich einige der BesucherInnen unangenehm an die Ära des Nationalsozialismus erinnert, an jenes unrühmliche Kapitel der Stadtgeschichte Braunschweigs, das mit der Einbürgerung Adolf Hitlers begann, um ihm die deutsche Kanzlerschaft zu ermöglichen?

Am 8. Februar 1965 ist in der *Braunschweiger Zeitung* eine Kritik der Uraufführung zu lesen: »Parkett und Ränge reagierten unmittelbar. Viel Beifall, spontan, betont herzlich. Andrerseits: vorzeitiges Abwandern, Türenknallen, Zischen und Pfeifen. Warum eigentlich? War es die unklassische, aufgelöste Form der drei Akte oder ihre politischen Anzüglichkeiten? Wie es auch sei, mit Freude bleibt festzustellen, daß sich das Publikum aus der Reserve locken ließ. Kein Wunder, denn Elias Canetti, der sich am Premierenabend ein Wort des Dankes an alle Mitwirkenden nicht nehmen ließ, hat seine Komödie als Spiegel geschaffen, in dem wir uns sehen. Besteht nun Veranlassung, darüber zornig zu werden oder nachdenklich? Das ist die Frage.«

Intendant Matiasek schiebt unbeeindruckt nach. Im November des Jahres konfrontiert er das Braunschweiger Publikum mit einer weiteren Canetti-Uraufführung, *Die Hochzeit*, bei der nun allerdings Alexander Wagner Regie führt. Der Autor, erläutert der Regisseur Mark Seebürger, habe mit seinem bereits 1932 entstandenen »Erstlingswerk eine moralische Satire verfasst, in der moralisch verfaulte Menschen in einem dreistöckigen Haus immer ungehemmter ihre geilen Triebe und Geldgier austoben. Die junge Toni Gilz wartet ungeduldig auf den Tod ihrer Großmutter, damit sie deren Haus erben kann. In der Souterrainwohnung wird die sterbende Hausmeistergattin von ihrem bigotten, unablässig aus der Bibel lesenden Ehemann malträtiert, während in der oberen Belle-Etage die immer betrunkener werdende Hochzeitsfeier der Familie Segenreich außer Kontrolle gerät«.

Die Groteske auf der Bühne, so erinnert sich Claus-Henning Bachmann, der damalige Dramaturg des Braunschweiger Staatstheaters, sei allerdings von der Realität überholt worden. Denn die Uraufführung des heute längst etablierten Theaterstücks mündet in einen Krawall, ja, es kommt zu einer – selbstredend anonymen – Strafanzeige gegen Matiasek und Wagner »wegen Erregung geschlechtlichen Ärgernisses«.

Cornelia Froboess ist in ihrer Braunschweiger Zeit allerdings weit mehr als die Zeitzeugin eines handfesten Theaterskandals. So debütiert sie 1965 als Fernsehschauspielerin, in einer Hauptrolle und zur Primetime: als Hanna Parish in einer Bearbeitung von Lion Feuchtwangers 1948 vollendetem Schauspiel *Wahn oder Der Teufel in Boston*. Die um 1700 in Neuengland spielende Handlung ist schnell skizziert. Ein in Boston wirkender Pastor namens Cotton Mather ist ein fanatischer Hexenjäger. Ausgerechnet Hanna, die Tochter seines Kollegen Samuel Parish, arbeitet dem Eiferer zu. Aus purer Geltungssucht beschuldigt sie ihr missliebige Personen der Hexerei. Eine Welle von Hexenprozessen brandet auf. Erst als auch die Honoratioren der Stadt ins Visier der Hexenjäger geraten, endet der Spuk. Das wahnhaft Böse von Hanna setzt ihre Darstellerin mitreißend um. Die Gazetten überschlagen sich.

In der auflagenstarken Fernsehzeitung *Hörzu* heißt es, im 50. Heft 1965: »Welche Überraschung! Wer hätte gedacht, daß aus der Pack-die-Badehose-ein-plärrenden Conny eine ganz großartige Schauspielerin werden würde. Die erste

Szene genügte, um des Kritikers Vorbehalte zum Schweigen zu bringen. Fräulein Froboess wird sich wohl nun entscheiden müssen – Conny oder Cornelia.«

Die Würfel aber sind längst gefallen. Ebenfalls 1965 legt »Fräulein Froboess« am Staatstheater Braunschweig den Grundstein für ihr Karriere als Charakterdarstellerin, indem sie in Lessings bürgerlichem Trauerspiel *Emilia Galotti* die Rolle der Titelheldin übernimmt, eine der komplexesten Frauenfiguren des deutschen Theaters: Hin- und hergerissen zwischen ihren Gefühlen und der Entschlossenheit, ihrem ermordeten Bräutigam die Treue zu halten, nötigt Emilia ihren Vater, sie zu erstechen. Im selben Jahr offenbart die Schauspielerin aber auch ihre Wandlungsfähigkeit. Unter der Regie von Hellmuth Matiasek spielt sie in Shakespeares Komödie *Ein Sommernachtstraum* den Puck, den anarchisch-frechen Hofnarren des Elfenkönigs. Nein, man muss Cornelia Froboess nicht erlebt haben, um sich an der Vorstellung zu erheitern, wie die bewegungsfreudige Schauspielerin den quirligen Schalk verkörpert und sich lustvoll an seinen derben Scherzen erfreut.

Mit dem Puck im Nacken bringt sich Cornelia Froboess in ihren nächsten Film ein, der auf Motiven von Kurt Tucholskys Erzählung *Rheinsberg – Ein Bilderbuch für Verliebte* basiert. Herbert Reinecker ist der Drehbuchautor, die Regie übernimmt Kurt Hoffmann, der schon mit Gerhard Froboess zusammengearbeitet hat. Dessen Tochter schlüpft nun in die Rolle der Claire, einer fantasiereichen, schlagfertigen jungen Frau, die allerhand Streiche verübt, um mit ihrem Geliebten beisammen sein zu können, dem von Christian Wolf gespielten Theaterkritiker Wölfchen. Sie trifft sich mit ihm heimlich im Café oder im Strandbad oder stellt ihn den ein wenig prüden Eltern als ihren neuen Privatlehrer vor. Das macht sie mit viel Witz und Situationskomik. Weder Vater noch Mutter oder andere Betroffene merken, dass sie ihnen einen Bären aufbindet. Doch allmählich ist Claire die Heimlichtuerei leid. Angeregt durch das Hausmädchen ihrer großbürgerlichen Familie heckt sie den Plan aus, mit Wölfchen ein Wochenende in der barocken Residenzstadt Rheinsberg zu verbringen. Die Verliebten erleben innige Tage, amüsieren sich (ganz Großstadtmenschen) über die schrulligen Typen der Landbevölkerung, gleiten im Ruderboot durch die Seenlandschaft (beflügelt von der perlenden Musik Hans-Martin Majewskis), besuchen die Proben einer Laienspielschar, kutschieren durch die Gegend, können entschleunigen und sich finden.

Kurt Hoffmann verpackt das Ganze in wunderschöne Postkartenbilder, die allzu idyllisch wirken könnten, wenn sie nicht mit einem Augenzwinkern einhergehen würden und mit liebevollen Parodien auf die Kaiserzeit. Einen Haken hat die Sache allerdings: Das Film-Rheinsberg ist nicht das wirkliche Rheinsberg. Dieses ist damals so marode, dass die DEFA, die Filmgesellschaft der DDR, eine Dreherlaubnis verweigert, sodass Hoffmann nach Schloss Panker in Ostholstein ausweicht.

Noch heute weiß der Film zu erfreuen. Als ein Fan die Romanze auf YouTube einstellt, erhält sie binnen dreier Monate rund 24 000 Likes. Für Cornelia Froboess bedeutet *Rheinsberg* einen Karrieresprung: Für die Rolle der Claire bekommt sie 1968 den Ernst-Lubitsch-Preis, den der Club der Filmjournalisten Berlin alljährlich für die beste komödiantische Leistung von KinodarstellerInnen vergibt. Die Liste der Geehrten liest sich wie ein Kapitel deutscher Filmgeschichte: Heinz Rühmann, Gert Fröbe oder Martin Held sind hier zu finden. Cornelia Froboess ist jedoch die erste Frau unter den Ausgezeichneten. Gustav Knuth, ihr alter Förderer, überreicht ihr den Preis, auch selbst ein wenig stolz, hat er mit seinem Zögling doch einen guten Riecher bewiesen.

Rheinsberg – eine Romanze erlebt Cornelia Froboess auch persönlich. Am 3. August 1967 heiratet sie Hellmuth Matiasek, den »strengen Herrn Intendanten«. Ein bemerkenswerter Schritt, privat natürlich, aber auch gesamtgesellschaftlich, geben sich die beiden das Jawort doch in einer Zeit, in der vor allem linke Intellektuelle die Ehe und Familie als kleinbürgerlich diffamieren, um Gegenmodelle zu entwickeln, etwa die Kommunen. »Ich glaube, dass Leute ganz herrlich miteinander leben können, ohne miteinander verheiratet zu sein«, sagt Cornelia Froboess 1975 in einem Interview zum Thema Ehe. »Aber jetzt speziell nur auf uns bezogen, hätten wir das nicht gewollt, wir hätten nie nur so zusammenleben wollen, wir wollten es dann auch wissen, wir wollten zum Standesamt.«

Also heiraten Cornelia und Hellmuth standesamtlich und kirchlich, in Berlin, begleitet von Pfarrer Dr. Heinz Leschonski, der die junge Ehefrau einst schon konfirmierte. So ganz entkommt das Paar dem Zeitgeist allerdings nicht. Ein Schnappschuss zeigt die beiden an ihrer Hochzeitstafel, die sozusagen »underdressed« ist. Es gibt zwar noch eine weiße Tischdecke, im Übrigen prägen aber Bierflaschen und Aschenbecher das Bild und nicht etwa Sektflöten, Champagnerkelche oder das obligatorische Silberbesteck.

»Zu dem Zeitpunkt der 68er-Jahre, wo die Leute explodiert sind, bin ich eher implodiert, wo die Leute nach außen gegangen sind, bin ich nach innen gegangen«, bekennt die Schauspielerin 1988 in einem BR-Interview mit dem Schriftsteller und Regisseur Jörg Werner Gronius. »Ich habe genau das Gegenteil gemacht. Ich habe nie an einer Massenveranstaltung, an einer Demonstration teilgenommen. Ich habe mich nie an Unterschriftensammlungen beteiligt. Das hat mich eigentlich unheimlich beängstigt; diese ganze Dutschke-Geschichte, die ich damals, als ich in Berlin wohnte, hautnah mitbekommen habe, hat mich maßlos irritiert und verängstigt. Ich habe mich eher in mein Schneckenhaus zurückgezogen, als nach vorne zu gehen. Dass ich mich nicht an Aufmärschen beteiligt habe, heißt aber keineswegs, dass ich nicht sehr genau informiert war und ich blauäugig Theater gespielt habe. Ich habe all diese Sachen sehr bewusst in mich aufgenommen und sie haben auch in mir gewirkt. Zeitgeschehen und die Dinge, die um uns herum sind, wirken sich natürlich auf unseren Beruf aus.«

Gebunden und frei

Zwischen 1955 und 1989, also mehr als dreißig Jahre, hält sich eine Abendsendung im Ersten Deutschen Fernsehen, bei der sich die ganze Familie vor dem Bildschirm versammelt. Und das ist fast ein Alleinstellungsmerkmal: Alle haben etwas davon, Oma und Opa amüsieren sich ebenso wie die Zwischengeneration und die Kinder.

Die Stammbesetzung des Ratespiels ist legendär: Marianne Koch, die Schauspielerin, die in späteren Jahren ein Medizinstudium abschließt, Anneliese Fleyenschmidt, die Fernsehmoderatorin (im Wechsel mit Koch), Annette von Aretin, die Fernsehansagerin und gelernte Fotografin, Guido Baumann, der Schweizer Journalist, wegen seiner Pfiffigkeit auch »der Fuchs« genannt, sowie Hans Sachs, der aus Nürnberg stammende Oberstaatsanwalt. Sie haben das Ziel, durch möglichst geschicktes Fragen den Beruf von ausgewählten Gästen zu erraten. Die Eingeladenen wiederum müssen ihre Profession nach Möglichkeit verdecken. Für jede Frage, die sie mit Nein beantworten, erhalten sie fünf D-Mark in ein von ihnen ausgewähltes Sparschwein. Der einleitende Satz des Spielleiters Robert Lembke: »Welches Schweinderl hätten S' denn gern?«, wird im Lauf der Jahre zum geflügelten Wort. Nachdem man zwei oder drei Berufe erraten hat (oder eben nicht), kommt es zum finalen Höhepunkt. Das Rateteam muss sich Masken aufsetzen, damit es den jetzt hereingebetenen Prominenten nicht erkennt. Es hat die kniffelige Aufgabe, durch Ja- und Nein-Fragen die Identität der jeweiligen Person zu klären, die nur den Kopf schütteln oder nicken darf, während es Robert Lembke obliegt, diese Gesten zu verbalisieren. 1968 ist Cornelia Froboess Promi-Gast der Kultsendung. Deren Titel *Was bin ich?* könnte man auch als an sie persönlich gerichtete Frage deuten.

Was bin ich? Die Antwort liegt damals nahe: zunächst einmal Mutter. Denn die Schauspielerin hat in diesem Jahr eine Tochter zur Welt gebracht. Sie nennt sie Agnes, weil sie die gleichnamige Figur aus Molières *Schule der Frauen* wegen ihrer Lebensklugheit und Schlagfertigkeit schätzt und sie deren Part schon mehrfach auf der Bühne verkörpert hat, so 1963 in Salzburg oder 1965 in Braunschweig.

Die junge Mutter lässt es jetzt zwar ruhiger angehen. Aber die Frage »Was bin ich?« stellt sich ihr nun auch beruflich, nachdem sie und ihr Mann das Staatstheater Braunschweig verlassen haben. Weil sie sich möglichst viel persönlich um Agnes kümmern will, gastiert sie in den kommenden Jahren. Scheinbar mühelos pendelt sie zwischen zwei Welten, zwischen der Hochkultur des Theaters und der Fernsehunterhaltung. Hier tritt sie meist nur mit einzelnen Liedern in populären Shows oder Magazinen auf, von der Wunschkonzertsendung *Meine Melodie* (1967) über die *Rudi Carell Show* (1968) und *Das Sonntagskonzert* (1970) bis zur Show *Liebesgeschichten in Musik* (1972), die der Swinggeiger Helmut Zacharias präsentiert.

Vorherrschend sind in jenen Jahren allerdings gemeinsame Produktionen mit ihrem Gatten, die sie als ein perfekt aufeinander eingestelltes Team bewältigen. »Wir sind füreinander da«, erläutert sie in einem Gespräch mit der Journalistin Waltraud Prothmann, das 2008 im Magazin *Fliege* erscheint, »jederzeit, wenn es darauf ankommt. Wir brauchen einander sehr. Auch beruflich, denn wir sind uns gegenseitig die stärksten Kritiker.«

Ihren Engagements gehen die beiden von ihrem neuen Lebenszentrum aus nach, denn sie haben sich zwischenzeitlich in der Münchener Zweitwohnung von Connys Eltern eingerichtet. Das Jahr 1969 verläuft für das Ehepaar besonders ertragreich. Erstmals arbeiten die beiden bei einem Fernsehdreh zusammen, einer Kooperation zwischen dem ORF und dem ZDF. Es handelt sich um Molières 1671 uraufgeführte Komödie *Der Bürger als Edelmann*. Sie führt einen Herrn Jourdain vor, einen neureichen Pinsel, der unbedingt in den Adelsstand aufsteigen will. Um sein Ziel zu erreichen, nimmt der amusische Bewegungstrottel nicht nur Tanz-, Fecht- und Musikunterricht, er plant auch, seine hübsche Tochter dementsprechend zu verheiraten.

Die Rolle dieses Dummkopfs übernimmt Josef Meinrad, seinerzeit schon Träger des exklusiven Iffland-Rings, der jeweils an den vermeintlich besten Schauspieler deutscher Sprache weitergereicht wird. Der Part seiner Tochter Lucile ist Cornelia Froboess anvertraut. Auch wer die Handlung des Theaterstücks nicht kennt, dürfte es schon ahnen: Die schlagfertige Lucile widersetzt sich den Verheiratungsplänen ihres Vaters. Gemeinsam mit ihrem Geliebten inszeniert sie eine Komödie in der Komödie: Luciles Traumprinz gibt sich als türkischer Prinz aus, der sie heiraten will. Jourdain spendet ihnen den Segen, von dem Gedanken beherrscht, sich nun in einen türkischen Adeligen zu verwandeln, dem Molière den frei erfundenen Titel »Mamamouchi« verleiht.

Blickt man auf die darstellerischen Leistungen, so mag einem das Spiel Josef Meinrads allzu grobkörnig vorkommen, seine Welt ist nun einmal das Theater, vor der Kamera wirkt seine Darstellung des Öfteren übertrieben. Ganz anders seine Filmtochter, deren langjährige Erfahrung mit dem Metier zu einer Art Learning by Doing geworden ist. Sie verfällt nirgends in die Gefahr des Überzeichnens, eher unterspielt sie die Situationen. Ein Höhepunkt ist ihre Gestaltung der Hochzeitsszene. Sie sagt dort kaum ein Wort, sondern spricht mit den Augen, mal in gespielter Ehrfurcht zum Vater aufschauend, mal mit neckischem Seitenblick zu ihrem Geliebten und künftigen Ehemann. Das Team ist insgesamt exzellent: Das Ballett der Wiener Staatsoper sorgt für die Tanzeinlagen, die Wiener Symphoniker warten mit der von Richard Strauss stammenden Bühnenmusik auf, für die Produktion zeichnet der erfahrene Fernsehmann Wilfried Scheib verantwortlich und schließlich Hellmuth Matiasek: Er hat nicht nur die Übersetzung Hugo von Hofmannsthals medial angepasst, sondern auch die Regie übernommen.

Von den Wiener Fernsehstudios wechselt das Tandem ins Oberfränkische, nach Wunsiedel. Die kleine Stadt ist nicht nur der Geburtsort des Schriftstellers Jean Paul, sie kann sich auch rühmen, in den Felsen der Luisenburg dem ältesten, 1890 gegründeten Theaterfestspiel Deutschlands eine Wohnstatt zu geben. Manche BesucherInnen meinen gar, es sei das schönste. Cornelia Froboess und Hellmuth Matiasek gastieren hier mit Shakespeares *Romeo und Julia,* der berühmtesten Liebestragödie der Welt: Weil sie aus zwei miteinander verfeindeten Familien stammen, können die Titelfiguren ihre Beziehung nicht offen ausleben. Dies und weitere schicksalshafte Verwicklungen treiben Romeo und Julia letztlich in den Tod.

Matiasek hat sich die Aufgabe gestellt, den Text des englischen Dichters eigens zu übersetzen, zugunsten einer Sprache, die das Herbe und auch Zotige des Originals nicht glattbügelt. Für seine Arbeit wird der Regisseur mit einem

breiten, fast einhellig positiven Presseecho belohnt. »Matiaseks Inszenierung«, berichtet Lore Hauck in der *Franken-
post* am 29. Juli 1969, »kennt nur ein Motto, dem sich Musik,
Bühnenbild und Kostüme unterordnen: dem heutigen
Empfinden entsprechend. Also setzt er unbekümmert um
die Stilrichtung grobe Rüpeleien neben ein kokett vertän-
deltes Balkon-Rendezvous, gibt der vom Fechtmeister ein-
studierten Degen-Szene Westernspannung und ordnet die
Trauer-Jeremiade zu Sprachübungen à la Handke. Eindrucksvoll!« Auch über Cornelia Froboess ist die Kritikerin
voll des Lobes: Sie entspräche »ganz den Absichten ihres
Ehemannes. Sie kann mit ihrer Figur und ihrer Ausstrahlung als rollengemäß Vierzehnjährige noch ein bißchen
›Conny‹ sein, kess mit hoher Kinderstimme, sich selbst
noch nicht erkennend und deshalb manchmal sogar kari-
kierend. Aber nie pocht sie auf ihren Starruhm und spielt
andere an die Wand, obwohl sie es könnte!«

Mit der Komödie *Die Eule und das Kätzchen,* ebenfalls
einer Gemeinschaftsproduktion, hatten Cornelia und Hellmuth Matiasek ihr Jahr begonnen. Das Theaterstück des
amerikanischen Autors Bill Manhoff, das später mit Barbra
Streisand in der weiblichen Hauptrolle verfilmt wird, greift
ein beliebtes Sujet auf: Ein linkischer, lebensfremder Intel-
lektueller (verkörpert von Joachim Teege) und eine kämpfe-
rische Prostituierte (Cornelia Froboess) geraten aneinander,
kommen dann aber Schritt für Schritt aufeinander zu und
gestehen sich schließlich gegenseitig ihre Liebe. Ohne den
Inhalt oder den künstlerischen Wert der Komödie ins Visier
zu nehmen, blickt die Schauspielerin mit zwiespältigen Gefühlen auf die Inszenierung zurück, die unter der Führung
des Tournee-Theaters Grabowsky auf die Reise ging. Einerseits habe sie sich für ihren Vater gefreut, der die Bühnenmusik beisteuern durfte. Andererseits denke sie noch heute

mit unverminderter Trauer an ihren geschätzten Kollegen Joachim Teege, der wenige Monate nach der Tournee an einem Herzinfarkt verstarb, im Alter von nicht einmal 44 Jahren.

Am 4. Februar 1970 flattert dem Ehepaar ministeriale Post ins Haus: »Sehr geehrte gnädige Frau! Sehr geehrter Herr Dr. Matiasek! Über die Nachricht von der Geburt Ihres Sohnes Kaspar habe ich mich sehr gefreut. Ich darf Ihnen hierzu herzlich gratulieren. Dem kleinen Kaspar wünsche ich für seinen eben begonnenen Lebensweg alles Gute. Mit vorzüglicher Hochachtung Ihr Dr. Ludwig Huber, Staatsminister.«

Das Schreiben des bayerischen Politikers bezeugt nicht nur den Familienzuwachs, es zeigt außerdem, wie gut die Matiaseks in der bayerischen Landeshauptstadt vernetzt sind, noch nicht professionell, aber doch gesellschaftlich. Ein wichtiger Schritt, sich in München auch beruflich zu verankern, gelingt der jungen Mutter 1971. Am hiesigen Neuen Theater, im Rahmen der sommerlichen Schauspielwochen, debütiert sie in der Rolle der Eve in Heinrich von Kleists Lustspiel *Der zerbrochene Krug*. Als Dorfrichter Adam, der beim »Fensterln« einen Krug zerbrochen hat, aber unerkannt entkommen kann, ist Martin Benrath zu sehen. Nicht weniger prominent sind seine mitwirkenden Kollegen Hans Caninenberg, dem Cornelia Froboess schon bei dem Fernsehspiel *Wahn oder Der Teufel in Boston* begegnet ist, und Walter Schmidinger, mit dem sie sich in ihrer späteren Verehrung George Taboris trifft. Und auch der Spielleiter erfreut sich eines guten Rufs: Karl-Heinz Stroux, der Generalintendant des Düsseldorfer Schauspielhauses.

In diesem erstklassigen Umfeld versteht es die nunmehr 28-jährige Actrice, sich ohne Weiteres zu behaupten, mehr noch, es gelingt ihr, von ihm zu profitieren. Denn August

Everding, damals Intendant der Münchner Kammerspiele, lässt sich von der Froboess-Eve so überzeugen, dass er sie kurzerhand für sein Haus verpflichtet. Mit der Saison 1971/72 beginnt eine jahrzehntelange Reise, während derer sich die Wege der beiden vielfach kreuzen – Begegnungen, könnte man sagen, die immer wieder zu künstlerischen Funkenschlägen führen. Über Dekaden prägt Cornelia Froboess die Geschichte des Hauses, und das kulturelle Profil von München. Dieter Dorn, der Regisseur, mit dem sie hier ebenso intensiv wie exzessiv zusammenarbeitet, wagt ein Resümee: »Die Froboess war einer der Stars der Münchner Kammerspiele, sie war eine der Priesterinnen in der ersten Stunde dieser großen, lang anhaltenden Ära dieses Theaters, eine Stadtgröße weithin berühmt durch ihre Ausflüge in verschiedene Genres, auch die der sogenannten ›heiteren Muse‹. […] In Vormedienzeiten waren Schauspieler durch ihr Wirken in einer Stadt berühmt, man fuhr hin, um sie zu sehen. Dann gingen sie auf künstlerisch manchmal fragwürdige Gastspielreisen und erreichten so ein größeres Publikum. Das war gut so. Heute sind die Möglichkeiten eines Schauspielers vielseitiger, die Ensembles, die länger zusammenbleiben, werden seltener. Und so war die Kraft der Kammerspiele ein Abendlicht, aber was für eines. Möge es lange leuchten.«

Vererdet und gelandet

Wie nach der Geburt ihrer Tochter Agnes wägt Cornelia Froboess auch jetzt, nachdem Kaspar auf die Welt gekommen ist, ihre Engagements sorgfältig ab. Angebote aus der Welt des Films weist sie beinahe kategorisch zurück, weil die Dreharbeiten sie zu lange von den Kindern fernhalten würden. Die Verpflichtung an die Münchner Kammerspiele ermöglicht es ihr außerdem, nicht immer wieder selbst nach neuen Rollen Ausschau halten und jedes Mal erneut über Honorar und Sonstiges verhandeln zu müssen.

Mit Blick auf ihre kleinen Kinder erscheint auch eine andere Entscheidung der Matiaseks naheliegend. Sie beginnen im Umkreis Münchens nach einem frei gewordenen Bauernhof zu suchen. 1971 können sie ihren (damals noch relativ leicht zu erfüllenden) Wunsch in die Tat umsetzen. Im Inntal, nicht weit von Rosenheim, entdecken sie ein stattliches, rund 200 Jahre altes Gebäude, das allerdings in einem ruinösen Zustand ist. Doch das Paar verliebt sich in den sogenannten Rinklhof und nimmt die Herausforderung an – mit der Konsequenz, über viele Jahre Renovierungsarbeiten durchführen zu müssen. Nicht selten legt der manuell geschickte Hausherr persönlich Hand an, während die Hausherrin assistiert, ja, selbst die Betonmischmaschine bedient.

So kommt es, dass Agnes und Kaspar in ländlicher Weite aufwachsen und in Gegenwart verschiedenster Tiere. Zu ihnen gehören Gänse, an deren Schnattern sich noch die achtzigjährige Cornelia Froboess erfreut. Und Hunde, Hunde, Hunde – die große Leidenschaft der Schauspielerin. Jetzt sind es meist größere Tiere: Doggen, Schäferhunde oder imposante Mischlinge. Eine Vorliebe haben die Matiaseks für schwarze Fellnasen. Deren Ahnenreihe wächst im Lauf der Jahre auf ein beachtliches Maß an. Daher entscheidet sich der historisch geschulte Patron, die Hunde auf altrömische Art durchzunummerieren, bis er schließlich bei Sixtus oder Septimus ankommt. Bei der Hausherrin dürfen die Hunde alles – fast alles. In die Küche haben sie keinen Zutritt, weil ein Gitter sie davon abhält. Mehr oder weniger geduldig warten sie vor der Absperrung, um die tollen Gerüche einzusaugen oder nach einem zugeworfenen Brocken zu schnappen.

Es geht Cornelia Froboess nicht nur um die Freiheiten, die das Landleben ihren Kindern bietet. Es geht ihr und ebenso ihrem Gatten auch um geistige Freiheiten, um ein möglichst selbstbestimmtes Sein. »Wir versuchen die Kinder zum kritischen Denken hinzuführen«, schaut sie in einem Fernsehinterview zurück. »Und das bezieht sich auch auf unsere Person. Sie kritisieren uns ganz genauso wie wir sie. Wenn sie recht haben, sieht man das halt ein. Ich finde das wichtig, dass sie ein kritisches Bewusstsein bekommen.«

Diese Haltung kommt vor allem in dem Bestreben zum Ausdruck, die Kinder nicht zu gängeln, sie nicht auf ein bestimmtes Gleis zu setzen. Mit dem entsprechenden Erfolg: Kaspar entwickelt sich zu einem international gefragten Tierpathologen, Agnes zieht es in die Bildende Kunst, sie lässt sich zur (Werbe-)Grafikerin ausbilden. Könnte es sein, darf man fragen, dass Cornelia Froboess nichts in ihre Kinder hineinprojizieren möchte, was sie an die eigene, streng getaktete Kindheit erinnert? An die endlosen Fahrten in den Tourneebussen? An das Einzelkind-Dasein unter lauter Erwachsenen, selbst wenn sie freundlich sind? An die Signierstunden, bei denen Autogrammjäger sie bedrängen? An die vielen Tage in immer wieder anderen Hotels? In einem 2008 veröffentlichten Interview mit dem Magazin *Fliege* äußert sie sich jedenfalls sehr nachdenklich über ihre Kindheit: »Ich war umsorgt und behütet, aber meine Eltern waren auch große Verdränger. Sie sahen die Schattenseiten einer solchen Kindheit nicht. Aus heutiger Sicht hätte ich das bestimmt nicht zugelassen.«

Ein Musikgelehrter hat einmal errechnet, wie viele Tage der im Alter von 35 Jahren verstorbene Mozart unterwegs war: 3720 Tage, fast ein Drittel seines Lebens. Ein ähnliches Rechenspiel steht für Cornelia Froboess' Kindheit noch aus. Aber ihre Hypothek dürfte ähnlich beeindruckend ausfallen.

1972 scheint eine gewisse, lang ersehnte Ruhe in das Familienleben einzukehren: Hellmuth Matiasek übernimmt die Leitung der renommierten Otto Falckenberg-Schule München. Das 1946 gegründete Institut bildet in enger Zusammenarbeit mit den Münchner Kammerspielen SchauspielerInnen und RegisseurInnen aus. So gesehen ist der neue Leiter gewissermaßen ein Kollege seiner Power-Frau, die in ihrem neuen Engagement volle Kraft voraus startet, nicht zuletzt, weil sie sich zwischendurch auf dem Rinklhof regenerieren kann, im Kreise ihrer Lieben.

Allein 1972 übernimmt Cornelia Froboess drei Rollen an den Kammerspielen. Unter der Leitung von August Everding, einem der einflussreichsten Prinzipale der Nachkriegsgeschichte, spielt sie wie bei ihrem Salzburger Debüt ein Dienstmädchen: die Pauline Piperkarcka in Gerhart Hauptmanns sozialkritischer Tragikomödie *Die Ratten* aus dem Jahr 1911. Mit der Besetzung der Froboess offenbart

Everding seinen sicheren Theatersinn. Denn die verzweifelte Pauline, die ihr Bräutigam hochschwanger sitzen gelassen hat, spricht ein deftiges Berlinerisch, einen Slang, mit dem die Schauspielerin seit ihrer Kindheit im Wedding ja bestens vertraut ist.

Ein stärkerer Kontrast zu Sonja, der zweiten Figur, die Cornelia Froboess 1972 in den Kammerspielen übernimmt, lässt sich kaum denken. Sonja gehört der russischen Oberschicht an, der Anton Tschechow in seinem gegen Ende des 19. Jahrhunderts entstandenen Drama *Onkel Wanja* kein gutes Zeugnis ausstellt. Er wirft den vermeintlichen Aristokraten vor, lediglich ihre Luxusprobleme zu pflegen, anstatt ihr Leben und die Gesellschaft aktiv zu gestalten.

Einen wiederum ganz anders gearteten Frauentyp präsentiert Cornelia Froboess in ihrer dritten Rolle für die Kammerspiele. Unter der Leitung des ihr schon vertrauten Regisseurs Karl-Heinz Stroux übernimmt sie in Georg Büchners Drama *Dantons Tod* den Part der Lucile. Das 1835 vollendete Schauspiel zeigt am Beispiel der Französischen Revolution, wie freiheitliche Ideale auf zerstörerische Weise in Gewalt umschlagen können. Opfer dieses Prozesses ist auch der Deputierte des Nationalkonvents Camille Desmoulins. Dass er von dem Blutrichter Robespierre zu dem gemäßigten Danton überläuft, muss nicht nur er mit dem Leben bezahlen, sondern auch seine Frau Lucile, die ihm freiwillig in den Tod folgt.

Pauline, die Verstoßene! Sonja, die Träumerin! Lucile, die Todesmutige! Drei extreme Charaktere, die Cornelia aus der Tiefe ihrer Empfindungen ans Licht bringt, in einer Art Seelenwanderung, von einer menschlichen Behausung in die andere.

Die familiäre Erdung, die Cornelia Froboess im Rinklhof genießt, und die künstlerische Kontinuität, die das Festengagement in den Kammerspielen mit sich bringt, stehen in einem merkwürdigen Kontrast zu den rasanten Veränderungsprozessen und Krisen jener Zeit, gleich ob sie innen- oder außenpolitischer Natur sind. International gesehen kommt es zu einer neuen Weltordnung. China betritt neben den USA und der Sowjetunion als dritte Großmacht die Bühne, nachdem ihm Richard Nixon durch seinen Staatsbesuch 1972 den Weg geebnet hat. Im selben Jahr gerät der amerikanische Präsident durch die Watergate-Affäre ins Straucheln. Um eine mögliche Niederlage bei den anstehenden Wahlen zu verhindern, eskaliert er den Vietnamkrieg. Massendemonstrationen und KünstlerInnen wie Joan Baez oder Jane Fonda verurteilen seine Politik.

Immerhin kommt es zu einer Entspannung zwischen den Blöcken. Im Mai unterzeichnen Nixon und Leonid Breschnew, das Staatsoberhaupt der Sowjetunion, einen Vertrag, in dem sie versichern, die Zahl der Abwehrraketen zu begrenzen. Die Politik der Annäherung setzt sich bilateral auch zwischen der BRD und der DDR fort. Beide Staatsgebilde beschließen ein Transitabkommen, das ihren gegenseitigen Personen- und Güterverkehr regelt. In einem Grundlagenvertrag legen sie überdies fest, wie sie künftig miteinander kommunizieren wollen. Kernpunkt ist der Austausch von ständigen Vertretern: Günter Gaus in der DDR für die BRD, Michael Kohl in der BRD für die DDR. Die Vertragswerke verdanken sich der Neuen Ostpolitik, deren Architekten Bundeskanzler Willy Brandt und sein Staatssekretär Egon Bahr sind. Auch innenpolitisch kann die Regierung der BRD Erfolge verbuchen. Im Juni gelingt es der Polizei, führende Mitglieder der RAF, der Rote Armee Fraktion, zu verhaften, unter ihnen Andreas Baader und Ulrike Meinhof.

Nicht zuletzt arbeitet die BRD an ihrem Image. Mit der

nach München geholten Olympiade möchte sie sich als demokratisches und weltoffenes Land präsentieren und sich von den pompösen Propaganda-Inszenierungen der Spiele 1936 absetzen. Die Idee von den »heiteren Spielen« findet ihren baulichen Ausdruck im neuen Olympiastadion. Günter Benisch, der Kopf hinter der neuartigen Sportstätte, hat sich das Ziel gesetzt, eine demokratische Architektur zu errichten. Deren Kennzeichen sind die viel gerühmte Transparenz des Stadions und die planerische Tatsache, dass schwächere Bauteile in stärkeren Unterstützer finden. Für die musikalische Visitenkarte zeichnet Kurt Edelhagen verantwortlich, den Cornelia Froboess schon seit 1954 kennt und schätzt, seit ihrer und seiner Mitwirkung in dem Schlagerfilm *Die große Starparade*. Der Bandleader des Westdeutschen Rundfunks hat anlässlich der Eröffnungsfeier am 26. August den *Einmarsch der Nationen* konzipiert, ein auf Volksliedern basierendes Medley. Als Stadionsprecher tritt Joachim Fuchsberger auf. Bau, Musik, Sprache und die Choreografie der auftretenden Gruppen begeistern das Publikum. Besonders die deutschen Gäste sind bewegt, weil erstmals SportlerInnen der DDR auftreten können, sogar unter ihrer eigenen Flagge – auch das ein Ergebnis der Entspannungspolitik.

Am 4. September strahlt das Fest des Friedens in vollem Glanz. Vor allem die Leichtathletikfreunde kommen auf ihre Kosten. Es ist schon gegen Abend. Der Hochsprung der Damen nähert sich dem Ende. Die als Favoritin auftretende Österreicherin Ilona Gusenbauer muss sich mit der übersprungenen Höhe von 1,88 m zufriedengeben. Ebenso ihre Konkurrentin, die bulgarische Sportlerin Jordanka Blagoewa. Eher aus der zweiten Reihe kommt die Deutsche Ulrike Meyfarth. Sie zieht nach. Ebenfalls 1,88 m. Persönliche Bestleistung! Sie lässt die Latte auf 1,90 m legen. Und springt, nein, fliegt über die Höhe. Goldmedaille! Das Stadion kocht. Und die Sechzehnjährige, bis heute die jüngste Olympiasiegerin in einer Einzeldisziplin, setzt noch einen drauf: 1,92 m. Weltrekord! Selbst hartgesottenen Fans kommen die Freudentränen. Bis spät in die Nacht spricht man über den Überraschungserfolg. Dann, am nächsten Morgen, der Keulenschlag: Palästinensische Terroristen sind in das Olympische Dorf eingedrungen, in das Camp der israelischen Delegation, haben elf Teilnehmer als Geiseln genommen, zwei andere getötet – mit dem Ziel, mehr als 200 in Israel einsitzende Landsleute sowie Ulrike Meinhof und Andreas Baader freizupressen. Das Grauen verdichtet sich. Auf dem Flugplatz Fürstenfeldbruck, wo ein Hubschrauber für die Attentäter bereitsteht, misslingt der Befreiungsversuch der Deutschen. Sämtliche Geiseln, ein Polizist und fünf Terroristen kommen zu Tode. Die Olympischen Spiele werden für einen Tag unterbrochen. Bei der für den 6. September angesetzten Trauerfeier spricht Avery Brundage, der Präsident des Internationalen Olympischen Komitees, den berühmten Satz: »The games must go on.«

1973 verlässt die dreißigjährige Cornelia Froboess für eine Weile den Rinklhof. Günther Fleckenstein, der Intendant des Deutschen Theaters Göttingen, hat sie zu den Bad Hersfelder Festspielen eingeladen, bei denen er als Regisseur gastiert. Auf dem Programm steht Arthur Millers *Hexenjagd*. Das 1953 entstandene Drama spielt auf den US-amerikanischen Politiker Joseph McCarthy an, der in den Nachkriegsjahren das soziale Klima in den Vereinigten Staaten vergiftete, indem er alles und jeden verdächtigte, mit dem Kommunismus zu sympathisieren. Dem Thema Denunziation widmet sich auch Millers Theaterstück. Der Autor verlegt das Ereignis jedoch in das Jahr 1692 und nach Salem, einer Gemeinde im heutigen US-Staat Massachusetts. Damals, so fördert Millers Studium historischer Quellen ans Licht, habe es in dem von Puritanern gegründeten Ort einen für die Einwohner schockierenden Vorfall gegeben. Ein Pfarrer überrascht des Nachts einige Mädchen, die im Wald merkwürdige Rituale aufführen und teilweise nackt tanzen. Um der drohenden Bestrafung zu entgehen, beschuldigen die Betroffenen scheinbar wahllos MitbürgerInnen, sich der Hexerei schuldig gemacht und sie verführt zu haben. Die Folgen sind fatal und reichen bis zur Hinrichtung Unschuldiger.

Für die Inszenierung des schaurigen Geschehens bietet die Bühne der Hersfelder Festspiele eine überaus passende Kulisse. Es ist die Ruine einer Mitte des 18. Jahrhunderts abgebrannten Stiftskirche, die man nach und nach zu einem Aufführungsort entwickelt hat, nicht zuletzt wegen der exzellenten Akustik. Dass Fleckenstein eben dort Millers *Hexenjagd* inszeniert, mag nur zu einem Teil mit der sakralen Atmosphäre der Spielstätte zusammenhängen. Vielleicht versteht er das Sujet auch als Hinweis auf die hitzige Debatte, die der sogenannte Radikalenerlass Anfang 1972 in der BRD auslöst, mit dem Bund und Länder die Einstellung von Verfassungsfeinden in den öffentlichen Dienst verhindern wollen. Wie auch immer: Für ihre Darstellung der Abigail, der Wortführerin des Mädchenbundes, erhält Cornelia Froboess den Publikumspreis der Hersfelder Festspiele.

Wer heute etwas von der damaligen Sprechkunst der Schauspielerin erfahren möchte, sollte sich den 1974 produzierten Film *Wir pfeifen auf den Gurkenkönig* anschauen und -hören. Den gleichnamigen Roman der 2018 verstorbenen Kinderbuchautorin Christine Nöstlinger hat Hark Bohm nahezu eins zu eins in ein Drehbuch verwandelt. Er richtet die Kamera auf ein Familienleben, das aus heutiger

Sicht wirkt, als ob man das Gezeigte durch ein verkehrt gehaltenes Fernglas betrachtet. Die heranwachsende Tochter der Hogelmanns darf den von ihr ausgesuchten Bikini nicht tragen, weil der Herr Papa dabei an Strichmädchen denkt. Mutter Hogelmann soll nicht arbeiten, obwohl sie ausgebildete Physiotherapeutin ist und der Beruf ihr Freude macht. Eine Geschirrspülmaschine muss sie heimlich kaufen und als Geschenk ihrer Tante ausgeben. Der ältere Sohn des Hauses darf trotz seines Talents nicht am Schwimmtraining teilnehmen, weil der väterliche Tyrann Nachteile für die schulischen Leistungen befürchtet. Und der jüngere Sohn, der dem Vater noch am ehesten zugeneigt ist, muss den Wunsch nach der heiß ersehnten Katze hintanstellen. Aber auch der Patriarch hat es nicht leicht. Er arbeitet auf einem subalternen Posten in einem Versicherungsunternehmen, nicht gerade üppig bezahlt und ohne Aussicht, sich verbessern zu können. Ruhender Pol ist allein der Opa, der mit seiner Rente zudem das Familieneinkommen aufstockt.

Da kommt es zu einer Art Urknall: In der Küche hockt, wie die Mutter entsetzt feststellt, ein grünes, schwieliges, gurkenähnliches Wesen mit Watschelbeinen und einer Blechkrone auf dem Schädel. Es stellt sich als König der Kumi-Ori vor, eines Volkes, das in den Tiefen des Hauskellers lebt. Seine vermeintlich dummen Untertanen hätten ihn jedoch vertrieben, zu Recht, wie sich später herausstellt. Herr Hogelmann aber gewährt ihm Asyl und zieht mit dem »Gurkinger« ins Büro, weil seine Gattin sich weigert, mit dem Unsympath in einem Zimmer zu schlafen. Dabei bleibt es nicht: Das Familienoberhaupt lässt sich mehr und mehr von ihrer »Majestät« umgarnen, die vor Lügen, Betrug und Diebstahl nicht zurückschreckt, wie Mutter, Kinder und Opa bald feststellen. Sie verbünden sich, und als der Vater durch einen Unfall geschwächt darniederliegt und sein fehlerhaftes Verhalten erkennt, verfrachten sie den grünen Störenfried kurzerhand in einen Bus nach Nirgendwo. So gesehen sorgt der Gurkenkönig nicht nur für eine Verschärfung der familiären Probleme, sondern auch für deren Lösung.

Der skurrilen, aus einem kautschukähnlichen Material gestalteten Kunstfigur gibt Cornelia Froboess ihre Stimme. Das Kauderwelsch des unangenehmen Wesens setzt sie mit eigentümlich knarzenden, rauen Lauten um, ohne Angst vor hässlichen Tönen, hier kreischend, dort quietschend, stöhnend, blubbernd, keifend, gelegentlich aber auch pathetisch oder schmeichlerisch. Kurz: Die Darstellerin meistert den schwierigen Sprechpart des Gurkenkönigs wie eine virtuose Bravourarie.

Das Jahr 1975 beschert Cornelia Froboess vor allem mediale Höhepunkte: ein 45-minütiges Porträt mit dem Titel *Ohne Humor kann man nicht leben,* eine Produktion des Hessischen Rundfunks Frankfurt, sowie die traurige Liebesgeschichte *Die Story,* für die das ZDF verantwortlich zeichnet. Hinter dem Porträt verbirgt sich ein spielerisches Interview, das der Regisseur Günter Andreas Pape, Verfasser der lesenswerten Autobiografie *Leben hin, Leben her,* mit der Schauspielerin führt.

Vor der Kulisse des noch im Aufbau befindlichen Rinklhofs, mit Szenen der reitenden und rauchenden Cornelia Froboess, mit Bildern ihrer Kinder Agnes und Kaspar sowie der das Anwesen bewachenden Dogge, konfrontiert Pape seine Gesprächspartnerin mit einer Reihe von Stichworten, auf die sie spontan reagiert, verschmitzt lächelnd oder zögernd, nach Worten suchend, gelegentlich spitz, immer aber in entspannt-legerem Tonfall. Jeweils einen Wimpernschlag lang öffnet sie sich, gibt sie etwas von sich preis. Hier einige kaleidoskopartige Splitter:

Tapetenwechsel.

(Seufzt). »*Probleme, bringt immer Probleme mit sich.
Also, in erster Linie ist das Ganze ein Organisations-
problem. Da heißt es also erst mal Kofferpacken, wieder
weg von zu Hause, dann muss man alles regeln für die
Abreise, damit man beruhigt wegfahren kann, also
Kinder, Haushalt, Schule, Buchhaltung et cetera. Für
mich hat Tapetenwechsel eigentlich nie was Befreiendes,
Erlösendes, es ist eigentlich eher belastend.*«

Tiere.

»*Mmh. Na ja, das ist natürlich unser Hund, Wasja, eine
deutsche Dogge, 'n Mordsvieh, der ist so unheimlich
liebebedürftig, der würde sich am liebsten auf dem Schoß
einrollen. Er ist wie alle Doggen sehr, sehr empfindsam,
aber auch sehr scharf, sein Feind möchte ich nicht sein.*«

Familie.

»*Dreht sich in erster Linie alles darum bei uns und erst in
zweiter Linie um Beruf und so weiter. Ja, die Familie ist
unser Ankerpunkt. Da tanken wir auch für unsere
nächsten Arbeiten auf.*«

Bayern.

»*Unsere zweite Heimat. Und wenn man die bayerische
Mentalität mag – und wir mögen sie sehr, sie ist rau, auch
etwas brutal, aber sehr musisch –, dann kann man als
Preuße mit den Bayern sehr gut auskommen.*«

Schallplatten.

»*Ich werde immer wieder gefragt, ob ich wieder singen
möchte oder Schallplatten produzieren möchte. Im
Moment ist diese Frage wieder ganz konkret aufgetaucht.*

(Seufzt). Ich verdräng's immer wieder. Ich hab so eine gewisse Hassliebe in Bezug auf das Showgeschäft – einerseits eine große Liebe zum Musizieren im Team und andererseits die Distance zu solchen Produzenten, die ohne Risiko das schnelle Geld machen wollen und dadurch alles Neue verhindern.«

Publikum.
»Damals, zu der Zeit, als Peter Kraus und ich unsere großen Erfolge verzeichnen konnten, da war mitunter es so, dass dich das Publikum mit Haut und Haaren fressen wollte. Es fehlte jegliche Distance. [...] Publikum ist ansonsten etwas ungeheuer Wichtiges. Beim Theaterspiel ist die Konfrontation mit dem Publikum etwas, auf das man gar nicht verzichten kann. Theaterspielen in meinen eigenen vier Wänden oder in meinem Kämmerlein als purem Selbstzweck könnte ich nicht.«

Proben.
»Ah ja. Na ja, eigentlich das Schönste so. Mmh. Zu sehen, etwas, was noch überhaupt nicht so vorhanden ist, und wenn man sich trifft, man weiß noch gar nicht, wo es langgeht. Von der völligen Ratlosigkeit, bis man dann plötzlich merkt, wie sich eine Sache entwickelt, eine wunderschöne Erfahrung. Ich bin immer ganz traurig, wenn langsam der Premierentermin anrückt.«

Premiere.
»Fürchterlich. Ein Ding, das abgeschafft werden müsste. Ein unzumutbares Datum. Dieser Tag X, hochgespielt durch Intendanz, Presse und Publikum. Ich weiß nicht ... Ich finde, ich würde Premiere als eine Art Probenergebnis sehen und nicht unter diesem entsetzlichen Leistungs-

zwang stecken. Denn das mindert ja nur die Leistung.
Das fängt schon an mit diesem dämlichen Anspucken
immer vor der Premiere, jeder kommt da, toi, toi, toi.
Das kriegt ein Gewicht das Ganze, und die Sache wird
nicht mehr sachlich gesehen. Warum nicht ausprobieren,
dann zurück ins Stammhaus und die Sache herzeigen.
Man würde dann ruhig in eine ganz normale Vorstellung
gehen.«

Zu den weiteren Froboess-Highlights des Jahres 1975 zählt der Fernsehfilm *Die Story,* den Eva Mieke geschrieben und Dieter Lemmel in Szene gesetzt hat. Wie vielschichtig die Erzählung ist, offenbart gleich der Beginn, der den Blick in einen Vorführraum freigibt. Ein Regisseur und ein mit ihm befreundeter Journalist betrachten auf Monitoren einen dokumentarisch anmutenden, eben fertiggestellten Film. Er zeigt ein Liebespaar, Gabriele und Johannes Michaelis (gespielt von Cornelia Froboess und Hans Peter Korff). Aus dem Off dieses Films im Film erklingt der Kommentar, dass die beiden zwar eine gemeinsame Vergangenheit, eine gemeinsame Gegenwart, aber keine Zukunft haben. Befragt von einem Reporter erläutern die beiden, im Hier und Jetzt zu leben. So hätten sie trotz der Tatsache geheiratet, dass Johannes eine schwere, vermutlich todbringende Krankheit hat. Ihre Einstellung erlaube es ihnen, den anderen besonders intensiv wahrzunehmen und ihm nichts vormachen zu müssen. Glaubhaft sprechen sie auch von ihrem Kinderwunsch. Die souveräne Einstellung, mit der die jungen Liebenden Tod und Verfall begegnen, imponiert dem Journalisten. Eine Story witternd, möchte er nachspüren, wie die Geschichte zwischenzeitlich weitergegangen ist, ob Johannes noch lebt und, wenn ja, wie sich seine Beziehung zu Gabriele entwickelt hat. Mit dem skizzierten Ausschnitt, also dem Film im Film, endet auch die Erzählung. Jetzt allerdings geht er zu Herzen, weil der anfängliche Optimismus der beiden an der Wirklichkeit zerschellt ist. Johannes hat sich in einen Haustyrannen verwandelt, der seiner Frau das Leben schwermacht, sie zu Entscheidungen nötigt, die ihr wehtun, etwa ihren Beruf als Lehrerin aufzugeben, obwohl er ihr Kraft gibt. Aber auch Gabriele macht Fehler. Trotz des gemeinsam ausgesprochenen Kinderwunsches nimmt sie die Antibabypille. Und als Johannes eine akute gesundheitliche Krise bewältigen muss, der sie emotional nicht mehr gewachsen ist, steigt sie mit dem besagten Journalisten ins Bett, der sich in sie verliebt hat, obwohl er ursprünglich nur auf eine Story erpicht war.

In Cornelia Froboess und Hans Peter Korff begegnen sich zwei Schauspielerpersönlichkeiten auf Augenhöhe. Sie nötigen die ZuschauerInnen nicht, den Stab über Johannes und Gabriele zu brechen, sondern versuchen, Empathie für Menschen zu erwecken, denen schicksalhafte Verstrickungen die Umsetzung ihrer vielleicht naiven, aber echt empfundenen Hoffnungen und Ideale verwehren. Besonders eindrucksvoll sind jene Szenen, in denen die beiden Akteure sich und der Kamera ganz nahe sind. Hier finden sie zu einem kammermusikalischen Spiel, zu einer Palette sprachlicher Abtönungen, die ihresgleichen sucht. Es scheint, als habe Cornelia Froboess ein neues Level erreicht, das auf zwei Säulen ruht: auf dem Potenzial ihrer Bühnenerfahrung und der Bewusstheit filmischer Möglichkeiten, nicht auf oberflächliche Wirkungen bedacht, sondern bestrebt, das Wahrhaftige zu finden.

Den letzten Tag des Jahres 1975 begeht die Künstlerin im Münchener Circus Krone, in der alljährlichen Show *Stars in der Manege,* einer Wohltätigkeitsveranstaltung der Münchener *Abendzeitung* und des Bayerischen Rundfunks zugunsten alter KünstlerInnen und JournalistInnen. Ihr Auftritt dort liegt ihr nicht nur wegen des karitativen Zwecks am Herzen. Wie eine Schneekönigin freut sie sich über die ihr angetragene Tiernummer, eine Fuchsdressur. Regelrecht selig ist sie über ihre erneute Zusammenarbeit mit Hans-Joachim Kulenkampff, der als Zirkusdirektor durch den Abend führt. Denn sie kennt ihn seit den 1950er-Jahren, seit gemeinsamen Bädertourneen. Kennen ist allerdings maßlos untertrieben. Die kleine Cornelia himmelt ihn ohne Wenn und Aber an und setzt alles in Bewegung, um in seinem Auto mitfahren zu dürfen und nicht im Gemeinschaftsbus. Um ihrem Idol zu imponieren, lernt sie Zitate aus berühmten Theaterstücken auswendig und greift tief in die Kiste der Klassik: »Die schönen Tage von Aranjuez sind vorüber« oder »Was du ererbt von deinen Vätern hast, erwirb es, um es zu besitzen«, dergleichen streut sie völlig aus dem Zusammenhang gerissen in ihre Gespräche mit Kuli ein, so der Nickname des populären Quizmasters, der sich über die kindliche Komikerin wohlwollend amüsiert.

Als Cornelia Froboess Jahrzehnte später erfährt, dass ihr Angebeteter während der Kesselschlacht von Demjansk (1942) sich eigenhändig vier erfrorene Zehen amputiert hat und deswegen später nur mit Spezialschuhen auftreten kann, ist sie den Tränen nahe. Sie vermag es kaum zu fassen: Kuli sei trotz dieser traumatischen Kriegserfahrung immer heiter und liebenswürdig gewesen.

Ihr Geist sitzt
im Herzen

In der Hochblüte der Ensemblekunst und ihrer, Froboessens Kunst, traf ich sie, und seit der ersten Minute der ersten Probe liebe ich sie. Nun weiß ich, wie sie ihre Rollen zusammensetzt, wie sie arbeitet. Da fängt es mit den Dingen, die eine Figur umgeben, an. Da sucht sie aus, bringt etwas mit, verwirft, geht damit um und verwendet es am Ende so, als wäre es ein Teil von ihr. Ebenso das Kostüm, es wird nachgedacht, probiert, auch wieder etwas mitgebracht, verworfen und letztlich mit großer Selbstverständlichkeit getragen. So setzt sie die Figuren aus einer gewaltigen Fülle von Einzelteilen zusammen. Aus Einzelteilen entsteht ein Ganzes. So arbeitet die Froboess, sie prüft und beschreibt die jeweilige Situation, nicht ein nebelhaftes Gesamtbild einer Figur. In dieser Arbeitsweise ist sie unbestechlich. Sie sucht ihre Rollen von innen nach außen, ihre Intelligenz sitzt im Instinkt, ihr Geist im Herzen.« Kein Zweifel, eine Liebeserklärung. Dargebracht von Dieter Dorn, niedergelegt 2001, in dem von Sabine Dultz herausgegebenen Band über die Münchner Kammerspiele.

Die Künstlerehe des Regisseurs und der Schauspielerin bewährt sich über Jahrzehnte. Sie beginnt 1976 mit Lessings *Minna von Barnhelm* und Cornelia Froboess in der Titelrolle und endet 2011, als sich Dorn aus München verabschiedet, mit Kleists Drama *Käthchen von Heilbronn*, in dem die

Verehrte die Gräfin spielt – ein weit gespannter Rahmen, der dreizehn weitere Gemeinschaftsarbeiten umfasst.

Noch Jahrzehnte später, in den Würdigungen zu ihrem 70., 75. und 80. Geburtstag, verweisen fast alle AutorInnen auf die Froboess'sche Minna von 1976 als eine ihrer wichtigsten Rollen überhaupt.

Benjamin Henrichs, Feuilleton-Redakteur der *Zeit,* eröffnet seine am 1. Oktober 1976 erscheinende Kritik mit einem Geständnis. Er habe das Stück schon häufig gesehen und in derartig faden Aufführungen, dass er eigentlich jede Lust verloren habe, sich noch mal irgendeinen verwässerten Aufguss anzutun. An den Münchener Kammerspielen sei aber jetzt eine Deutung zu sehen, »die das oft mißhandelte, viel zu bekannte Stück wieder unbekannt macht; die daran erinnert, daß Lessing kein hausbackenes Lust- und Lehrspiel geschrieben hat, sondern eine Komödie der Irrungen, des gefährdeten Glücks«. Des Weiteren betont Henrichs, dass weder der Regisseur noch die Akteure die Komödie glattbügeln würden. Sie zeigen Menschen, so der Autor, denen die Ereignisse (Lessings Komödie spielt vor dem Hintergrund des Siebenjährigen Krieges) arg zugesetzt hätten: »Der Tellheim der Münchner Aufführung (Helmut Griem) sieht, wenn er auftritt, ziemlich krank aus: erschöpft von langer Kriegsarbeit, deprimiert über seine Abdankung, verstrickt in eine heillose Geldgeschichte und eine vielleicht noch heillosere Liebesgeschichte. Er wirkt abgespannt, überspannt sogar; ganz in sein Unglück versunken. Das Fräulein von Barnhelm (Cornelia Froboess), das diesem deutschen Jüngling nachreist, sieht nicht viel besser aus: sie hat das gleiche angespannt-erschöpfte, fiebrig-blasse Liebeskummer-Gesicht wie der Freund, nach dem sie sucht; und auch sie schläft wohl nicht gut. Sie hat keine liebliche Stimme, sondern eine etwas heisere – und sie spricht so sächsisch, daß man erst einmal zusammenschrickt, wenn sie nach ihrem ›Dellheim‹ sich sehnt.«

Dabei erteilt Cornelia Froboess Dorn zunächst eine Abfuhr. Sie findet die Rolle der Minna schlicht langweilig. Dann aber lässt sie sich überzeugen: »Die Art, wie er auf meine Zweifel reagierte, gefiel mir. Und so kam's zur *Minna von Barnhelm*, für die ich eigens für [den aus Leipzig stammenden] Dorn noch ein bißchen Sächsisch lernte, das heißt, ich habe mir einen kleinen sächsischen Akzent zugelegt, so einen leichten Leipziger Tonfall.«

Für Minna, Lessing und Dorn läuft Cornelia Froboess einen Marathon. Sie absolviert sage und schreibe 109 Vorstellungen. Eine davon geht 1977 beim Berliner Theatertreffen über die Bühne. Fünf weitere finden in Moskau statt, im neuen Stanislawski-Theater – hier allerdings mit wenig Erfolg. Einerseits besteht das Publikum aus lauter Bonzen. Andererseits kann die Nomenklatura dem Text, für Dorn die oberste Instanz, nicht wirklich folgen: Die Aufführungen werden nur behelfsmäßig von einem Simultandolmetscher begleitet. Die Inszenierung »war für München gemacht«, resümiert der Regisseur recht trocken, »und sie war in München erfolgreich.« Trotz der erwähnten Abschottung kann sich Cornelia Froboess in Moskau frei bewegen. So besucht sie diverse Restaurants, nicht zuletzt, um die russische Küche näher kennenzulernen und einige Rezeptideen mit nach Hause zu nehmen.

Minna könnte man als eine kluge, lebensnahe Frau beschreiben, der es aktiv gelingt, ihren Verlobten aus dem Räderwerk des Staates und dem Korsett bürgerlicher Moralvorstellungen zu befreien. Lulu, die zweite Titelrolle, die Cornelia Froboess in einer Inszenierung Dorns übernimmt, ist gewissermaßen ein Gegenentwurf: Sie ist vor allem das Opfer der Fremdbestimmung durch Männer, obwohl sie die

Spirale der Gewalt, die das Bühnengeschehen durchzieht, auch mitverursacht. In seiner 1913, nach einem Vorlauf von mehr als zwei Jahrzehnten vollendeten Tragödie *Lulu* zeichnet Frank Wedekind den Aufstieg und Fall einer Frau nach, deren Leidens- wie Lebensweg auf der Straße beginnt, um nach einem gesellschaftlichen Höhenflug ebendort wieder zu enden, und zwar in der Prostitution.

Mit dem 1977 umgesetzten »Mammutprojekt«, so Dorn, können er und Cornelia Froboess ihren erfolgreichen Auftakt an den Münchner Kammerspielen allerdings nicht fortsetzen. Jedenfalls bläst ihnen gehörig Wind ins Gesicht. Der Theaterkritiker Peter Iden scheut sich nicht, in der *Zeit* vom 25. November 1977 das Münchner Theaterereignis ebenso ausführlich wie übel zu verreißen. Zunächst wirft Iden dem Regisseur vor, die Tragödie, die ursprünglich auf zwei Dramen basiert, nämlich *Der Erdgeist* und *Büchse der Pandora,* auf einen Tag zusammengestaucht zu haben. Neun Stunden Spielzeit, das sei eine unzumutbare Strapaze, selbst bei vier Pausen. Zudem bezeichnet der Kritiker die Aufführung als monoton. »Weil jeder Akt Aufstieg und Fall Lulus immer aufs Neue abhandelt, wird dieser Lebenslauf absehbar und verschleißt sich das Interesse, ihn zu verfolgen.« Auch die Lulu-Darstellerin selbst nimmt Iden ins Visier: »Die Froboess forciert die Erinnerung an Lulus Herkunft von der Straße; sie vergrößert und übertreibt den Mangel an Raffinement, die Direktheit. Wenn der Kunstmaler Schwarz (Felix von Manteuffel) sich plötzlich an sie heranmacht, sie sich seinem Zugriff entzieht und nun eine wilde Jagd durch das Atelier beginnt – findet diese Lulu sichtlich Spaß an solchem Toben, das ist ihr Element. Schwer aber, sie sich auch nur parfümiert vorzustellen, nicht zu reden von Zärtlichkeit oder gar jener merkwürdigen Dämonie, an die Wedekind wohl auch noch gedacht hat.« Und sogar der Bühnenbildner

Jürgen Rose, Cornelias Freund aus Berliner Tagen, kommt nicht gut weg. Er habe umständliche, übermöblierte Räume geschaffen, die langweilig und Klimt-Kitsch seien.

Doch weiß die Schauspielerin auch Amüsantes über ihre *Lulu* zu berichten. Wie die meisten Theateranekdoten basiert es auf einer Panne, die hier ihrem geschätzten Kollegen Thomas Holtzmann in der Rolle des Dr. Schön unterlief, und zwar in jener Szene, in der er Lulu mit einem Revolver bedrohen soll. Ihr Kollege habe die Bühne schwungvoll betreten, allerdings die Waffe vergessen. Ein aufmerksamer Inspizient erkannte die Not und versuchte, dem Schauspieler – unbemerkt vom Publikum – die Waffe mit einer Art Besen zuzuschieben. Doch ging der Plan nicht auf. In seiner Verzweiflung stieß Holtzmann plötzlich mehrere Urschreie aus: »Uah! Uah! Uah!«. Dann stürzte er sich auf seine Kollegin, um sie unter sich zu begraben. Ein wirklich großer Mann auf eine wirklich kleine Frau – auch eine Lösung! Das Stärkste aber, flachst Cornelia Froboess noch Jahrzehnte später, sei ihre gemeinsame Reaktion auf den plötzlichen Stellungswechsel gewesen: Noch übereinanderliegend müssen beide so laut lachen, dass sie fürchten, man könne es im Parkett hören.

Eines konnte die Kritik Dorn und seiner *Lulu* keinesfalls vorwerfen: ein Thema aufgegriffen zu haben, mit dem die TheaterbesucherInnen nichts mehr anfangen konnten. Denn das Verhältnis der Geschlechter wird seinerzeit (nicht nur) in der Bundesrepublik neu verhandelt. Sichtbar wird dergleichen an der sogenannten Sexismusklage, einem für die Geschichte des Frauenrechts recht bedeutsamen Vorgang. Alice Schwarzer, Gründerin der Zeitschrift *Emma*, geht gerichtlich gegen den *Stern* und dessen Chefredakteur Henri Nannen vor. Sie wirft ihm und seinem fotolastigen Magazin vor, Frauen wiederholt als bloße Sexualobjekte zu verwenden und sie somit ihrer Menschenwürde zu berauben. Stein des Anstoßes ist ein Titelbild des Fotografen Helmut Newton, das die jamaikanische Sängerin Grace Jones zeigt. Schwarzer kommentiert 1978 in der *Emma:* »eine Schwarze, nackt, in der Hand ein phallisches Mikrofon und um die Fesseln – schwere Ketten«. Der Klage Schwarzers schließen sich prominente Frauen an: Margarete Mitscherlich, Inge Meysel, Erika Pluhar, Luise Rinser und andere. Ihr Begehren weist das Gericht zwar aus formaljuristischen Gründen ab, doch verändert sich zweifelsohne die öffentliche Wahrnehmung.

Unbeschadet vom Strom der Zeit passiert in der Familie Froboess-Matiasek Entscheidendes. 1978 gibt der Familienvater die Leitung der Otto-Falckenberg- Schule ab, um ein Jahr später die Generalintendanz der Städtischen Bühnen Wuppertal zu übernehmen. Sein Kollege und Förderer, der Opernregisseur und Mozartspezialist Oscar Fritz Schuh, begrüßt die berufliche Veränderung: »Lieber Herr Dr. Matiasek«, schreibt er ihm am 19. Juni 1978, »ich habe mich über Ihren Brief gefreut. Ich finde Ihren Entschluss richtig. Wuppertal, das ich aus meiner Kölner Zeit sehr gut kenne, hat sich doch im Laufe der letzten zwei Jahrzehnte zu einer Theaterstadt entwickelt [...]. Aus eigener Erfahrung sage ich Ihnen nur, sichern Sie sich, so gut es geht! Ihre wie unsere Generation wollten ja keine Beamte werden und das finde ich richtig, nur man soll auch einmal an später denken [...] Sie wissen, Sie können ja jederzeit auf mich zurückgreifen, wenn Sie meines Rates und meiner Hilfe bedürfen. Grüßen Sie Cornelia. Ich hatte leider nicht die Gelegenheit, die legendäre ›Minna‹ zu sehen, konnte aber neulich einen Ausschnitt im Fernsehen erwischen, und wenn es auch nur wenige Sätze waren, so hat es mich doch fasziniert.«

Mit seiner Einschätzung von Matiaseks neuem Arbeitsfeld liegt der Briefschreiber richtig. Immerhin wissen die Wuppertaler Bühnen eine Choreografin in ihren Reihen, die wenige Jahre später zu den weltweit bedeutendsten gehört: die junge Pina Bausch, die sich, so der Tanzexperte Jochen Schmidt, für ein »Theater des befreiten Körpers und des befreiten Geistes engagiert, für ein Tanztheater der Humanität«. Die offene Atmosphäre des Hauses ermöglicht es dem Generalintendanten auch, neben seinen administrativen Aufgaben bis 1983 sieben Inszenierungen auf den Weg zu bringen, darunter Verdis *Rigoletto,* Straussens *Salome,* Nicolais *Die lustigen Weiber von Windsor* und Offenbachs *Ritter Blaubart.*

Dass der Familienvater sich wieder vom Theaterbetrieb schlucken lässt, wirkt sich natürlich auf das Leben seiner Lieben aus. Die Kinder folgen ihm nach Wuppertal, wo sie in den nächsten Jahren von einem Kindermädchen betreut werden. Für ihre Mutter ist hingegen Pendeln angesagt. Um ihren Verpflichtungen in München nachkommen zu können, wohnt sie weiterhin im Rinklhof. Da sie nun nicht nur den Haushalt, sondern auch die Verwaltung des großen Anwesens fast allein schultern muss, durchlebt sie eine der anstrengendsten Phasen ihres Lebens. Ihr künstlerischer Output bleibt dennoch erstaunlich, aber nur, weil sie in ihrer Arbeit nach wie vor Erfüllung findet.

1978 kommt es zu reizvollen Fernsehproduktionen, die Cornelia Froboess viel bedeuten. Der 1979 erstmals im ZDF gesendete Sechzigminüter *Balthasar im Stau* ist ein Episodenfilm; das heißt, er hat keine durchgehende Story, sondern reiht verschiedene, meist kürzere Erzählungen aneinander. Der Vierteiler schildert Geschehnisse, die von Taxifahrern handeln. Die dritte Episode, *Balthasar im Stau* überschrieben, dient als Titelstory. Hier begegnen wir der schwangeren Saskia und dem Amsterdamer Taxifahrer

Balthasar van Krogg. Als sie in einen Stau geraten, läuten die Alarmglocken. Bei Saskia setzen die Wehen ein, und ihr Chauffeur, der sich im Allgemeinen pedantisch an die Verkehrsregeln hält, muss eben diese brechen, um Mutter und Kind rechtzeitig ins Krankenhaus zu bringen.

Heinz Rühmann mimt nicht nur Balthasar, sondern auch die anderen Taxifahrer: bald listig, bald kauzig, hier à la Pater Brown, dort eher wie der brave Soldat Schwejk, immer aber mit einer Prise Melancholie. Cornelia Froboess alias Saskia geht ihrerseits in dem ihr vertrauten Part der werdenden Mutter auf. Mit feiner Ironie schützt sie Balthasar, der nach eigenem Bekunden die Geburten seiner drei Söhne regelrecht durchlitten hat, vor drohenden Panikattacken und Schweißausbrüchen. Sie selbst geht jedoch ziemlich gelassen mit der Situation um. Sanftmütig und ruhig verleitet sie Balthasar, eine Einbahnstraße in Gegenrichtung zu passieren. So erreichen sie rechtzeitig die Klinik, um alsbald den erlösenden Schrei zu hören: Es ist ein Junge! Balthasar soll er heißen.

Bei dem Taxifahrer-Film steht Gero Erhardt hinter der Kamera, seit Kindertagen Cornelias Gefährte (siehe oben). Die Wiedersehensfreude der beiden ist groß. Im selben Jahr, also 1978, arbeiten sie im Vorfeld des siebzigsten Geburtstags von Geros Vater Heinz zusammen. Der Künstler hat 1971 einen Schlaganfall erlitten, von dem er sich nie mehr so recht erholt. Sein Gehirn ist so geschädigt, dass er zwar noch lesen und verstehen kann, ihm aber die Gabe des Sprechens abhandengekommen ist – ein Martyrium für jemanden, der über sie zuvor so reich verfügte. Um den Kranken aufzumuntern, setzt sein Sohn alle Hebel in Bewegung, den runden Geburtstag seines Vaters zu würdigen. Ausgangspunkt seiner Aktivitäten ist eine Art Opernlibretto, das Heinz Erhardt Mitte der 1930er-Jahre in seiner Heimatstadt Riga verfasst hat – eine Parodie, deren Wirkung nicht zuletzt auf dem Wortwitz des Komikers beruht. Weil die Akteure Ritter sind, nennt der Autor sein Werk ein »Ritter-Dando«. Und weil sie wesentlich kürzer als die *Dreigroschenoper* des Autorenduos Brecht/Weill ist, gibt er ihr den Untertitel *Zehnpfennigoper.* Dem Genre nach könnte man sie auch als Schauerballade bezeichnen: Ritter Kunibert, eben von einem erfolgreichen Raubzug zurückgekehrt, erwischt seine Frau in flagranti, als die sich gerade mit Ritter Geierblick vergnügt. Kunibert rastet aus. Es kommt zu einem Gemetzel, das keiner der Beteiligten überlebt.

Das groteske Geschehen durchwirkt Gero Erhardt mit einer Rahmenhandlung, in deren Mittelpunkt sein Vater steht, dem laut Drehbuch die Rolle des »lachenden Dichters auf der Parkbank« zufällt. Man sieht den Opernschöpfer, der seine Ideen auf diversen Zetteln niedergeschrieben hat, um sie schlussendlich zu verwerfen und dem Wind zu übergeben. Verschiedenen Akteuren bleibt es vorbehalten, die verwehten Papiere zu finden und zu verlesen – mit von der Partie: Cornelia Froboess. Überhaupt ist das personelle Aufgebot beträchtlich. Mehr als zwanzig prominente SchauspielerInnen und SängerInnen wirken unter Verzicht auf eine Gage mit, von Kulenkampff bis Loriot, über Inge Meysel, Lilo Pulver, Evelyn Künneke, Gitte Haenning bis zu Karl Dall, Harald Juhnke, Heidi Kabel, Ilse Werner, Helga Feddersen, Chris Howland, Paul Kuhn, Benno Kusche, Margit Schramm, Rudolf Schock, Achim Strietzel, Hanni Vanhaiden, Gert Fröbe, Walter Giller, Freddy Quinn, Ilja Richter, Heinz Rühmann oder Ralf Wolter. Das Highlight der Produktion, die das ZDF unter dem Titel *Noch 'ne Oper* am 21. Februar 1979, einen Tag nach dem Geburtstag Erhardts, ausstrahlt, ist aber die Musik: Sie stammt aus der Feder des Jubilars.

Übernimmt Cornelia Froboess bei dem »Familientreffen« lediglich einen Minipart, so steht sie 1979 vor einer der schwierigsten Aufgaben ihres Schauspielerlebens. In einer Inszenierung Dieter Dorns stemmt sie die wortgewaltige Rolle der Lotte in dem Theaterstück *Groß und klein* von Botho Strauß. Allein der eröffnende Monolog ist so vertrackt, dass er ein Höchstmaß an Konzentration erfordert. Lotte, die sich einbildet, an einer Gruppenreise nach Marokko teilzunehmen, verliert sich nämlich nicht nur in einem ausufernden Selbstgespräch. Zwischendurch imitiert sie auch das Gespräch zweier Männer, deren Schatten sie auf der Terrasse sieht. Vergeblich hofft sie, die beiden mögen zu ihr in den Speisesaal kommen. Die Einsamkeit, das Thema des Theaterstücks, klebt an Lotte wie Pech, es gelingt ihr nicht, sich von ihr zu lösen, weder bei einer Zufallsbekanntschaft an einer Bushaltestelle, weder in der Telefonzelle, aus der sie ihren Ex anrufen will, noch bei dem Versuch, den Kontakt zu einer alten Freundin aufzunehmen, die lediglich über die Sprechanlage eines Hochhauses mit ihr kommuniziert, noch in der Schlussszene, in der Lotte auf der Suche nach menschlichem Kontakt im Wartezimmer eines Arztes sitzt, ohne physisch krank zu sein.

Mit ihrer Darstellung, die trotz des drückenden Themas durchaus komisch sein kann, überzeugt und begeistert Cornelia Froboess die schreibende Zunft. Ihre »spielerische Naivität« und ihre »unakademische Neugier«, kommentiert Helmut Schädel am 2. März 1979 in der *Zeit*, könnten ihre »bewundernswerte Leistung« erklären: »Immer wieder hat die Froboess ihren Mut zur Neugier und ihre Angst vor der Lüge bewiesen: Wenn sie sich manchmal über ihre paradoxen Sätze wirklich gewundert hat; wenn sie prustend lacht nach einer besonders markanten Stelle von Strauß, sich duckt und abwinkt mit den Händen; wenn sie am Schluß nicht wie ein kranker Engel aus dem Wartezimmer geht, sondern sich leise davonschleicht, ein großes Fragezeichen hinterlassend.«

Höchstes Lob kommt auch von der Darstellerin und Dramatikerin Theresia Walser. »Noch auf der Schauspielschule«, schwärmt die Tochter des Schriftstellers Martin Walser, »hätte ich am liebsten vier Jahre lang Cornelia Froboess' Lotte von Botho Strauß nachgemacht […]. Immer lag in ihrem Sprechen eine Musik, die aus Augenblicken unbestimmte Zeit werden ließ. Jeder Satz wirbelte in seiner Eindeutigkeit gleichzeitig Ungesprochenes auf, als risse die Bewegung eines Sprechenden immer auch von Worten Undurchdringbares ans Licht.«

Jeder, der mal Theaterluft geschnuppert hat, weiß, wie nötig SchauspielerInnen angesichts des allabendlichen Erfolgsdrucks Ventile brauchen, spezielle Rituale, ein erlösendes Lachen, Selbsthumor oder aber Scherze und Streiche. »Bei *Groß und klein* von Botho Strauß«, erzählt Cornelia Froboess, »saß ich in einer Szene allein hinten in einem Wartesaal. Plötzlich schlurften zwei Schauspieler vorbei, die gar nicht mitspielten. Lambert Hamel und Monica Bleibtreu hatten in der Kantine beschlossen: Wir besuchen die Conny auf der Bühne. Sie gingen ganz ernsthaft stumm durch den Raum und setzten sich an den Rand. Ich hab nur gedacht: Bloß nicht hingucken! Zur Strafe mussten die beiden das auch in den nächsten zwei Vorstellungen tun.«

Unfreiwillig bespaßt die Schauspielerin aber auch ihre KollegInnen. 1979 übernimmt sie die komplexe Rolle der Titelheldin in Schillers Trauerspiel *Maria Stuart*, das Ernst Wendt inszeniert. Im vierten Auftritt des dritten Aktes hat sie einen geschnörkelten Satz zu sagen: »Man weiß, um welcher Tugend willen Anna von Boleyn das Schafott bestiegen.« Stattdessen entfleucht ihr: »Man weiß, um welcher

Tugend willen Anna von Schwulin das Fagott bestieg.« Der trockene Kommentar der »Autorin«: »Das flutscht ja auch viel leichter von der Lippe. Ich kann den Satz heute noch nicht korrekt sagen. Die Kollegen haben fluchtartig prustend die Bühne verlassen, ich stand plötzlich mutterseelenallein da, bis mich die mutige Heide von Strombeck in die Kulisse zog. Ich wusste ja gar nicht, was ich gesagt hatte. Ernst Wendt meinte danach nur: Nein, das ist zu gut, um wahr zu sein.«

Am 26. Februar 1979, wenige Tage bevor seine Tochter sich als Lotte wieder einmal in die Herzen der TheaterbesucherInnen spielt, stirbt Gerhard Froboess im nicht gerade gesegneten Alter von siebzig Jahren.

»Mein Vater war, das weiß ich aber erst durchs Älterwerden, ein ganz rühriger Mann«, erläutert Cornelia Froboess 1988 in einem Gespräch mit Jörg Werner Gronius. »Er war in erster Linie Komponist und Musiker, ein ganz typischer Musiker und überhaupt kein Geschäftsmann. Nachdem er die Kinderlieder, die großen Erfolge wie *Pack die Badehose ein* für mich geschrieben hatte, hat man ihm allein eigentlich nichts mehr abgekauft. Er ist als Komponist an meiner Karriere kaputtgegangen. Meine Karriere hat ihn eigentlich auf dem Gewissen, nicht umgekehrt.«

Ohne Netz und
doppelten Boden

In einem bemerkenswerten Porträt würdigte Gerhard Stadelmaier die gereifte Schauspielerin. Sein Zeitungsartikel ist allerdings nichts weniger als eine »ultimative Lobhudelei«. Immerhin hat er, der Feuilleton-Redakteur der *Frankfurter Allgemeinen,* Cornelia Froboess' Werdegang jahrzehntelang verfolgen können und sie in den meisten ihrer Rollen persönlich erlebt. Der Titel, mit dem er seinen journalistischen Glückwunsch zu ihrem siebzigsten Geburtstag überschreibt, spricht denn auch Bände: »Felsin im Jammer«. Da haben wir sie wieder, diese Gleichzeitigkeit von Härte und Weichheit, die Verschränkung von Stärke und Schwäche, die Vielschichtigkeit, die Verflechtung von scheinbar Unvereinbarem – Markenzeichen der Schauspielerin. An anderer Stelle rühmt Stadelmaier die Farbigkeit der Froboess'schen Sprechkunst: »Das Beherrschte, Tapfere dieser Felsin in der Jammerbrandung, die ihren Ton schon auch mal ins maniert Nölende, Spitzmäulige, aber auch wundwehe Abkanzelnde ziehen kann, kennt als Gegenkraft das wunderbar Ergebene.« Und er zieht ein brillantes Resümee. Cornelia Froboess, sagt er, stünde »immer auf der Figur-Kippe, aber mit beiden Beinen auf des Messers Schneide«. Kurz: Sie sei eine »gefühlsechte Anti-Heulsuse«.

Stadelmaiers Hohelied auf die Schauspielkunst der Froboess will erst einmal erarbeitet sein. Es gilt einer Persönlichkeit, der Begabung und professionelle Fortune niemals zum Ruhekissen geworden sind, einer Künstlerin, die seit Jahrzehnten unentwegt vorangeschritten ist, mit einer solchen Verve, Intensität und Kühnheit, dass man sich fragt, ob sie jemals so etwas Profanes wie einen Urlaub genossen hat. Dass sie wiederholt auf der »Figur-Kippe« steht, wenn auch anders als von Stadelmaier gemeint, zeigt ein Blick auf einige ihrer Engagements, die zwischen 1980 und 1983 zu verorten sind. Filmrollen, nicht zuletzt in diversen Freitagabendkrimis des ZDF, herrschen in dieser Phase vor. Doch wirken jene Jahre insgesamt wie ein »Kessel Buntes«, der Auftritte bei *Stars in der Manege,* in der ZDF-Show *Wetten, dass..?,* in Dieter Hildebrandts satirischem *Scheibenwischer* ebenso umfasst wie die spannende Zusammenarbeit mit Rainer Werner Fassbinder.

1980 wirkt die Actrice in der Gaunerkomödie *Der Regenmacher* mit. Der altgediente Regisseur Ludwig Cremer, der 1947 mit der Uraufführung von Wolfgang Borcherts *Draußen vor der Tür* Hörspielgeschichte schrieb, hat sich des Stoffes angenommen. Mutigerweise muss man sagen, denn das zugrunde liegende Drehbuch ist ein Remake der Gaunerromanze *The Rainmaker* (1956), eines Kassenschlagers, in dem keine Geringeren als Burt Lancaster und Katharine Hepburn die Hauptrollen spielen. Die Story erzählt von einem liebenswert-charmanten Schurken, der einem Farmer verspricht, den dringend benötigten Regen herbeizuzaubern. Das gelingt ihm zwar nicht, doch vermag er, das Herz der in die Jahre geratenen Farmerstocher zu gewinnen. Mit seinem Team kann Ludwig Cremer durchaus dagegenhalten: Weder Götz George noch die 37-jährige Cornelia Froboess müssen sich vor ihren amerikanischen Kollegen verstecken. Die Zeitschrift *TV Spielfilm* attestiert der Produktion des Bayerischen Rundfunks denn auch »tempogeladenes Profi-Schauspiel«.

117

Und schon bald kommt es zu einer der erwähnten »Figur-Kippen«: Die einfache Farmerstochter verwandelt sich in die Königin Kunigunde. Jedenfalls übernimmt Cornelia Froboess deren Part in Peter Beauvais' filmischer Adaption von Kleists Ritterschauspiel *Das Käthchen von Heilbronn* – einer Koproduktion zwischen dem Hessischen und Österreichischen Rundfunk, die Ende 1981 zur Uraufführung gelangt. Cornelia Froboess hat interessante Mitspieler: etwa den Bariton Dietrich Fischer-Dieskau, der den Kaiser mimt und sich erstmals in einer reinen Sprechrolle zeigt. Oder – als Kunigundes Zofe – Claudia Brodzinska-Behrend, vormals Ensemblemitglied des Schillertheaters Berlin und jetzt private wie künstlerische Weggefährtin des Ausnahmegitarristen Siegfried Behrend. Wie sehr Cornelia Froboess in der Rolle der hinterhältigen Kunigunde aufgeht, wie kompromisslos sie ihre und die Ideen des Regisseurs umsetzt, mag ein Zitat belegen. »Um mich maskenhaft erscheinen zu lassen«, erläutert sie, »wurde ich besonders stark geschminkt. Eine Tortur. Außerdem trug ich in meiner Rolle als ›Böse Kunigunde‹ auf eigenen Wunsch ein unbequemes Beingestell. Es marterte mich beim Gehen und half mir, die Rolle glaubwürdiger zu gestalten. Ich wäre neugierig, ob die Zuschauer etwas davon merken!«

Von einer Adaption kann man auch bei der Shakespeare-Komödie *Was ihr wollt* sprechen, die 1980 in den Kammerspielen zur Aufführung gelangt. Denn für seine Inszenierung haben Dieter Dorn und sein Dramaturg Michael Wachsmann den Text neu übersetzt, um das Stück von der romantisierenden, 1797 veröffentlichten Übersetzung August Wilhelm Schlegels zu befreien. Hieß es bei diesem noch: »Wenn Musik der Liebe Nahrung ist, spielt weiter!«, so lautet der Satz bei Dorn/Wachsmann: »Wenn Liebe satt wird von Musik, dann spielt«. Das Spiel mit den Worten in dieser Komödie, die von der unglücklichen Liebe des Herzogs Orsino zur Gräfin Olivia und dem durch einen Schiffbruch getrennten Zwillingspaar Viola und Sebastian erzählt, muss dem Regisseur nach eigenem Bekunden ein hohes Maß an Zufriedenheit beschert haben: »Mein zweiter Shakespeare [an den Münchner Kammerspielen]«, resümiert Dieter Dorn in seiner Autobiografie *Spielt weiter!*, »war *Was ihr wollt* mit Cornelia Froboess [als Viola], Gisela Stein, Rolf Boysen und Jochen Striebeck; außerdem waren dabei Peter Lühr als Narr, Thomas Holtzmann als Malvolio, Doris Schade als Maria und Claus Eberth und Edgar Selge als Sir Toby und Bleichenwang. Wir haben das Stück gelesen als letzten Versuch der Figuren, Liebe zu erfahren vor dem Tod. Daher kommen die unerhörten Konstellationen, Verletzungen, Verzweiflung und Selbstverstümmlungen.«

Dorns Rezept geht auf. »Die Schauspieler waren alle unvergleichlich gut«, lautet seine Bilanz, im »Laufe der Zeit machten sie schon ihre Witze, dass sie zusehends altern würden, denn die Aufführung war acht Jahre in München zu sehen in insgesamt 123 Vorstellungen.« Allerdings gibt es auch Kritik an Dorns Shakespeare-Deutung. Regelrecht bissig äußert sich Dorns Kollege Helmut Schödel kurz nach der Premiere in der ersten Februar-Ausgabe der *Zeit*. Dorns Figuren nähmen Abschied vom Eros, moniert er, »sehen am Ende ihre Gefühle tot. Mitleid mit ihnen zu haben, fällt schwer. Zu oberflächlich ist ihre Trauer, nur eine traurige Maskerade«.

Szenenwechsel: Am 31. Dezember 1980 tritt die Schauspielerin zum zweiten Mal bei der Wohltätigkeitsshow *Stars in der Manege* auf. Blickt man auf die Namen der TeilnehmerInnen, mutet das im Circus Krone stattfindende Event beinahe wie ein Klassentreffen an. Hänschen Rosenthal, Freund seit Berliner Tagen, moderiert. Caterina Valente ist ebenso mit von der Partie wie ihr Bruder Silvio Francesco. Und auch UFA-Stars wie Heinz Rühmann oder Marika Rökk geben sich die Ehre, Letztere, indem sie sich todesmutig unter einen langsam sich absenkenden Elefanten legt.

Cornelia Froboess weiß das Ganze aber noch zu steigern. Ihr Auftritt beginnt zwar harmlos, das Zirkusorchester intoniert *Zwei kleine Italiener*. Doch dann steigt die Spannung rasant an. In einem eng sitzenden, dunkelgoldenen Stretchanzug, der ihre sportliche Figur ebenso verdeckt wie preisgibt, klettert der Star auf einer Strickleiter bis unter die Kuppel des Zirkuszeltes. Ohne Netz und doppelten Boden, unterstützt von dem Topartisten Gerhard Leininger, absolviert die 37-Jährige halsbrecherische Übungen an einem sogenannten Perche-Trapez, einer frei schwingenden, unter der Decke montierten Kletterstange. Hoch oben in den Lüften ergreift Cornelia die starken Hände ihres Partners, um Klimmzüge, Felgaufschwünge und dergleichen zu absolvieren. Dann lässt Leininger die Stange, an der sich die Artistin festhält, so stark kreiseln, dass zarten Gemütern schon beim Zusehen schlecht werden kann. Damit nicht genug. Er löst nun die Stange aus ihrer Befestigung und hält sie nur noch mit seinen Zähnen fest! Dann kommen Schlaufen zum Einsatz. Gelenkig steckt die Akteurin ihre Füße hinein, um ohne jede Anstrengung in den Spagat zu fallen. In dieser extremen Haltung bringt Leininger sie erneut zum Rotieren. Cornelia Froboess absolviert die akrobatischen Übungen mit souveräner Lässigkeit, lächelnd, Kaugummi kauend. Diesen Mut verdanke sie dem Training mit ihrer engen Freundin, der Choreografin Irene Mann, erinnert sich Cornelia Froboess später. Nur ihr Hellmuth zittert, kann sich vor Angst kaum halten, wie er später gesteht. Aber auch der ebenfalls anwesende Rainer Werner Fassbinder ist atemlos.

1980 hat die ARD eine Serie gestartet, die im Rückblick zu

den Meilensteinen der deutschen Fernsehgeschichte gehört. Gemeint ist die von Dieter Hildebrandt begründete Kabarettsendung *Scheibenwischer*. Hildebrandt bestreitet jeweils den Löwenanteil, lädt aber regelmäßig Gäste ins Studio ein: in den ersten Folgen Konstantin Wecker, Knut Kiesewetter, Katja Ebstein, Gerhard Polt oder Werner Schneyder. Weil Hildebrandt das offene, doch stets geschliffene Wort nicht scheut, wird der *Scheibenwischer* manch einem zum Ärgernis. Einen entsprechenden Höhepunkt bildet die Folge am 22. Mai 1986, die auf den Unfall im Atomkraftwerk Tschernobyl reagiert. Hier stellt die Kabarettistin Lisa Fitz in ihrem Beitrag *Der verstrahlte Großvater* die provokante Frage, ob man den möglicherweise verseuchten Opa einfach so begraben darf oder er nicht »endgelagert« werden muss. Dem Fernsehdirektor des Bayerischen Rundfunks geht das über die Hutschnur. Er ordnet an, dass sich sein Sender bei der Live-Ausstrahlung des *Scheibenwischers* auszublenden habe. Der angesehene Literaturwissenschaftler Hans Mayer bestätigt Hildebrandt allerdings das Bemühen, mit dem *Scheibenwischer* den Dreck wegzuwischen, auf »dass man klare Sicht bekommt, dass man Licht bekommt, das Licht der Aufklärung, und dass der Dreck des Klischees weggewischt wird«.

Am 23. April 1981, im Vorfeld der Wahl zum Berliner Abgeordnetenhaus, begibt sich Cornelia Froboess in den Sender Freies Berlin. Gemeinsam mit Hildebrandt und Udo Lindenberg wird sie dort eine *Scheibenwischer*-Sendung gestalten, die um das Thema Hausbesitzer/Hausbesetzer kreist. Ihr zentraler Beitrag, eine Mischung aus erläuterndem Text und Politsong, handelt vom Schicksal der Eva Molke. Sie, eine nicht mehr ganz junge Sekretärin, erbt eines Tages unverhofft ein marodes Mietshaus. Um ihr Eigentum zu erhalten, aber auch um ihre Mieter anständig zu behandeln, möchte Molke deren Wohnungen sanieren. Weil sie sich nicht zutraut, das Vorhaben in Eigenregie zu verwirklichen, sucht sie sich Hilfe. Sie gelangt zunächst an eine Unternehmerin, die das Haus entmieten und dann entkernen will. Molke misstraut der rücksichtslos auftretenden Geschäftsfrau. Daher verkauft sie ihr Haus an eine staatlich geförderte Wohnbaugesellschaft, die allein im öffentlichen Interesse handelt, wie sie glaubt. Der erzielte Preis ermöglicht es ihr, sich ein Eigenheim zu kaufen. So weit, so gut. Eines Tages fällt Eva bei der Lektüre der Tageszeitung aus allen Wolken. Hausbesetzer haben sich in das von ihr veräußerte Objekt eingenistet und auf einem dort befestigten Spruchband die Begründung dafür geliefert: »Besser instandbesetzen als kaputtbesitzen.« Ohne sich von der weit verbreiteten Meinung beirren zu lassen, dass Hausbesetzer asoziale Verbrecher sind, nimmt sie Kontakt zu ihnen auf. Schließlich solidarisiert sie sich mit deren Anliegen, als sie erkennt, wie planmäßig die Wohnbaugesellschaft Altbauten verfallen lässt, um sie dann abzureißen und profitablere Neubauten zu errichten.

Der starke Applaus der StudiobesucherInnen gilt nicht nur dem ironisch-lockeren Zungenschlag der Vortragenden, sondern auch dem auf den Punkt gebrachten Text. »Seit Ende der Vierzigerjahre«, konstatiert der *Spiegel* online am 15. November 2017, »kannten die Westberliner Wohnungspolitiker nur eine Devise – Altbauten abreißen und neu bauen. Der konservative Verleger Wolf Jobst Siedler versuchte die Vergangenheitsbewältigung per Abrissbirne 1964 mit dem Buch *Die gemordete Stadt* zu stoppen. Erst die Hausbesetzer konnten 1981 die Wende zur ›behutsamen Stadterneuerung‹ durchsetzen.«

Ebenfalls 1981 kommt es zu einem medialen Großereignis im ZDF, zu einem Spektakel, das einen kometenhaften

Schweif nach sich zieht. Frank Elstner, damals schon längst ein Star der Unterhaltungsbranche, bekannt durch die Moderation der Sendungen *Spiel ohne Grenzen* und *Die Montagsmaler*, stellt dem Publikum ein neues, von ihm erfundenes Format vor: die Show *Wetten, dass..?*. Nach eigenem Bekunden ist sie das Kind einer Nacht, in der Elstner keinen Schlaf finden konnte und binnen zwei Stunden das Gerüst für den Unterhaltungsabend entwarf – ohne auch nur ahnen zu können, dass aus seiner Idee die erfolgreichste europäische Fernsehshow aller Zeiten werden würde, mit legendären Einschaltquoten, die mehrfach die zwanzig Millionen überschreiten. In sechs Jahren moderiert Elstner 39 Folgen von *Wetten, dass..?*, bevor er 1987 den Staffelstab an Thomas Gottschalk weiterreicht.

Der unvorstellbare Boom, den die Sendung auslöst, basiert auf einfachen Spielregeln. Auf der einen Seite befinden sich prominente Gäste, auf der anderen Leute, die eine möglichst skurrile Wette anbieten. Dabei fungieren die Gäste als WettpatInnen, die auf Erfolg oder Misserfolg der ihnen zugewiesenen KandidatInnen setzen. Wer danebenliegt, muss ein Versprechen einlösen. Am 14. Februar 1981 strahlt das ZDF die erste Folge aus. Prominente Gäste sind der überhaupt nicht eitle Curd Jürgens und Barbara Valentin mit einer knallblauen Riesenboa. Für musikalische Einlagen sorgen der britische Popsänger Engelbert und der live aus der Deutschen Oper Berlin zugeschaltete Bariton Hermann Prey. Die spektakulärste Wette bietet der später zu einem gewissen Ruhm gelangende Hans Oßner an: Der Kraftmeier will eine Wärmflasche so lange aufblasen, bis sie platzt. »Top, die Wette gilt!«, besiegelt Elsner das Versprechen. Und wenig später zerreißt das Gummiteil.

Am 31. Oktober 1981 sendet das ZDF den Überflieger *Wetten, dass..?* aus der Barbarossahalle in Kaiserslautern. Es ist die sechste Folge. WettpatInnen sind Friedrich Nowotny, Gunter Sachs sowie – in den Augen vieler BesucherInnen noch immer das »Traumpaar« – Cornelia Froboess und Peter Kraus. Beide sehen ziemlich schick aus. Er, braun gebrannt, in einem maßgeschneiderten, gestreiften Zweiteiler, sie in einem eleganten Hosenanzug, mit den längsten Haaren ihres Lebens und eingeflochtenen Zöpfen. Natürlich stellt Elstner, der mit der Schauspielerin seit Jahren per Du ist, die Frage nach Cornelias »Bubikopf-Zeit«, ob sie und Peter denn ineinander verliebt gewesen seien. Trotz des abgestandenen Themas antworten beide brav und geduldig – mit Nein.

Überraschendes fördert jedoch das Gespräch mit dem Journalisten Nowottny zutage. Die meisten im Publikum schätzen ihn wegen seiner ARD-Sendung *Bericht aus Bonn,* die er mehrere Hundert Male moderiert. Dass er aber Cornelia Froboess, viele Jahre bevor sie ihrem Filmpartner Kraus begegnet, kennengelernt hat, ist selbst der Schauspielerin nur noch vage in Erinnerung. Nowottny aber nennt Zeit und Ort des Zusammentreffens: 1952 in Osnabrück, bei einem Schülerradrennen. Obendrein lässt er ein Foto einblenden, auf dem er mit dem Kinderstar zu sehen ist, mit der »kleinen Cornelia«, die damals noch ihre Haarschleife trägt. Es war ein herrlicher Sommertag, erinnert sich der Journalist, sie sang ihr Liedchen von der Badehose und war ganz traurig, als sie gehen musste. Nowottny ist auch der erste Wettpate. Er stellt einen ehemaligen Finanzbeamten vor, der im Kopf schneller rechnen will als die aktuellen Rechenmaschinen. Der etwas nervöse Herr verliert knapp.

Nun liegt der Ball bei Cornelia Froboess. Mit sichtlicher Freude kündigt sie ein Team an, dessen Mitglieder einem Schwimmverein angehören. Ziel der jungen Leute ist es, eine ganz normale Badekappe mit 200 Liter Wasser zu füllen. Das Mitfiebern der Wettpatin hilft ihnen. Ihren Plan

können sie ohne Weiteres umsetzen. Cornelias »Lebensge-
fährte« Peter Kraus übernimmt die Patenschaft für eine musikalische Wette, einen Geschwindigkeitswettbewerb. Die
Marimbaspielerin Elisabeth Amandi tritt gegen den Welt-
klassegeiger Ivry Gitlis an, in der Hoffnung, Rimski-Korsa-
kows Bravourstückchen *Der Hummelflug* schneller spielen
zu können. Mit fünf Sekunden Vorsprung gewinnt sie und
steigt außer sich vor Freude zur Wettkönigin des Abends
auf.

Schon Anfang der 1980er-Jahre ist Cornelia Froboess in
die Welt der Freitagabendkrimis eingetaucht. Zunächst debütiert sie in *Der Alte,* der bis heute laufenden ZDF-Serie. In
den ersten hundert Folgen, die zwischen 1977 und 1986 produziert werden, spielt Siegfried Lowitz den gnaddeligen
Kriminalhauptkommissar Erwin Köster. In *Mord nach Plan,*
der Folge 41, die am 6. Juni 1980 über den Äther geht, ermit-
telt er in der Sache Karl Hirschauer. Ihn, den einstigen Ho-
telier, finden die Mitbewohner eines Mehrfamilienhauses
tot im Bad vor. Schon bald kommen die benachrichtigten
Ermittler zu dem Schluss, dass es sich nicht um einen Unfall, sondern um Mord handelt. Schlussendlich fällt der Verdacht auf die zwielichtige Anke Klaasen alias Cornelia Froboess. Sie, früher Mitarbeiterin von Hirschauer, hat ihm
sein Nobelhotel auf Rentenbasis abgekauft. Monatlich muss
sie ihm 8000 D-Mark zahlen, bis an sein Lebensende, wie
die Recherchen der Beamten ergeben. Das Motiv ist gefunden. Wenig später überführen sie Anke Klaasen des Auf-
tragsmordes. Cornelia Froboess spielt die kühle Geschäftsfrau mit sparsamen Gesten. Überhaupt präsentiert sich
Mord nach Plan mit gut ausgehörten Dialogen und weitgehend ohne Soundtrack. Das Serienkonzept scheint auch
heute noch aufzugehen. Die auf YouTube eingestellte Folge
kann innerhalb von sechs Jahren mehr als 50 000 Klicks ver-

buchen. Fünfmal so häufig klicken Krimifreunde die 1982 erstgesendete Folge 1 aus der siebten Staffel *Eine Falle für Derrick* an. Die 1974 gestartete ZDF-Serie mit Horst Tappert als Kommissar Derrick will mit ihrer Hauptfigur von einem »Straßenfeger« aus dem Jahr 1966 profitieren: vom ARD-Dreiteiler *Die Gentleman bitten zur Kasse* mit Tappert in einer Hauptrolle. Doch wirken die Derrick-Krimis aus heutiger Sicht betulich, wie eine Hymne auf die Langsamkeit. In der genannten Folge sieht sich Derrick dem Verdacht ausgesetzt, einen Radfahrer überfahren und Fahrerflucht begangen zu haben. Die Tochter des Getöteten, gespielt von Cornelia Froboess, hilft Derrick und seinem Assistenten Harry (Fritz Wepper), Näheres ans Licht zu bringen und eine Intrige gegen den Kommissar aufzudecken.

Mit den Dreharbeiten zu einer Episode der noch relativ jungen ZDF-Serie *Ein Fall für zwei* schafft es Cornelia Froboess, ihren Hattrick der Kultkrimis zu vollenden. In dem *Das Opfer* betitelten Krimi, der am 11. März 1983 zur Erstausstrahlung gelangt, spielt sie an der Seite von Claus Theo Gärtner und Günter Strack, die als Privatdetektiv Josef Matula und Rechtsanwalt Dr. Dieter Lenz auftreten, die Unternehmersgattin Almut Nolde – unter der ruhigen Oberfläche eine leidenschaftliche Frau, die diverse Anschläge auf sich selbst verübt, um ihren früheren Liebhaber zurückzugewinnen.

In einer völlig anderen Liga bewegt sich Cornelia Froboess mit dem 1982 produzierten Melodram *Die Sehnsucht der Veronika Voss,* bei dem Rainer Werner Fassbinder für die Regie und das Drehbuch verantwortlich zeichnet. Die Erzählung bildet das Mittelstück seiner *BRD-Trilogie,* zu der außerdem die Filme *Die Ehe der Maria Braun* (1978) und *Lola* (1981) gehören. Mit ihr will der Autor vor allem die Mentalitätsgeschichte und die gesellschaftlichen Mechanismen der BRD beleuchten. Er geht aber auch der Frage nach, auf welchem Boden der noch junge Staat gedieh. Gemeinsam ist den drei Filmen, das Geld als Mittel der Macht zu deuten, dem verderblichen Gift des Kapitalismus nachzuspüren. Auch das politische Klima, in dem sie entstehen, verbindet sie. Es ist die Zeit nach dem »Deutschen Herbst« des Jahres 1977, den eine Reihe schrecklicher Ereignisse prägt. Sie beginnt mit dem Kidnapping des Arbeitgeberpräsidenten Hanns Martin Schleyer, bei der sein Fahrer und ein Polizist getötet werden. So wollen die Täter elf einsitzende RAF-Terroristen freipressen. Um den Druck auf Kanzler Helmut Schmidt und die Bundesregierung zu erhöhen, entführen palästinensische Terroristen Mitte Oktober die Lufthansa-Maschine *Landshut* nach Mogadischu und erschießen den Flugkapitän. Wenige Tage später kann die GSG 9, eine Spezialeinheit der Bundespolizei, die Insassen des Fliegers befreien, ohne dass einer von ihnen zu Schaden kommt. Am 18. Oktober nehmen sich die in Stuttgart-Stammheim inhaftierten RAF-Terroristen Andreas Baader, Gudrun Ensslin und Jan-Carl Raspe das Leben. Tags darauf finden die Ermittler im Kofferraum eines Pkw die Leiche Hanns Martin Schleyers.

Wie stark die skizzierten Ereignisse Fassbinder bewegen, zeigt seine Mitwirkung an dem 1978 gedrehten Episodenfilm *Deutschland im Herbst,* den er sich mit anderen RegisseurInnen teilt, unter ihnen Alexander Kluge, Edgar Reitz, Katja Rupé oder Volker Schlöndorff. Seine BRD-Trilogie nimmt allerdings die 1950er-Jahre in den Blick, konkret die Zeit zwischen 1954 *(Die Ehe der Maria Braun)* und 1958 *(Lola)* – Jahreszahlen, die sich aus den filmisch verwerteten Fußballweltmeisterschaften ergeben: die eine, die in der Schweiz mit dem legendären 3:2-Sieg der Deutschen über die Ungarn endet und zu einem Gefühl des »Wir sind wieder wer!« führt; und die andere, in Stockholm, die den Deutschen erst im Halbfinale eine Niederlage gegen die Gastgeber beschert – eigentlich ein achtbares Ergebnis, doch eines, das man als Schmach empfindet. Für Fassbinder symbolisiert es zudem das Ende des Wirtschaftswunders.

Maria Braun versteht er als selbstbewusste Frau, als eine, die sich durchbeißen kann. »Nicht Sie haben etwas mit mir«, sagt sie zu einem ihrer Liebhaber, »sondern ich habe etwas mit Ihnen.« Nach Ende des Zweiten Weltkriegs arbeitet Maria in einer amerikanischen Bar. Als ihr Mann Hermann für tot erklärt wird, bandelt sie mit einem schwarzen GI an. Plötzlich taucht Marias totgesagter Ehemann wieder auf und erwischt seine Frau in flagranti. Es kommt zu einem Handgemenge, in dessen Verlauf Maria den GI tötet. Hermann nimmt die Tat auf sich und geht für einige Zeit ins Gefängnis. Maria besucht ihn dort regelmäßig. Zugleich geht sie ein Verhältnis mit ihrem neuen Arbeitgeber ein, dem todkranken Industriellen Karl Oswald. Unterdessen emigriert der aus der Haft entlassene Hermann nach Kanada. Nach dem Tod des Unternehmers kehrt er zu Maria zurück. Als dessen Testament eröffnet wird, erfährt Maria, dass der Verstorbene eine Art Vertrag mit Hermann geschlossen hat: Er solle sich ihr erst wieder nähern, wenn Oswald verstorben sei. Dafür würden er und Maria als Alleinerben eingesetzt. Ist es Zufall? Oder ihr Gefühl, verbeziehungsweise gekauft worden zu sein (von Hermann beziehungsweise Oswald)? Jedenfalls hat Maria das Gas in der Küche nicht abgedreht. Als sie sich eine Zigarette anzündet, kommt es zur Explosion. Gemeinsam mit Hermann stirbt sie unter den Trümmern ihres Hauses.

Während Maria Braun trotz einer beachtlichen Krisenfestigkeit am männlichen Machtkartell zerbricht, gibt sich ihr Pendant Lola weitaus geschmeidiger. Sie profitiert von

Berlin 1944 – ein Wonneproppen, der freundlich in die Kamera schaut: Cornelia Froboess mit ihrer Mutter Margaretha auf dem Balkon ihrer Wohnung in der Gottschalkstraße 26

»Und dann nischt wie raus nach Wannsee«: eine Sommerlandschaft, gemalt von der kleinen Cornelia im Jahr 1950

Eine fast gewöhnliche Kindheit um das Jahr 1950 in Berlin: Conne spielt mit ihren Freundinnen Helga und Hannelore im Sand …

… doch schon bald macht sich 1951 *der* Kinderstar des Jahrzehnts auf den Weg.

„DICKER, LASS MICH DET SINGEN!"
Pack die Badehose ein: Cornelia Froboess (siehe „Kinderstars")

Bereits in jungen Jahren ziert Cornelia Froboess die Zeitschriftencover, im Sommer 1952 etwa den *Spiegel*.

Aber als Kind muss sie natürlich für die Schule lernen: hier mit ihrer Privatlehrerin Frau Morchel um das Jahr 1953.

Auch Autogramme gibt die kleine Cornelia – hier um das Jahr 1954 gemeinsam mit ihrer Showbiz-Freundin Leila Negra (Marie Nejar).

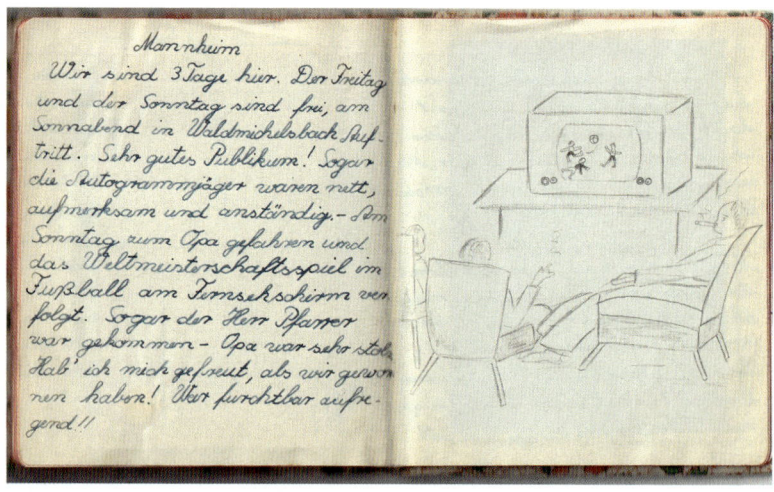

Mannheim
Wir sind 3 Tage hier. Der Freitag und der Sonntag sind frei, am Sonnabend in Waldmichelsbach Auftritt. Sehr gutes Publikum! Sogar die Autogrammjäger waren nett, aufmerksam und anständig. – Am Sonntag zum Opa gefahren und das Weltmeisterschaftsspiel im Fußball am Fernsehschirm verfolgt. Sogar der Herr Pfarrer war gekommen – Opa war sehr stolz. Hab' ich mich gefreut, als wir gewonnen haben! Aber furchtbar aufregend!!

»Sogar die Autogrammjäger waren nett«: Tagebucheintragung aus dem WM-Jahr 1954

Abgangszeugnis

Cornelia F r o b o e ß

geb. am 28. Oktober 1943 in Wriezen

war seit 19.11.1956 Schüler in der Oberschule Technischen Zweiges und ist mit nachstehendem Zeugnis aus der 9. Klasse abgegangen.

Allgemeine Beurteilung: Cornelia erfreut durch sehr gutes Betragen, meist rege Mitarbeit und sehr guten Fleiß.

Deutsch	befriedigend	Mathematik	ausreichend
mündlich	gut		-------
schriftlich	befriedigend		-------
Geschichte u. Gemeinschaftskunde	gut	Kaufm. Rechnen	-------
Erdkunde	befriedigend	Physik	gut
Englisch	befriedigend	Chemie	befriedigend
(1. Fremdsprache)		Biologie	ausreichend
mündlich	gut	Gartenbau	-------
schriftlich	befriedigend	Leibesübungen	gut
Französisch	befriedigend	Hauswirtschaft	-------
(2. Fremdsprache)		Nadelarbeit	-------
mündlich	gut	Werken	sehr gut
schriftlich	ausreichend	Techn. Zeichnen	-------
Musik	befriedigend	Kurzschrift	-------
Bildende Kunst	-------	Maschinenschreiben	-------
Handschrift	befriedigend		-------

Bemerkungen: keine.

Berlin- Schmargendorf, den April 19 58

Rektor (in)   Klassenleiter (in)

Trotz ihres Ruhms auch fleißig in der Schule: Cornelia Froboess' Schulabgangszeugnis von der Oberschule Technischen Zweigs aus dem Jahr 1956. Ihr Lehrer habe einen Rochus auf sie gehabt, erklärt sie heute ihr »befriedigend« in Musik, weil er Liedtexte im Verlag ihres Vaters eingereicht hatte, die dieser nicht angenommen hatte. Der Pädagoge nervte sie auch immer wieder mit »dummen Sprüchen« – nach dem Motto »Geld verdienen kannste, aber keene Noten lesen«.

Hunde liebt
sie schon damals:
Cornelia
Froboess im Jahr
1954 mit ihrem
Pudel Assi.

In Connys »Buch der Wandlungen«, wie man ihr Leben überschreiben könnte, beginnt ein neues Kapitel (Zürich, 1956).

Auf dem Rollfeld, Flughafen Wien-Schwechat, am 7. Mai 1960: Zusammen mit ihrem Filmpartner Peter Kraus verkörpert die jugendliche Cornelia Froboess den Idealtypus des Teenagers.

Und die beiden machen das, was Teenager eben so machen.

Ein Foto des französischen Regisseurs Jean Renoir mit einer Widmung aus dem Jahr 1961: »Für Connie, nicht weil sie eine große kleine Schauspielerin ist, sondern weil ich Zuneigung für sie empfinde. Jean Renoir«

Cornelia Froboess mit Petula Clark, erste Hälfte der 1960er-Jahre, vermutlich bevor die britische Sängerin 1964 den internationalen Hit *Downtown* kreiert

Bei den Dreharbeiten zu *Hilfe, meine Braut klaut* lernen Cornelia Froboess und Peter Alexander 1961 im Wiener Hotel Imperial einen Giganten der Filmgeschichte kennen: Alfred Hitchcock.

Hitchcock hinterlässt
Cornelia Froboess
einen Gruß: »An
Connie von Alfred
Hitchcock, es war
schön, mit Ihnen Zeit
zu verbringen. A. J. H.«

To Connie
from

aefupttchröch
It was nice to be
with you A. J. H.

Ihr Jugendzimmer vermachte Cornelia Froboess dem Museum der 1950er-Jahre: Nun kann man das Interieur im hessischen Büdingen besichtigen.

1967 heiratet Cornelia Froboess in der Evangelischen Kreuzkirche Berlin-Schmargendorf den österreichischen Theaterintendanten Hellmuth Matiasek.

1974 vor dem Rinklhof mit ihren Kindern Kaspar und Agnes

Als etablierte Theaterschauspielerin verkehrt Cornelia Froboess (2. v. l.) regelmäßig in Künstlerkreisen, hier in Zürich, am 25. April 1974 mit Silvio Francesco, Hazy Osterwald, Bibi Johns und Bill Ramsey.

Cornelia Froboess erinnert sich gern an Rainer Werner Fassbinder: Das Foto zeigt sie mit dem Regisseur und der französischen Schauspielerin Jeanne Moreau bei den Berliner Filmfestspielen 1982.

Ein Blick hinter die Kulissen: Cornelia Froboess mit Claudia Brodzinska-Behrend in der Künstlergarderobe für die Fernsehfassung von Kleists *Käthchen von Heilbronn* (1980/81)

Ihren Fünfzigsten
feiert die Schauspielerin
am 28. Oktober 1993.
Neben Cornelia Froboess
ist ihr Freund zu sehen, der
Bühnenbildner Jürgen Rose.

München, Mitte der 1990er:
Cornelia Froboess verehrt
den Regisseur George Tabori,
mit dem sie mehrmals
zusammengearbeitet hat.

Am »Resi« in München spielt Cornelia Froboess (3. v. l.) im Jahr 2003 die
Hauptrolle in Brechts *Mutter Courage und ihre Kinder* (Regie: Thomas Langhoff).

Cornelia Froboess um das Jahr 1993 mit Heinz Rühmann und seiner zweiten Frau Hertha Droemer, die vor Rühmann mit dem Verleger Willy Droemer liiert war

Bei der Rosenpflege, Anfang der 2000er-Jahre

Hellmuth Matiasek und Cornelia Froboess mit ihren Hunden vor dem Rinklhof, Oberbayern, um 2000

Cornelia Froboess (r.) mit Carola Henke, der Ehefrau des Autors, und mit Henkes Momo beim Kurt-Weill-Fest Dessau 2015

Im Film *Ostwind* schlüpft die pferdeaffine Cornelia Froboess in die Rolle einer Springreiterin, die von ihrem Hengst so schwer verletzt wird, dass sie am Stock gehen muss, München, am 27. Juli 2017.

Selten: Die Schauspielerin macht ein Päuschen, um 2018.

einem System, das zwar korrupt ist, aber die Fähigkeit besitzt, Störenfriede zu integrieren. Ein solcher ist der Baudezernent von Bohm, der 1957 nach Coburg kommt. Anfangs kämpft er, ein Fremder und Außenseiter, gegen die Honoratioren der Stadt, die sich bei ihren Geschäften und Geschäftchen gegenseitig die Bälle zuspielen. Sein Widerstand gilt in erster Linie den Bauplänen des Unternehmers Schuckert. Doch gibt er seinen Kampf letztendlich auf und beteiligt sich an dem schäbigen Gesellschaftsspiel. Nicht zuletzt, weil er sich in Lola verliebt hat, die er unter dem Decknamen Marie-Luise kennenlernt, ohne von ihrer Doppelexistenz zu wissen: von ihrem Job als Hure in einem Bordell, das ausgerechnet Schuckert gehört. »Eleganter als Fassbinder kann man die fünfziger Jahre, die Zeit des Wirtschaftswunders, der Wahlparole ›Keine Experimente‹, nicht abservieren«, erläutert der Filmkritiker Wilhelm Roth in der fünften Auflage des von Peter W. Jansen und Wolfram Schütte herausgegebenen Sammelbandes *Rainer Werner Fassbinder*.

Die Sehnsucht der Veronika Voss ist der schwärzeste Teil der *BRD-Trilogie*. Nicht nur, weil Fassbinder hier im kontrastreichen Schwarz-Weiß gedreht hat und das Dunkel-Nächtige dominiert, sondern vor allem wegen der erschütternden Handlung, die wie stets bei ihm von handverlesenen SchauspielerInnen getragen wird. Im Zentrum stehen der Sportreporter Robert Krohn alias Hilmar Thate und die ehemals erfolgreiche UFA-Darstellerin Veronika Voss, gespielt von Rosel Zech. Krohn gerät in den Bann der seltsamen Frau, einerseits aus erotischen Motiven, aber auch, weil er als Journalist an ihrem Leben interessiert ist. Allmählich erkennt er ihre schicksalshaften Verstrickungen. Weil sie ihren beruflichen Absturz nicht verkraftet, nimmt sie Morphium. Sie bezieht es, wie Krohn entdeckt, von der Ärztin

Marianne Katz, gespielt von Annemarie Düringer. Ihr hat die zahlungsunfähige Schauspielerin als Gegenleistung die Villa überschrieben, in der sie einst residierte. Nun haust sie direkt an der »Quelle«, in der Praxis von Katz, in einem kleinen Nebenraum. Krohn kommt der Ärztin auch in einem weiteren Fall auf die Schliche. Die gierige Medizinerin beutet nämlich noch andere Patienten aus, so einen Antiquitätenhändler und dessen Gattin. Der alte Herr, dessen Part Rudolf Platte verkörpert, nimmt ebenfalls Morphium, weil er im KZ gesessen hat und das Erlebte nicht verarbeiten kann. Wie Veronika Voss hat er der als Ärztin getarnten Rauschgifthändlerin sein Haus samt Inventar überschrieben.

Um ihrem Treiben Einhalt zu gebieten, schleust Krohn seine Lebensgefährtin Henriette alias Cornelia Froboess in die Katz'sche Praxis ein. Nun beginnt eine tragische Schussfahrt, die man mit »Deutschland, dein Tänzer ist der Tod« überschreiben könnte. Henriette wird enttarnt und verliert bei einem vorgetäuschten Autounfall ihr Leben. Veronika Voss begeht Suizid, indem sie eine Überdosis Medikamente zu sich nimmt. Ihr folgt das alte Ehepaar, das sich auf gleiche Weise tötet. Robert Krohn bleibt angesichts des Totentanzes erschüttert zurück, aber auch machtlos, weil die Verbrechen der Ärztin staatlicherseits gedeckt werden, durch den Leiter des örtlichen Gesundheitsamtes. »Was übrigbleibt, sind kapitalistische Eigentumsinteressen und Verbrechen, die niemals als solche erkannt und auch niemals gesühnt werden«, kommentiert die Grünen-Politikerin Antje Vollmer in ihrem 2015 erschienenen Buch *Hinter den Bildern die Welt*.

Welche Auswirkungen die Hitler-Diktatur auf die frühe BRD hat, zeigt Fassbinder in seinem Film nicht nur am Schicksal von Einzelpersonen. Er vernetzt die kleine Welt auch mit der großen, mit der gesamtgesellschaftlichen Wirklichkeit, etwa wenn er eine Szene einblendet, in der friedensbewegte BürgerInnen gegen den Aufbau der Bundeswehr demonstrieren, der gleichwohl 1955 erfolgt.

Cornelia Froboess geht die Rolle der Henriette nach fast zehn Jahren Kinoenthaltsamkeit mit Wärme und feiner Ironie gegenüber dem Geliebten an. Während Robert über ihre Beziehung äußert, sie würden sich nicht lieben, sondern sich nur gegenseitig ertragen, steht Henriette voll und ganz hinter ihm. Sie nimmt sogar seine Liebelei mit Veronika Voss hin. Nicht zuletzt hilft sie ihm bei seinen detektivischen Recherchen, pathetisch gesagt: bei seinem Kampf gegen die Kartelle der Macht. Umso ergreifender erscheint der an ihr kaltblütig ausgeführte Mord.

Noch bevor *Die Sehnsucht der Veronika Voss* 1983 in die Kinos kommt, kurz nach Abschluss der Dreharbeiten, verstirbt Fassbinder. Am 10. Juni 1982 erliegt der Regisseur einem Herzstillstand. Mit seinem Tod, sind sich die Experten einig, endet die Phase des Neuen Deutschen Films, in der sich die Macher vom oberflächlich unterhaltenden Kino ihrer Väter absetzen wollten – zugunsten sozialkritischer und politischer Themen.

Cornelia Froboess erinnert sich gern an Fassbinder zurück. »Den habe ich sehr gemocht«, gesteht sie 1996 Hubertus Meyer-Burkhardt, dem Gastgeber der *NDR Talk Show,* »und respektiert sowieso. Die Zusammenarbeit war aufregend. Wir hatten uns kennengelernt bei so einer *Stars in der Manege*-Sache im Circus Krone. Er kuschelte sich immer an mich ran. Und wir haben unseren Kollegen zugeschaut. Eddie Constantine hatte damals eine Bärennummer. Und der Dompteur war nicht sehr nett zu ihm. Da hat sich Rainer wahnsinnig aufgeregt. Er liebte Altstars und er liebte den Tingeltangel. Und er hatte eine große Begabung, alte Gesichter neu zu entdecken.« Bei der Nachfeier zu *Stars in der Manege,* weiß die Schauspielerin noch zu ergänzen, gab es ein interessantes Techtelmechtel zwischen Fassbinder und Marika Rökk. Der Regisseur schickte Cornelia Froboess zu der Grande Dame – mit der Bitte, ihm eines ihrer Lieder vorzutragen. Die Rökk zierte sich anfangs, gab dann aber dem Drängen ihres Gatten und Managers Fred Raul nach, der sie zu einem kleinen Auftritt überredete: »In der Nacht ist der Mensch nicht gern alleine.« Ein seltsames Spiel, auf das die beiden sich wohl einließen, wie die »Vermittlerin« glaubt, um mit Fassbinder ins Geschäft zu kommen.

Zu einer Art Abgesang kommt es nicht nur in dessen *BRD-Trilogie.* Nach dem erfolgreichen Misstrauensvotum gegen Bundeskanzler Helmut Schmidt setzt Bundespräsident Karl Carstens für den 6. März 1983 vorgezogene Neuwahlen fest. Aus ihnen geht Helmut Kohl als klarer Sieger hervor. Eine neue Ära beginnt.

Und auch bei Familie Froboess passiert Entscheidendes, denn Hellmuth Matiasek kehrt 1983 von Wuppertal nach München zurück, um hier die Intendanz des Theaters am Gärtnerplatz zu übernehmen. Klaus H. Revermann, seinerzeit Kulturdezernent der bergischen Metropole, erinnert sich an den Scheidenden: Matiaseks »Zusammenarbeit mit Technik und Verwaltung im Theater lief geräuschlos. Der Kontakt zur Personalvertretung funktionierte gut. Hatte ich früher als Kulturdezernent beim Theater häufiger eingreifen und schlichten müssen, unter seiner Leitung spielte das Theater und machte keines. […] Jedenfalls verließ Hellmuth Matiasek die Kommandobrücke der Wuppertaler Bühnen 1983 vertragsgemäß und übergab einen wohlgeordneten Theaterbetrieb. München und seine Conny hatten ihn wieder.«

»Die Conny ist
ein Soldat«

Vierzig Jahre und ein bisschen weise, aus vollbrachten Taten viel gelernt: Cornelia Froboess lebt ihr Zwei-Welten- oder gar Drei-Welten-Modell auch jetzt lustvoll weiter. Sie wechselt elegant zwischen dem, was man klischeehaft U und E nennt, und natürlich ihrer räumlich wiedervereinten Familie. Am 13. Oktober 1984, wenige Tage vor ihrem 41-jährigen Geburtstag, beschenkt sich die Schauspielerin selbst. Sie übernimmt unter der Regie von Dieter Dorn eine Hauptrolle in Botho Strauß' Theaterstück *Der Park,* das soeben seine Uraufführung in Freiburg erlebt hat. Man könnte das Spiel als die theatralische Variante eines dreidimensionalen Schachs beschreiben. Es knüpft an Shakespeares Komödie *Der Sommernachtstraum* an, die bekanntlich um die Hochzeit des athenischen Herrscherpaares Theseus und Hippolyta kreist, die beide eine Affäre mit Abkömmlingen der Geisterwelt hatten: er mit Titania, der Feenkönigin, sie mit deren Gatten Oberon. Den Brautleuten zu Ehren planen Handwerker, der dritte Stand, ein Schauspiel im Schauspiel aufzuführen. So weit Shakespeare im Stenogramm.

Strauß setzt jetzt noch einen drauf, eine dritte Dimension: Er zitiert nicht nur das englische Theatergenie, er versetzt Titania und ihren gehörnten Ehemann auch in einen neuzeitlichen, völlig verdreckten Park. Den beiden obliegt es nun, den modernen Paaren, die lediglich noch »Beziehungen« miteinander pflegen oder sich als Lebensabschnittspartner verstehen, wieder die wahre Liebe und echte Lust nahezubringen. Doch sie scheitern kläglich. Titania lässt sich von einem Stier begatten und gebiert einen Minotaurus. Und Oberon, in seiner Zauberwelt ein Cheferotiker, degeneriert zu einem jener spießigen Langweiler, die er eigentlich vitalisieren wollte. Von der Zauberkraft der Sinnlichkeit wollen die Menschen anscheinend nichts mehr wissen.

In der Strauß'schen Mixtur aus antikem Mythos, Shakespeare und Eigenem widmet sich Cornelia Froboess dem Part der Helen. Wie ihr griechisches Pendant, die schöne Helena, die als entführte Gattin des griechischen Herrschers Menelaos in Troja leben muss, so ist auch die Deutsch-Amerikanerin Helen Teilhaberin zweier Welten. Aber während die antiken Helden um die angebetete Helena kämpfen, würden sich die Männer heutzutage arrangieren, davon ist Helen überzeugt. Im selben Atemzug schmäht sie die 1980er-Jahre als »faule Friedenszeiten«. Zwiespältige Gefühle zeigt sie selbst ihren Verflossenen gegenüber: »Die nehmen mich doch mit Kußhand. Die schlecken sich die Finger ab nach mir, wenn ich komm und sag: hier, tatütata, ich mach Euch was, ich mach Euch die flotte Helene auf dem Nagelbrett oder 'n Vogelmenschen oder so was. Aber oben auf der Stange, am Trapez, da haben sie an allem etwas rumzumeckern. Mal passt ihnen mein Timing nicht, mal bin ich zu groß, mal zu klein, kommt ganz drauf an, sie finden immer ein Haar in der Suppe.«

Ein besonderer Coup gelingt Cornelia Froboess im Theater am Gärtnerplatz, der von ihrem Gatten geleiteten Bühne. August Everding, seines Zeichens jetzt Generalintendant des Bayerischen Staatstheaters, inszeniert dort 1984 einen Klassiker: das 1956 entstandene Musical *My Fair Lady*, einen Hit, dessen Libretto der deutschstämmige Komponist Frederick Loewe vertonte. Das nicht immer wirklich lustige Lustspiel erzählt die Geschichte des Blumenmädchens Eliza Doolittle. So zart die Blüten sind, mit denen sie umgeht, so derb, ja vulgär ist ihre Sprache. Damit entsetzt sie Professor Higgins, einen renommierten Philologen. Halb im Scherz bietet er der Blumenverkäuferin an, ihr Sprechunterricht zu erteilen. Eliza lässt sich darauf ein, nicht zuletzt, weil sie bei dem Hagestolz Kost und Logis erhält. Obwohl Higgins sie recht ruppig und arrogant behandelt, beißt sie sich durch, um letzten Endes das »Klassenziel« zu erreichen. Sie sagt jetzt nicht mehr »es jrint so jrin«, sondern: »Es grünt so grün, wenn Spaniens Blüten blühen!«. Woraufhin Higgins begeistert ausruft: »Bei Gott, jetzt hat sie's!« Eliza ist zwar stolz auf das Geleistete, aber sie erkennt, dass Higgins sie wie ein Versuchsobjekt behandelt, und verlässt ihn. Doch in ihr früheres Milieu kann sie nicht zurückkehren, es ist ihr fremd geworden.

Richtig: Der Theatermensch Everding besitzt Instinkt genug, um Cornelia Froboess für die Rolle der Eliza zu gewinnen – eine Traumbesetzung, wie sich herausstellt. Nicht nur, weil der Regisseur die Schauspielerin so richtig berlinern lässt und sie mit dem Hinterhofmilljöh auf Du und Du steht, nicht nur, weil die Froboess ihre beiden Profile, den Gesang und das Schauspiel, hier bestens verbinden kann, sondern vor allem, weil sie kraft ihrer Einfühlungskunst in der Lage ist, Elizas innere Entwicklung aufzuzeigen. Das Publikum dankt es ihr und dem kongenialen Helmut Griem als Professor Higgins: Bis 1994 kommt es zu mehr als hundert ausverkauften Aufführungen.

Michael Krüger ist einer der bedeutendsten und erfahrensten Verleger der Bundesrepublik. Der von ihm zwischen 1968 und 2013 geleitete Carl Hanser Verlag weiß so manche Nobelpreisträger und Nobelpreisträgerinnen in seinen Reihen: Herta Müller, Elias Canetti, Orhan Pamuk oder Swetlana Alexijewitsch, um nur einige zu nennen. Und er ist mit der gleichaltrigen Cornelia Froboess gut befreundet. Der Berliner Stallgeruch, den sie teilen, ist da ein Bindemittel. Aber auch beider Einsatz für das Schaffen von Botho Strauß, der bei Hanser ein verlegerisches Zuhause hat. In dem monumentalen, 2001 ebendort erschienenen Band *Die Münchner Kammerspiele*, den Sabine Dultz herausgegeben hat, erläutert Krüger den Unterschied zwischen einem Fernsehschauspieler und den Schauspielern der Kammerspiele. Das »hervorstechendste Kennzeichen des Fernsehschauspielers« sei, »dass man ihn erkennt und liebt, wenn er nicht spielt«.

Bei den Schauspielern der Kammerspiele, folgert Krüger, ist es umgekehrt. »Die großen Komödianten und Tragöden verwandeln sich nach dem Abschminken in gemeine Bürger. Wer nach der Vorstellung am Bühnenausgang vorbeigeht, der sieht eine Schar von Menschen in der Dunkelheit, die das Licht, die Aufmerksamkeit geradezu zu meiden scheint. Bloß nicht auffallen!« Bei seiner zugespitzten Äußerung dürfte Krüger allerdings nicht an seine Freundin gedacht haben. Denn eine Cornelia Froboess tanzt über die von ihm eingezogenen Grenzen hinweg, ist sowohl im Fernsehen zu sehen als auch in den Kammerspielen. Sie lässt sich eben nicht »schubladisieren« – und das ist eine ihrer großen Stärken.

Kurz nach der Premiere von *My Fair Lady* tritt die Schauspielerin in der beliebten ARD-Sendung *Bei Bio* auf, so geschehen am 15. März 1984. Das neue Sendeformat löst damals die legendäre Musikshow *Bio's Bahnhof* ab, die zwischen 1978 und 1982 dank der stilistischen Offenheit ihres Gastgebers Alfred Biolek ein breit gefächertes Publikum gewonnen hat. Der Moderator scheut sich nicht, Vertreter der musikalischen Avantgarde wie Karlheinz Stockhausen oder Mauricio Kagel einzuladen, um danach ein Ensemble von Jagdhornbläsern auftreten zu lassen. Auch gelingt es Bio immer wieder, Megagrößen des Showgeschäfts einzuladen. Dazu zählt der amerikanische Entertainer Sammy Davis Jr., der den Bahnhof, hinter dem sich eigentlich ein ehemaliges Eisenbahndepot verbirgt, im März 1982 besucht, um voll des Lobes abzureisen. Er wäre seit 53 Jahren im Geschäft, aber noch nie habe er die Ehre gehabt, in einer so außergewöhnlichen und wunderbar gemischten Fernsehshow aufzutreten. Als freundlich-verführerischer Menschenfänger erweist sich Biolek auch gegenüber dem Publikum vor Ort. Er lässt die BesucherInnen der Live-Sendung mit Sonderzügen der örtlichen Straßenbahn einfahren, in denen MusikerInnen für gute Laune sorgen. Zudem laufen Tonbänder ab, in denen Biolek das musikalische Menü der bevorstehenden Sendung erläutert. Zu den Besonderheiten von *Bio's Bahnhof* gehört auch, KünstlerInnen, die noch nie zusammengearbeitet haben, miteinander zu verkuppeln. Da tritt Mario Adorf mit Milva auf. Udo Lindenberg gibt sich mit Nana Mouskouri die Ehre. Und Adriano Celentano zeigt sich an der Seite von Elke Sommer.

Mit seinem neuen Format *Bei Bio* verlässt Biolek den Bahnhof, um fortan im Studio zu produzieren und die Gespräche innerhalb der Sendung stärker zu gewichten. Cornelia Froboess und Helmut Griem tauchen bei ihm auf, um ihr *My Fair Lady*-Medley zu präsentieren, das natürlich in den Schlager *Es grünt so grün* mündet. Jetzt schwärmt Griem alias Professor Higgins aber nicht mehr »Bei Gott, jetzt hat sie's!«, sondern »Bio, jetzt hat sie's!«. Das ist das Stichwort für den Gastgeber. Er greift tanzend in das Geschehen ein, zwar ein bisschen albern, sich selbst auf die

Schippe nehmend, aber keineswegs ungekonnt und mit gutem Timing.

Und wieder wechselt Cornelia Froboess ihren Show- und Schauplatz. Am 2. Oktober 1985 feiert sie ihre dritte Premiere mit Thomas Langhoff, neben Dieter Dorn einer der zentralen Regisseure für sie. Bereits 1981 hat sie mit ihm an den Kammerspielen zusammengearbeitet. In Anton Tschechows *Platonow* ist sie in die Rolle der Sofia Jegerowna geschlüpft. »Auch wenn die Entschlossenheit, mit der Cornelia Froboess die letzten Sekunden spielt, keinen Zweifel an der (subjektiven) Ehrlichkeit der Figur duldet: der Rang dieser Inszenierung wird gerade dadurch bestimmt, daß die Wahrheit jeder menschlichen Regung und Äußerung zugleich behauptet und bezweifelt wird«, begeistert sich Gerd Ludwig 1981 in der 13. Ausgabe der *Zeit*. »Thomas Langhoff und seine Münchner Mitspieler sind immer bereit, den Figuren Tschechows und deren Worten zu glauben. Aber sie versetzen sich in die Situation, fragen nach der Wahrheit hinter den Sätzen – und geben die Fragen an die Zuschauer weiter. In München werden Personen nicht verraten, sondern in ihren menschlichen Widersprüchen lebendig.«

Jetzt aber, in der Saison 85/86, steht ein pralles Ausstattungsstück auf dem Programm: das Drama *Lorenzaccio* des romantischen Dichters Alfred de Musset. Schaut man auf das Leben von Thomas Langhoff, dürfte einem schnell klar werden, weshalb er sich von einem Stoff angezogen fühlt, der sich mit einem wollüstigen Tyrannen beschäftigt. Langhoffs Vater ist ein erklärter Gegner Hitlers. Schon wenige Tage nach der sogenannten Machtergreifung verhaften ihn die Schergen der Nazis. Sie foltern und arretieren ihn ein Jahr lang im Konzentrationslager Börgermoor. Nach der Haft schafft es Wolfgang Langhoff, sich mit seiner Familie in die Schweiz abzusetzen. So kommt es, dass sein Sohn Thomas 1938 in Zürich zur Welt kommt. Nach dem Zweiten Weltkrieg macht Wolfgang Langhoff im Kulturleben der DDR Karriere, unter anderem als Leiter des Deutschen Theaters in Ostberlin. Spätestens nach dem Mauerbau gerät er jedoch ins Visier der DDR-Kulturbonzen. Walter Ulbricht, der Vorsitzende des DDR-Staatsrats, entzieht ihm die Theaterleitung. 1976 kommen den Langhoffs weitere Zweifel am real existierenden Sozialismus: Das DDR-Politbüro bürgert den Liedermacher Wolf Biermann, der sich gerade auf einer Tournee durch Westdeutschland befindet, kurzerhand aus. Der Vorgang zieht nicht nur Proteste von »einfachen« DDR-BürgerInnen und Prominenten nach sich, er nötigt auch zahlreiche KünstlerInnen, ihr Land zu verlassen: unter ihnen Katharina Thalbach, Angelica Domröse, Hilmar Thate und Armin Mueller-Stahl, allesamt geschätzte KollegInnen von Cornelia Froboess.

Thomas Langhoff entschließt sich zwar, in der DDR zu bleiben, aber er sichert sich das Recht, im Westen arbeiten zu dürfen, etwa in München bei den Kammerspielen. Und die Froboess begrüßt ihn freudig, weil sie ihn menschlich schätzt und er die Berliner Kolonie in der bayerischen Hauptstadt verstärkt: »Seine Wurzeln hat Thomas Langhoff nie verleugnet. Das freut eine wie mich, denn unser beider Herkunft hat fast geschwisterliche Parallelen. Beide stammen wir aus Berlins Arbeiterviertel, im Volksmund ›an der Plumpe‹ genannt. Dort waren unsere Kinderspielplätze, dort hätten wir uns eigentlich schon viel früher treffen müssen, wäre da nicht der kleine Altersunterschied. Thomas hatte da sicher schon die größeren Mädchen im Blick und für mich kleine ungewaschene Herumstrolcherin keinen solchen mehr übrig gehabt. Das sollte sich sehr viel später ändern. Dann baute das große Welttheater eine Mauer zwischen uns, Thomas hat seine FDJ-Lieder gelernt und ich meine Schlager. Sehr getrennte Wege. Aber für manche Menschen führen alle Wege zur Bühne.«

In dem von Langhoff nicht nur inszenierten, sondern (gemeinsam mit Michael Eberth) stark überarbeiteten Drama *Lorenzaccio* geht die Post ab, wenn man so sagen darf. Alfred de Musset, der Autor, hat die Handlung in das Florenz des 16. Jahrhunderts verlegt. Im Mittelpunkt stehen zwei ebenso junge wie lüsterne Männer: Alessandro de Medici, der regierende Herzog, und sein Cousin Lorenzo. Hemmungslos geben sie sich dem Rausch und sexuellen Orgien hin, vor allem im Karneval. Lorenzo wird so zum engsten Vertrauten des Herzogs. Doch Lorenzo, der menschenverachtende Zyniker, von Manfred Zapatka wahrlich grauenerregend dargestellt, treibt ein doppeltes Spiel. Denn er tauscht sich auch immer wieder mit dem Republikaner Filippo Strozzi aus, einem mächtigen Gegner Alessandros. Als Strozzi beschließt, gegen den zügellosen Herzog vorzugehen, kommt ihm der haltlose Lorenzo zuvor. Er gibt vor, für den vermeintlichen Freund ein Rendezvous zu arrangieren: Doch im Schlafgemach wartet kein Mädchen auf den Tyrannen , sondern der Tod.

Thomas Langhoff und Jürgen Rose setzen das Drama mit Bühnenbildern um, die an florentinische Palazzi erinnern. Hinsichtlich der Kostüme verfolgen sie einen anderen Gedanken: Sie kleiden ihre Figuren teils renaissancehaft, teils biedermeiermäßig ein, ja, der schmierige Lorenzo muss einen weiten Trenchcoat tragen, à la Geheimdienst, möchte man meinen. Nicht lange nach der Premiere sendet das ZDF eine zweieinhalbstündige Aufzeichnung des Theaterstücks (das waren noch Zeiten!).

Cornelia Froboess spielt in dem figurenreichen Theaterstück zwar nur eine eher kleine Rolle, die der Marchesa Cibo, aber sie kommt Thomas Langhoff spürbar näher, schult ihren Blick für die Eigenarten des Regisseurs: »Bei den Leuten, beim aufsässigen, auch unverschämten Volk, ist seine ganze Sympathie. Er freut sich diebisch, wenn ihm wieder eine Entblößung gelingt, bei denen, die die Macht und die große Schnauze haben, denn an deren Goodwill glaubt er nicht. Soll man eine ›Lady‹ spielen, hat man es bei ihm nicht leicht. Er erwartet geradezu, dass man stolpert, sich preisgibt. Wenn da nichts preiszugeben ist, kümmert ihn das nicht, er wird schon was Despektierliches finden, seine Witze über dich [deine Rolle] machen, auf deine Kosten, ob passend oder nicht. Da heißt es, auf der Hut zu sein und die eigene Rollenperson vor seinen permanenten Angriffen zu schützen.«

1987 inszeniert Thomas Langhoff bei den Salzburger Festspielen den 1904 vollendeten Fünfakter *Der einsame Weg* von Arthur Schnitzler. Für das Bühnenbild und die Kostüme sorgt einmal mehr Jürgen Rose. Mit von der Partie: Heinz und Anne Bennent, Wolfgang Hübsch, Elisabeth Orb, Helmut Lohner, Christoph Waltz und natürlich Cornelia Froboess. Es ist eine Sternstunde der Schauspielkunst. Das Ensemble wirkt nicht nur wie ein geschlossenes Ganzes, dessen einzelne Glieder perfekt ineinandergreifen. Es nähert sich dem thematischen Dreiklang von Tod, Liebe und Alter auch ohne Pathos, dafür umso eindrücklicher. Schritt für Schritt eröffnet es dem Publikum die Möglichkeit, die Personen und die Beweggründe ihres Handelns zu erkennen. Da gibt es den Maler Julian Kirchner (Heinz Bennent), der zusieht, wie sein Sohn Felix (Christoph Waltz) in der Familie des Akademieprofessors Wegrat (Wolfgang Hübsch) aufwächst und diesen für seinen leiblichen Vater hält. Da betreten Johanna Wegrat (Anne Bennent) und Stephan von Sala (Helmuth Lohner) die Bühne, zwei Königskinder, die sich lieben, aber nicht zusammenfinden und in den Tod gehen. Allesamt tragen sie schweres Gepäck mit sich, unbewältigte oder – schlimmer noch – unausgesprochene Probleme.

Die Sternstunde der Sternstunde bietet aber der zweite Akt: Hier begegnen sich Julian Kirchner und seine frühere Geliebte Irene Herms (Cornelia Froboess), eine ehemals in Wien erfolgreiche Schauspielerin, die sich aufs Land zurückgezogen hat und auf dem Gut ihrer Schwester lebt. Das Pärchen von einst beginnt mit einem harmlosen Geplänkel, während dessen sich Irene veranlasst sieht, ihr zerbrechliches Glück zu beschwören. Den Parlando-Ton hält Irene allerdings nicht lange durch. Sie erzählt Julian von einer Art Traum. Sie wären gemeinsam spazieren gegangen, in ihrer Mitte ein Kind, das sie an den Händen hielten. Dann bricht es aus ihr heraus, mit elementarer Wucht: Wenn sie und Julian ein gemeinsames Kind gehabt hätten, wäre ihre Beziehung nicht gescheitert. Ohne ein Kind fühle sie sich als Frau gescheitert. Allmählich dämmert es ihr in dem Gespräch, dass Felix Wegrat Julians Sohn ist. Aber sie realisiert nicht, wie sehr der Maler darunter leidet, seine Vaterschaft geheim halten zu müssen, weil er Felix' Glück nicht gefährden möchte.

Eine Glanzleistung, die der Österreichische Rundfunk aufgezeichnet hat. Es ist einer jener Momente in ihrer langen Karriere, an den sich Cornelia Froboess fast wehmütig erinnert, nicht zuletzt wegen der integrativen Kraft von Thomas Langhoff: »Sein sprunghaftes, aber breites Gemüt lässt ihn manchmal wie den Patriarchen einer italienischen Großfamilie aussehen. Eine Art von künstlerischem Familienunternehmen sind auch seine Theaterarbeiten. Aus einer völlig heterogenen Besetzung, wie z. B. in Arthur Schnitzlers *Der einsame Weg* bei den Salzburger Festspielen, stiftet er Zusammenhalt, zettelt etwas Konspiratives an, breitet er

einen Ensemblemantel über alle. So versammelt und ange-
treten, verlangt er von seiner Truppe Ungewöhnliches, duldet keine Wehleidigkeiten, schon gar nicht bei sich selber.
Für Treue kann er sehr dankbar sein. ›Die Conny ist ein Soldat‹, sagte er einmal. Das war sicher ein ganz großes Kom-
pliment.«

Mitte der 1980er-Jahre meistert Cornelia Froboess eine
besondere Herausforderung, als sie in Herbert Achternbuschs Stück *Mein Herbert* spielt. Hier handelt der querköp-
fige Autor seine nicht gerade leichte Kindheit und Jugend
ab. Er wächst im Bayerischen Wald auf, bei seiner Großmutter, als unehelicher Sohn einer Frau, die nach dem Krieg das
Leben genießen will. Sein »Kinderzimmer« ist ein bäuerli-
cher Speicher. Hier waren, erläutert Achternbusch, »für das
Leben nicht mehr brauchbare Dinge abgestellt.« So »komme ich mir auch vor, und daß ich es erwähne, ändert nichts«.
Während ihr Sohn – abgestellt – in der ländlichen Abgeschiedenheit lebt, jobbt seine Mutter in München als Ten-
nislehrerin, um in ihrer Freizeit diversen Liebhabern nach-
zujagen. Dennoch ist sie bemüht, ihren dichterisch begab-
ten Sohn bestmöglich zu fördern, wie der umfangreiche
Briefwechsel der beiden belegt, der den Grundstock für
Mein Herbert bildet.

In der von George Tabori 1985 realisierten Aufführung
spielt Gisela Stein die Mutter – ein Kraftakt für sie, der
besonders imponiert, weil es ihre erste große Rolle nach einem fürchterlichen Autounfall ist. Mit dem »Pathos einer
antiken Tragödin brüllt, rast und faucht sie durch diesen
Text«, berichtet Wolfgang Limmer, der *Spiegel*-Kritiker: »Es
ist eine beeindruckende Parforcetour, die das Stück in eine
Höhe treibt, wo ihm die Luft auszugehen droht.« Cornelia
Froboess glänzt hingegen in einer Doppelrolle: als Herberts
Tante Ella und als Herbert selbst, den sie als Kind und jun-

gen Mann vertritt – anfangs in kurzer Lederhose, in Wadenstrümpfen und mit Trachtenhütchen, so als wäre sie Peter Roseggers Waldbauernbub, dann als junger Dichter mit den herkömmlichen Attributen seines Standes: Schlapphut, Schal und Kippe im Mundwinkel, von fern an Rainer Werner Fassbinder erinnernd. »Ein spannendes, höchst artifizielles Duell zweier Schauspielerinnen«, fährt Limmer fort, »die ihre sehr gegensätzlichen dramatischen Möglichkeiten genußvoll und zur Bewunderung einladend ausschöpfen.«

Um ein solches Echo hervorzurufen, muss Cornelia Froboess allerdings bis an ihre Grenzen gehen. 2013 gesteht sie in einem Interview: »Mit Gisela Stein habe ich *Mein Herbert* von Achternbusch gespielt, sie als Mutter, ich als Sohn in verschiedenen Altern. Vor der Premiere haben mir die Hände gezittert. Tabori sagte nur: ›Benutz das! Der kleine Herbert hat auch Angst.‹ Auf der Bühne hab' ich Gisela Stein meine zitternden Hände entgegengestreckt. Sie hat sie einfach genommen – und die Angst war weg. So arbeiten zu können, hängt immer ab von Konstellationen und Partnern. Wir müssen nichts mehr bedienen, uns nichts mehr beweisen. Sondern lassen uns total existentiell aufeinander ein und fangen uns auf. Das sind Sternstunden.«

Hier beruft sich die Schauspielerin abermals auf Taboris häufig zitierte Formel »Benutz das!« oder »Benutz es!«. Obwohl sie mit ihm nicht so oft wie mit Dieter Dorn oder Thomas Langhoff zusammenarbeitet, empfängt sie von dem international gefragten Regisseur, der für sich die prunklose Bezeichnung Spielmacher bevorzugt, wesentliche Impulse. Von Tabori, erinnert Cornelia Froboess sich 2008 in einem Gespräch mit dem Magazin *Fliege,* habe sie am meisten gelernt: »In seiner Gegenwart wird man gesund. […] Noch heute, wenn ich am Theater nicht mehr weiterweiß, frage ich in den Gedanken den George. Dann höre ich seine ruhige, gelassene Stimme, die sagt: ›Nun gut, die [die Figur] weiß jetzt eben auch nicht weiter. Lass es zu, dass dir nichts mehr einfällt.‹ Er ist mein innerlicher Begleiter aus jeder Sackgasse, in die ich gerate.«

Tabori kann auf ein kurvenreiches Leben zurückblicken. 1914 als Sohn einer jüdischen Familie in Ungarn geboren, gelingt es ihm, Hitler und seiner Gefolgschaft zu entkommen, indem er 1936 nach London flieht. Georges Vater und weitere Familienangehörige werden allerdings in Auschwitz ermordet. Die Trauer darüber prägt Taboris künftiges Leben, aber auch sein Schaffen, das oft mit schwarzem Humor und Momenten absurder Komik einhergeht. Während des Zweiten Weltkriegs arbeitet er als Kriegsberichterstatter der britischen Armee im Nahen Osten. Dann übersiedelt er in die USA, nach Hollywood, Santa Monica. Hier findet er 1948 Quartier im Haus der Schauspielerin und Drehbuchautorin Salka Viertel, die gezielt an ExilkünstlerInnen vermietet. Ein guter Start. Tabori lernt Prominente kennen: Greta Garbo, Charles Laughton, Arnold Schönberg, die Familien von Bertolt Brecht, Thomas Mann, Charlie Chaplin und wie sie alle heißen. Für Hitchcock schreibt er Drehbücher. Ja, er versteht es, sein Vertriebensein mehr und mehr als Antrieb zu nutzen, als Anschub für sein schöpferisches Dasein.

1950 zieht er nach New York. Jetzt übersetzt er Dramen von Brecht und Max Frisch. Mitte des Jahrzehnts peilt er eine weichenstellende Wegmarke an, indem er seine erste Regie übernimmt, eine Inszenierung von Strindbergs Trauerspiel *Fräulein Julie*. Und schon hat er seinen Kern als Spielmacher gefunden. Er kommt nicht mit einem penibel ausgearbeiteten Konzept in die Proben, sondern lauscht zunächst auf das, was die SchauspielerInnen ihm anbieten.

Kein Wunder, dass sie von ihm begeistert sind. »Wenn er Regie führte«, würdigt ihn Hans-Dieter Schütt, der Feuilleton-Redakteur der Tageszeitung *Neues Deutschland*, 2007 in seinem Nachruf, »war es wie ein Ausflug, kein Vormarsch. Er befahl nicht, er hörte zu. Er hatte keine Ideen, er besaß Muße und Geduld. Man könnte sagen, er ließ seine Schauspieler allein, aber er tat es so, dass ihr schlimmstes und gefahrvollstes und peinigendstes Empfinden, ungeschützt zu sein, ein Gefühl großer Freiheit wurde. Tabori entfernte durch Güte, Interesse und raffinierteste Bescheidenheit alles aus den Proben, was die Welt unfreundlich macht: Ehrgeiz, Drang nach Perfektion, Unanfechtbarkeit, Besserwissen, Angestrengtheit, Aufwendigkeit, Lautstärke, Brillanz, Nachtragenheit, Kopflastigkeit, Verstiegenheit, Einseitigkeit, Grundsätzlichkeit, Resultatswillen.«

1969 lädt Maria Sommer, die legendäre, 2023 im Alter von 101 Jahren verstorbene Bühnenverlegerin, Tabori nach Berlin ein – mit der Bitte, am Schillertheater sein Auschwitz-Stück *Die Kannibalen* zu inszenieren. Er nimmt ihr Angebot eher zögernd an, weil er sich im »Land der Täter« nicht sicher fühlt. Die bewegten Reaktionen des Publikums veranlassen ihn aber letztendlich dazu, seinen Lebens- und Arbeitsmittelpunkt nach Deutschland zu verlegen. Nach mehreren Zwischenstationen schlägt er 1978, angeregt durch Dieter Dorn, seine Zelte in München auf. Hier, an den Kammerspielen, sorgt er für Meilensteine der Theatergeschichte: mit Aufführungen von Samuel Becketts rätselhaftem Schauspiel *Warten auf Godot* (1984) oder einer Bearbeitung von Euripides' *Medea* und eben Achternbuschs *Mein Herbert* (beide 1985).

Die gemeinsame Arbeit scheint den Spielmacher und Cornelia Froboess zusammenzuschweißen. Jedenfalls begeben sie sich bald nach der Premiere von *Mein Herbert* in den Bayerischen Rundfunk, um gemeinsam ein Hörspiel Taboris zu produzieren – *Insomnia* mit Namen, zu Deutsch: Schlaflosigkeit.

Der Titel des Zwei-Personen-Stücks hat eine medizinische Färbung. Sie spielt auf den Heilungsprozess der Figuren an, die anfangs miteinander fremdeln, sich dann in kleinen Schritten annähern, um schließlich innige Gefühle füreinander zu entwickeln. *Insomnia* meint aber auch die konkrete Situation, in der sich die beiden begegnen: Sie, eine ehemalige, frühzeitig gealterte Klofrau, die sich als Hilfskraft eines Tierheims nur mühsam über Wasser hält. Er, ein Fremdarbeiter, der sich nach dem Süden und nach seiner Familie sehnt, für die er sich alles Mögliche vom Munde abspart. Die beiden verbindet zunächst nur Geschäftliches. Er sucht eine preiswerte Herberge für eine Nacht. Sie bietet ihm das zweite Bett ihrer karg eingerichteten Einraumwohnung an und bekommt dafür fünf Mark. Da sie beide todmüde sind, bereiten sie sich gleich auf die Nachtruhe vor – verbunden mit dem, was man heute Bodyshaming nennt, sie wegen ihrer geschundenen Füße, er wegen des Geruchs, der von den seinen ausgeht. Außerdem können sie nicht einschlafen, weil sie ständig gestört werden. Eine Mücke sirrt durchs Zimmer, draußen prügeln sich zwei Kerle, eine alte Dame spielt Klavier et cetera. Aber sie nerven sich auch gegenseitig. Er kann nicht hinüberdämmern, weil ihn friert und seine Gastgeberin das Fenster nicht schließen will. Sie nicht, weil er summt und leise singt und sie an ihre Arbeit im Tierheim denken muss, an die Betreuung der Hunde, an das Futtergeben und die Käfigreinigung. Sie liebt die Tiere, will es sich aber nicht eingestehen. Kaum habe man sich an einen Hund gewöhnt, wird er von einem Interessenten adoptiert, weiß sie aus Erfahrung. Entsprechend vorsichtig muss man sich verhalten: »Am besten, man wendet seine Augen ab, sie wissen ihre Augen zu gebrauchen.« Ihre kreisenden Gedanken münden in einen grauenhaften Albtraum, aus dem sie der »Fremde« erlöst. Der Bann ist gebrochen … Bett frei für die Liebe.

»Zu neuen Ufern lockt ein neuer Tag« – gewiss, das ist ein abgegriffenes Zitat, eines aus dem Schmuckkästchen des Bildungsbürgers. Aber als Cornelia Froboess sich 1987 aufmacht, gemeinsam mit ihrem Regisseur Dieter Dorn *Faust I* zu erkunden, bricht für sie eben jene neue Ära an, die Goethes Gelehrter in seinem Eröffnungsmonolog beschwört. Die Schauspielerin wechselt sozusagen das Fach. Den Fast-noch-Kinderschuhen des Gretchens entwachsen, verkörpert die 44-Jährige nun Marthe Schwerdtlein, die in der Nachbarschaft des Mädchens wohnende Witwe. Umgarnt von Mephisto, öffnet sie ihm bereitwillig ihren Garten. Hier soll sich Faust mit Gretchen treffen, in die er sich heftig verliebt hat. Wenn der Gelehrte bei dieser Begegnung Erfüllung findet, fällt seine Seele dem Pferdefüßigen zu, so wie der von beiden ausgehandelte Vertrag es vorsieht. Die Liebesgeschichte endet für das Mädchen tödlich. Geschwängert von Faust, tötet sie ihr Kind, weil sie sich wegen ihrer »Ehrlosigkeit« schämt. Ihre Tat muss sie büßen. Dem Wahnsinn nahe wartet sie im Kerker auf ihre Hinrichtung. Faust aber treibt sich an Mephistos Seite weiterhin in der Welt herum.

Dieter Dorn bringt das Kunststück fertig, sein Werk (allerdings mit starken Strichen) in einer Verfilmung festzuhalten, in einer Bavaria-Produktion: *Faust – Vom Himmel durch die Welt zur Hölle*. Mit dabei: Helmut Griem als Faust, Romuald Pekny als Mephisto und Sunnyi Melles als Gretchen. Während die Partien ihrer KollegInnen sprachlich sowie aufnahme- und beleuchtungstechnisch eher verfremdet erscheinen, kann Cornelia Froboess mit einer fast naturalistischen Marthe Schwerdtlein aufwarten. Mit großer Klarheit charakterisiert sie die Kupplerin als lüstern-fiebrige Frau, die überdies ihre Besitzgier kaum verbergen kann, als sie Gretchens kostbaren Schmuck anlegt. Eher derb gerät der Schauspielerin die geheuchelte Trauer, als Mephisto der Schwerdtlein die Nachricht vom Tod ihres Mannes überbringt – eine Gestaltung, die an den Ursprung des *Faust* als Volksstück erinnert.

Trotz der schauspielerisch guten Leistungen, auch Peknys Mephisto ist hervorzuheben, reagieren die Kritiker verhalten bis ablehnend. Ein übler Verriss findet sich im *Spiegel* vom 30. Oktober 1988. Dorn habe ignoriert, ätzt der Schreiber, »was jeder Schulbub heute zum Thema Theater und Film auswendig hersagen kann: Auch die brillantesten Schauspielergesten, auf der Bühne notwendig vergrößert und vergröbernd, sind auf der Leinwand eine Zumutung. Vor der Kamera wird aus jedem Blick eine Schundromanze, aus jedem Augenzwinkern ein mittleres Erdbeben. [...] Keine Tragödie, eine Farce wird hier aufgeführt. Der Niedergang eines lächerlichen Mannes.«

»Sehr gerne denke ich nicht mehr daran«, gesteht Dorn in seiner Autobiografie *Spielt weiter*, »denn der Verfilmung fiel fast die halbe Inszenierung zum Opfer. Mein Prinzip bei den Klassikern war immer: Wir schlagen keine Schneise durch den Wald, wir wollen den Wald.«

Auf den ersten Blick scheint von Goethes *Faust* zu Heinrich Bölls letztem Roman *Frauen vor Flußlandschaft* keine Brücke zu führen, man könnte sogar meinen, die Werke trenne ein unüberwindbarer Graben: hier, bei Böll, der politisch begründete Versuch, einen Zustandsbericht der Bundesrepublik vorzulegen, dort das Spiel mit dem vermeintlich Unwirklichen, mit dem Teufel und mit Hexen. Und dennoch gibt es eine überraschende Gemeinsamkeit. Faust behandelt seine Mitmenschen als Objekte, die er manipulieren und benutzen kann. Typen solchen Schlages finden sich auch in Bölls Roman. Da gibt etwa der Ex-Nazi und Karrierist Fritz Blaukrämer ein protziges Fest, weil er in ein Ministeramt aufgestiegen ist. Schlimmer noch: Er hat Elisabeth, seine erste Frau, in den Tod getrieben. Als sie vierzig Jahre nach Kriegsende einen früheren Wehrmachtsgeneral wiedererkennt, der einst ihren Vater gezwungen hat, sich selbst zu erschießen, rastet sie aus, schreit sie bis zur Erschöpfung. In einem Kurhotel, hinter dem sich eine Art Klapsmühle für begüterte Frauen verbirgt, soll sie sich erholen, in Wahrheit jedoch ihre Erinnerung verlieren. Zur »Therapie« des Hauses gehört es, den »Patientinnen« Callboys aufs Zimmer zu schicken. Als ein solcher im Appartement von Elisabeth Blaukrämer eintrifft, schickt sie ihn empört davon. Anschließend erhängt sie sich. Das Zynische an dem Ereignis: Ihr Gatte, der Menschenverächter Blaukrämer, hat die Begegnung mit dem General arrangiert, weil er testen wollte, ob man den vormals gefürchteten, nun aber wieder arrivierten Bluthund nach so langer Zeit wiedererkennen kann.

Böll, der Literaturnobelpreisträger des Jahres 1972, hat seinen *Flußlandschaft*-Roman in die Form eines Schauspiels gegossen. Das Werk besteht aus einer Mischung von Mono- und Dialogen, die von Regieanweisungen wie »Er geht ab« oder ähnlich durchsetzt sind. Peter von Becker spricht in seinem Anfang 1988 veröffentlichten *Zeit*-Artikel *Bonn, Böll, Barschel und ...* von einer Elegie »über den deutschen Nachkriegsstaat, der voller Lebenshunger und Tod-und-Mordvergessen aufgebaut wurde, auf einem Gebirge aus Asche und Knochen, über das nun wieder die Täter emporstiegen«.

Form und Thema veranlassen den Filmregisseur Volker Schlöndorff, den Roman für die Bühne aufzubereiten, als eine Art Requiem für den 1985 verstorbenen Schriftsteller. Ort und Zeit des Geschehens: die Münchner Kammerspiele, Januar 1988. Die Spielerinnen und Spieler: Cornelia Froboess, Jennifer Minetti, Katja Riemann, Doris Schade, August Zirner, Edgar Selge und andere.

Letzterer zeigt sich von Schlöndorffs Regiearbeit begeistert. Ein markantes Ereignis sei dessen Ansprache nach der Generalprobe gewesen, kommentiert der Schauspieler in dem 2001 erschienenen Band *Die Münchner Kammerspiele*. »Schlöndorff holte ein gerahmtes Foto von Böll hervor, stellte es unter uns und erzählte, was ihm Böll bedeutet hatte, literarisch und moralisch, und als er schilderte, wie dieser unermüdliche Mahner der Gewaltlosigkeit von hysterischen Medien und Politikern als Terroristensympathisant und Wegbereiter der Gewalt denunziert wurde, brach er in Wut und Tränen aus.«

Cornelia Froboess übernimmt in *Flußlandschaft* die Rolle der 36-jährigen Eva Kreyl-Plint, die in dem Böll-Schlöndorff'schen Totentanz eine der sympathischeren Figuren ist. Eva möchte sich aus dem perfiden Gesellschaftsspiel verabschieden, in der die Handelnden nur auf den Zugewinn an Macht oder Geld setzen. Sie liebt den aus einem proletarischen Milieu stammenden Redenschreiber Ernst Grobsch, wie eine skurrile Bettszene zutage fördert. »Klamotte und Kolportage? Kabarett als Schauspielkunst?«, fragt sich Peter von Becker in seiner Theaterkritik. »Bevor wir antworten können, wirft sich im Theater die Gefährtin über ihren ›Proleten mit Soziologengesicht‹, und der will immer wissen, ›bin ich dein Grobsch?‹. Sagt sie ihm drauf unter Küssen und Ohrenknabbern, ›ja, du bist mein Grobsch‹ –, dann zeigt das im Zusammenspiel von Edgar Selge und Cornelia Froboess eine so idiotisch große Komik, wie sie bisweilen nur eine Paarung aus Irrwitz und Wirklichkeit hervorbringt. Oder die Verbindung von Humor und Humanität. Wir sind bei Heinrich Böll.«

Eine 1985 erschienene Sonderausgabe der *Flußlandschaft* bietet in ihrem Anhang nicht nur ein Nachwort von Siegfried Lenz, sondern auch eine knappe, dennoch aussagekräftige Fotodokumentation zu Böll. Wir sehen ihn als Primaner, als Soldat, als jungen Ehemann, der 1942 in Köln heiratet. Wir sehen ihn mit seiner Frau Annemarie und seinen drei Söhnen. Wir sehen ihn 1972 als Präsidenten des PEN, der internationalen Schriftstellervereinigung. Wir sehen ihn, als er 1974 die Carl-von-Ossietzky-Medaille entgegennimmt, im Gespräch mit Bundespräsident Gustav Heinemann. Wir sehen ihn 1983, schon schwer krank, mit einer Krücke in der Linken, auf dem Weg zum US-Militärstützpunkt Mutlangen, um dort mit anderen Friedensbewegten gegen die Stationierung der nuklearen Pershing-II-Raketen zu demonstrieren, mit Petra Kelly, Günter Grass, Dietmar Schönherr und Walter Jens. Und wir sehen ihn im selben Jahr, wieder mit Gehhilfe, bei der Friedensdemonstration in Bonn, gemeinsam mit Willy Brandt, der sich gegen jegliche weitere Aufrüstung verwehrt: »Wir brauchen in Deutschland nicht mehr Mittel zur Massenvernichtung, wir brauchen weniger.« 150 000 TeilnehmerInnen stimmen ihm zu.

Die Friedensbewegten können die Stationierung der Pershings zwar nicht verhindern. Aber die politische Großwetterlage ändert sich entscheidend. 1985, in dem Jahr also, in dem Böll stirbt, kommt Michail Gorbatschow an die Macht. Der neue Generalsekretär der KPdSU, der kommunistischen Partei der Sowjetunion, leitet eine Art Tauwetter ein: innenpolitisch durch die Einführung der Prinzipien Glasnost (Offenheit) und Perestroika (Umgestaltung), außenpolitisch durch das Angebot der Abrüstung. Indirekt leitet Gorbatschow damit das Ende der DDR ein. Der ökonomisch marode Staat, den Tausende BürgerInnen verlassen haben oder verlassen wollen, gibt 1989 auf. Am 9. November öffnet er seine Grenzen, nachdem die verantwortlichen Organe wenige Wochen zuvor Erich Honecker entmachtet haben. Einige Monate später erhalten Bundeskanzler Helmut Kohl und Außenminister Hans-Dietrich Genscher von Gorbatschow die Genehmigung, mit den Repräsentanten der DDR über eine Wiedervereinigung der beiden deutschen Staaten zu verhandeln – eine Aufgabe, die Wolfgang Schäuble, seinerzeit Innenminister der BRD, und Günther Krause, der parlamentarische Staatssekretär der DDR, federführend übernehmen. Am 3. Oktober 1990 ist es so weit: Es gibt nur noch einen deutschen Staat. Die DDR existiert nicht mehr, aber auch die »alte« BRD ist nun Geschichte.

Einige Tage später wird Innenminister Schäuble Opfer eines schweren Attentats, das ihn querschnittsgelähmt zurücklässt. Auch Cornelia Froboess, die dem Politiker im Juni des Jahres begegnet ist, reagiert betroffen. In einem an sie gerichteten Schreiben vom 14. Dezember 1990 nimmt Schäuble Bezug auf das Zusammentreffen:

»Liebe Frau Froboess, herzlichen Dank für Ihren Brief vom 28. November. Ich habe mich sehr darüber gefreut. Ich denke natürlich an unser Gespräch in Berlin und an die Probleme, die Sie mir aufgetragen haben, zurück, und ich hoffe, daß wir eines Tages Gelegenheit haben, vertieft an besseren Lösungen zu arbeiten. Einstweilen herzlichen Dank und alle guten Wünsche für die bevorstehenden Feiertage für Sie und freundliche Grüße, Ihr Schäuble«

Anlass ihrer Begegnung im Juni ist die 40. Verleihung des Bundesfilmpreises in Berlin, die Cornelia Froboess moderiert und bei der Innenminister Wolfgang Schäuble, dessen Haus eng mit der Filmförderung verknüpft ist, für die Vergabe der Preise zuständig ist. Christiane Peitz, die Kulturredakteurin der Berliner Zeitung *taz,* bezeichnet die Veranstaltung allerdings als »Trauerfeier« und die Preisvergabe als eine »Bankrotterklärung des bundesdeutschen Förderwesens«. Schuld daran seien die »Herren der Auswahlkommission, graue Herren in grauen Anzügen«, Herren, die sich im Kino der 1950er-Jahre sichtlich besser auskennen als in dem der 80er. Mit leicht ironischem Unterton nennt die Kritikerin auch die Geehrten: Artur »Atze« Brauner, seines Zeichens Produzent von einigen Hundert Kinofilmen, Antje Weisgerber, die vor allem als Schauspielerin an der Seite Gustav Gründgens' erfolgreich war, und schließlich Maximilian Schell, einen Jugendfreund Connys. Der aber sorgt für einen Skandal, »indem er immerhin auf die Skurrilität der Veranstaltung aufmerksam« macht. Die Dekoration sei die des Vorjahrs. Die »drei Blumensträuße auf der Bühne und das langweilige Rahmenprogramm« würden doch eher zum Betriebsfest der ›Bäckerblume‹ passen: »Ein bißchen mehr Zauber müsse schon sein.« Und selbst Cornelia Froboess bekommt ihr Fett weg: Ihre Moderation habe ihn eingeschläfert. Mit derlei Schmähungen gibt Schell den Preis an Schäuble zurück. Für den Minister und die Moderatorin Grund genug, sich über den Eklat auszutauschen.

Cornelia Froboess ist aber souverän genug, entspannt mit solchen Konflikten umzugehen und nach vorn zu schauen. Mit spürbarer Freude steht sie bald nach der Preisverleihung wieder vor der Kamera, weniger als Schauspielerin denn als Gesprächspartnerin, in einem Sendeformat, das sich die Journalistin Doris Netenjakob für den Norddeutschen Rundfunk ausgedacht hat. Unter dem Titel *Wahlverwandtschaften* bringt sie Menschen zusammen, die sich a) zuvor nicht kannten und b) in verschiedenen Berufen arbeiten oder völlig andere Interessen haben. Hier einen Juristen, der die Schauspielerin auf ihrem bayerischen Bauernhof besucht, und einen Zarah-Leander-Verehrer, den wiederum sie besucht, und zwar in Berlin, in seiner Altbauwohnung, die gleichzeitig ein dem UFA-Star gewidmetes Museum ist. Michael Koch, der Jurist – Gott sei Dank hat er keine Angst vor großen schwarzen Hunden –, nimmt in der gastlichen Bauernstube der Schauspielerin Platz. Beim Kaffee kommen die beiden ins Gespräch. Warum sie so wenig im Fernsehen zu sehen sei? Das habe verschiedene Gründe. Einerseits bindet sie das Theater sehr. Andererseits sind die Angebote nicht eben prall, zumal wenn man nicht »in Serie« gehen will.

Spannend wird das Gespräch, als der Jurist und die Schauspielerin über ihre beruflichen Schnittmengen nachdenken. Ihr Beruf wäre ziemlich schizophren, gesteht sie – mit Blick auf Botho Strauß' Komödie *Besucher*, an deren 1988 erfolgter Uraufführung sie kurz vor dem Dreh der *Wahlverwandtschaften* mitgewirkt hat. Wie ihre KollegInnen Axel Milberg, Heinz Bennent und Sibylle Canonica tritt sie bei Strauß in einer Doppelrolle auf. Im realen Leben ist die Strauß'sche Edna Gruber eine Schauspielerin, die zurückgezogen auf dem Land und in Gemeinschaft mit vielen Tieren lebt. Als solche betritt sie die Bühne, um mit den anderen ein Stück zu proben. In ihm, dem Stück im Stück, spielt sie eine Tochter, die ihren Vater anhimmelt, obwohl er, ein Genetiker, die Ergebnisse seiner Tierversuche manipuliert hat. Doch fällt Edna Gruber, eine moralisierende Besserwisserin, voll aus ihrer Rolle, obwohl sie ihren Text ja gelernt hat und wissen muss, worauf sie sich einlässt: »Nein, ich kann das nicht spielen. Unmöglich. Vollkommen ausgeschlossen. Ich kann in diesem Stück nicht auftreten. Ich spiele eine Frau, die Tierexperimente verteidigt – zumindest nicht verurteilt. Ich spiele eine solche Frau nicht. Ich kann das nicht vertreten, was ich da zu sagen habe.«

In gewissem Sinn, greift der »wahlverwandte« Jurist den Faden auf, müsse auch er seinen Klienten etwas vorspielen, die gelegentlich so etwas wie Patienten seien. Oft schlüpfe er in die Rolle eines Beichtvaters. Übereinstimmend stellen der Jurist und die Schauspielerin fest, dass sie beide es mögen, vor Publikum zu agieren. Eine Zugfahrt auf den Wendelstein bei heftigem Wind rundet die Begegnung der beiden »KollegInnen« ab.

Szenenwechsel. Ob Doris Netenjakob, die Regisseurin der *Wahlverwandtschaften,* sich vom Wetter droben auf dem Berg anregen ließ? Jedenfalls scheint die nun in ihrem Film eingespielte Musiknummer darauf anzuspielen: *Der Wind hat mir ein Lied erzählt,* ein 1937 aufgenommener Schlager von Zarah Leander, der die zweite Begegnung einleitet, den Besuch von Cornelia Froboess bei einem Verehrer der Diva.

Es handelt sich um Paul Seiler, einen Krankenpfleger, der seit rund zwanzig Jahren Nachtdienst schiebt, weil er dann mehr Zeit für die PatientInnen hat und tagsüber Antiquariate oder Flohmärkte nach Leander-Fundstücken durchforsten kann, nach Fotos, Programmheften, Schallplatten und dergleichen mehr. Seine Besucherin zeigt sich zunächst von der Berliner Gründerzeitwohnung des Fans gerührt, die alte Erinnerungen in ihr hervorruft. Dann aber fängt der Gastgeber an, von seinem Erweckungserlebnis zu sprechen. In den 1950er-Jahren habe er den Film *Ave Maria* gesehen, in dem die Leander eine ehemalige Konzertsängerin spielt. Um ihrer Tochter den Besuch einer Klosterschule zu ermöglichen, arbeitet sie in einem Nachtklub. Damals, so Seiler, habe es ihn gepackt. In behutsamen Schritten, zunächst die Bitte um ein Autogramm, später dann Blumensträuße, die er ihr überreicht, sucht und findet er die Nähe der Schauspielerin. Die natürliche Freundlichkeit, mit der ihm der Star fortan begegnete, stärkte sein nicht sonderlich ausgeprägtes Selbstbewusstsein. »Seitdem geh ich für sie durch dick und dünn.«

Cornelia Froboess lauscht den Ausführungen konzentriert, mit sichtlicher Anteilnahme. So öffnet sie den Raum für persönliche Töne. »Fühlen Sie sich eigentlich durch diese jahrzehntelange Liebe und Verehrung für Zarah Leander um Ihre Jugend betrogen?«, fragt sie. »Nein, überhaupt nicht, im Gegenteil, sie hat mir Möglichkeiten gegeben, meine Gefühle zu kanalisieren, auszuleben, meine Fantasie angeregt, sie hat sehr viel Liebe und Wärme in mein Leben gebracht.«

Nachdem Seiler seine Gesprächspartnerin durch seine Leander-Sammlung geführt hat (sie befindet sich heute im Filmmuseum Potsdam), geht's nach draußen. Beim Betrachten der Schlusssequenz der 1990 erstausgestrahlten Sendung reibt man sich verwundert die Augen: Cornelia Froboess und Paul Seiler gehen tatsächlich vor der bröckelnden Berliner Mauer spazieren. Sie sehen zu, wie Souvenirjäger Teile aus der unwürdigen Grenzanlage herausbrechen oder mit Hämmern abschlagen. Zu guter Letzt hält Cornelia Froboess selbst ein Bruchstück in der Hand.

Die Szenerie mutet an, als würde hier symbolisch ein Schlussstrich gezogen. Vorbei ist die Nachkriegszeit, der die Sängerin und Schauspielerin doch ihren Stempel aufgedrückt hat. Ein raumgreifendes Kapitel aus dem Lebensbuch der Cornelia Froboess ist abgeschlossen.

»Besser in wilder Ehe leben«

Der Start in die 1990er-Jahre – vor allem für die BürgerInnen der neuen Bundesländer Brandenburg, Mecklenburg-Vorpommern, Sachsen, Sachsen-Anhalt und Thüringen zieht er Auf- und Umbrüche nach sich. Das Gefühl eines »Es ist nichts mehr, wie es war« stellt sich ein. Es werden Firmen abgewickelt, Beamte gen Osten versetzt. Die Reprivatisierung beginnt, die Rückgabe staatlich enteigneter Immobilien an ihre ursprünglichen Besitzer. Universitäten und Schulen wollen neu strukturiert sein. Zugleich verlieren die Städte Ostdeutschlands ihr graues Gesicht. Allerdings trauern manche der unaufdringlichen Tristesse von früher nach, die mehr und mehr einer neuen, nicht immer geliebten Buntheit weicht.

Einschneidende Veränderungen gibt es auch bei Cornelia Froboess, im Beruflichen wie im Privaten. Zunächst lässt aufhorchen, dass die Schauspielerin jetzt ein Terrain betritt, dem sie kurz zuvor noch skeptisch gegenüberstand. Gemeint ist die vorabendliche Fernsehserie. Hinter ihr steckt in diesem Fall ein Mammutunternehmen, das insgesamt 1157 Drehtage benötigt, circa 10 600 Komparsen »verschlingt«, sich an etwa 2650 Originaldrehorten tummelt, um sich schließlich auf 10 000 Drehbuchseiten und 86 Stunden Sendezeit zu erstrecken. Es handelt sich um die zwischen 1987 und 1996 ausgestrahlte Serie *Praxis Bülowbogen*. In ihrem

Zentrum steht eine Sehnsuchtsfigur. Es ist der Berliner Arzt Dr. Peter Brockmann, idealtypisch verkörpert durch Günter Pfitzmann, wie viele der Mitwirkenden ein Berliner Urgestein. Brockmann ist ein Kümmerer, einer, dem seine PatientInnen am Herzen liegen. Er und seine Arzthelferin Gabi Köhler, von der ebenfalls berlinernden Anita Kupsch dargestellt, kennen nicht nur die Krankheitsbilder ihrer »Kundschaft«, sondern auch deren seelische Wehwehchen. Ihre Fürsorge bleibt nicht »ungestraft«: Das Wartezimmer ist immer pumpvoll. Und wenn es sich geleert hat, stehen Hausbesuche an (die gibt es damals noch). Kein Wunder, dass Brockmanns Privat- und Liebesleben nicht selten zu kurz kommt.

Eine Sehnsuchtsfigur darf man Brockmann deshalb nennen, weil er eine ungewöhnlich starke Integrationskraft hat. Er behandelt mit gleicher Hingabe obdachlose PatientInnen wie die sesshaft-bürgerlichen, Alt wie Jung, Drogen- wie Alkoholabhängige, Deutsche wie Menschen aus fernen Ländern. Zu einer Zeit, während derer im bundesrepublikanischen Großraum Verteilungskämpfe toben, viele Menschen die Sorge haben, nicht mithalten zu können, und die gesellschaftliche Zerrissenheit zunimmt, wächst die Figur des sympathischen Dr. Brockmann zu einem Übervater heran: zu einem, den man auch liebt, weil er nicht perfekt ist, zu jemandem, der allabendlich Licht in das mehr oder weniger getrübte Dasein bringen kann. Doch ist er auch ein Frauentyp und erfolgreicher Herzensbrecher. Zu Brockmanns Beziehungskisten oder Lebensabschnittspartnerinnen gehört die Apothekerin Dr. Pia Michaelis: der Part von Cornelia Froboess. Sie betritt die *Praxis Bülowbogen* in der 1990 produzierten Episode 42 (nach anderer Zählung Staffel 3, Folge 1), die ein Jahr später unter dem Titel *Ohne Worte* erstmals ausgestrahlt wird.

Taucht man aus heutiger Sicht in die Sendung ein, ist man zunächst erstaunt über den ruhigen, sich Zeit nehmenden Vorspann. Über der melodiösen, leicht sämigen Musik von Jürgen Knieper liegen Bilder, die so recht die Kiez-Atmosphäre einfangen, das Leben rund um den in Schöneberg gelegenen Bülowbogen. Wir sehen junge Leute, die ihre Kinder im Arm halten, ältere Spaziergänger mit Hunden, ein kleines, womöglich aus einem afrikanischen Land stammendes Mädchen, Frauen mit Kopftüchern, eine Marktszene oder die steil aufragende Lutherkirche. Die Handlung beginnt, dem Episodentitel entsprechend, ohne Worte, mit der Aktion eines Pantomimen.

Dann betritt Peter Brockmann die »Bühne«, um sich in einem symbolträchtigen Bild wiederzufinden. Sein auf der Straße abgestellter Mercedes ist von zwei Trabis so eingekeilt, dass er nicht einsteigen kann. Mit den serientypischen Irrungen und Wirrungen läuft das Geschehen weiter, bis Brockmann nach Feierabend bei einem Italiener Entspannung sucht – in Begleitung seiner Sprechstundenhelferin sowie seiner Tochter (Mareike Carrière). Am Nachbartisch genießt Pia Michaelis solo ihren Vino bianco. Mit einem Mal schnackelt es. Die Apothekerin hat beobachtet, wie Brockmann der hübschen Kellnerin zuzwinkert. Nun kehrt sie den Spieß um. In seine Richtung klimpert jetzt sie mit den Wimpern. Die beiden kommen in ein kurzes, zunächst folgenloses Gespräch, bei dem sie sich aber durchaus erotisch taxieren. Einige Tage später kehrt Brockmann auf dem Weg zu seinen PatientInnen in einer ihm vertrauten Apotheke ein, weil er Medikamente benötigt. Und siehe da, Pia stellt sich ihm als die neue Eigentümerin vor. Sie setzen ihren kürzlichen Flirt fort, bis der Arzt die Apothekerin für den Abend zu seinem Italiener einlädt. Ein Fauxpas erster Güte, denn eigentlich hat er sich dort mit Gabi Köhler verabredet. Als sie sich dem Lokal nähert, sieht sie, wie Peter und Pia hineingehen. »Ohne Worte« dafür zu finden, bleibt sie vor der Eingangstür stehen.

Die letzte, 1993 produzierte *Bülowbogen*-Folge, in der Cornelia Froboess mitwirkt, trägt die Nummer 81 (nach anderer Zählung Staffel 4, Folge 20) und den Titel *Eine Pause für immer*. Auch hier verweisen die Kulissen auf die Wiedervereinigung Deutschlands. Nach einem Herzklabaster will sich Brockmann erholen. So trifft er sich mit »seiner« Apothekerin bei den Kreidefelsen, auf der Insel Rügen. Beide logieren standesgemäß im stattlichen Kurhaus Binz, einem Juwel der Bäderarchitektur, das die Treuhand inzwischen an eine westliche Hotelkette verkauft hat. In dem Riesenbau fühlen sich die beiden Turteltauben aber ziemlich unwohl. Nicht, weil er (noch) ein wenig abgeblättert ist, sondern weil die Gäste fürchterlich nerven: eine Mutter, die ständig an ihrem Sohn herumnörgelt, ein laut streitendes Liebespaar und dergleichen mehr. Dann trifft sich Pia heimlich mit Gabi Köhler, die mit ihr über Peter reden will. Gabi, Brockmanns Ex-Geliebte, jetzt eher seine Vertraute, hat den Eindruck, dass sie die Beziehung zwischen dem Arzt und Pia irgendwie stört. Daher möchte sie ihren Job bei ihm kündigen. Im Lauf des Gesprächs (schauspielerisch ein Lichtblick in der Serie, der Anita Kupsch und Cornelia Froboess zu danken ist) erkennt Pia, wie menschlich nahe sich der Arzt und seine Helferin stehen. Und sie zieht eine überraschende Konsequenz. Jetzt ist es sie, die sich von Brockmann lossagt, um sich von der *Praxis Bülowbogen* mit »einer Pause für immer« zu verabschieden.

Cornelia Froboess steht der Serie für insgesamt 39 Folgen zur Verfügung – ein beachtliches Maß an Lebenszeit wie beruflichem Engagement.

Die Sendereihe steht in der Gunst des Publikums weit

oben. Die Mängel der Produktion dürften der kritischen Schauspielerin aber nicht verborgen geblieben sein. Sie bestehen vor allem in der dramaturgischen Einförmigkeit der Drehbücher, die durch die andauernde Verschränkung diverser Liebesgeschichten entsteht. Als störend darf man auch das professionelle Gefälle der DarstellerInnen empfinden. Neben den *Bülowbogen*-Stars treten nicht selten laienhaft anmutende Akteure auf. Weshalb Cornelia Froboess so lange durchhält, liegt auf der Hand oder besser: an der Spree.

»Ich hab' noch einen Koffer in Berlin / Deswegen muss ich nächstens wieder hin / Die Seligkeiten vergangener Zeiten / Sind alle noch in meinem kleinen Koffer drin« – Verse von Aldo von Pinelli, die Ralph Maria Siegel vertont hat. Ein Lied, das Bully Buhlan 1951 aus der Taufe hebt. Später übernehmen es Marlene Dietrich und Hildegard Knef. Cornelia Froboess fügt sich zwar nicht in die erlauchte Ahnenreihe ein, aber dem melancholischen Ton, dem Duft aus alter Kinderzeit bleibt sie zeitlebens verfallen. Jetzt, als Fünfzigjährige, ist der Moment gekommen, an jene Jahre zurückzudenken, die so leicht und doch entscheidend waren. Die aufsteigenden Erinnerungen sind ein Grund dafür, dass sie der *Praxis Bülowbogen* treu bleibt. Den erforderlichen Freiraum kreiert sie selbst.

Mit der Saison 1991 verlässt sie die Münchner Kammerspiele. »Wahrscheinlich mußte ich dazu erst fast 50 werden«, erläutert sie später in einem Interview mit dem *Focus.* »Irgendwann ist es nicht mehr spannend in so einer Familie. Da weiß man doch immer schon, wer was spielt. Ensemble bedarf der Treue, das ist eine Zeit lang auch gut so. Andererseits: Ich habe jahrelang mit Dieter Dorn gearbeitet und glaubte, mich ganz gut zu kennen. Und plötzlich kommt Langhoff, und ich lerne mich zum Teil ganz neu kennen,

Sachen, die eingeschlafen sind.« Und sie kommt zu einer überraschenden Erkenntnis: »Vielleicht sollte man künstlerisch besser in wilder Ehe leben. Wenn ich mich auf neue Häuser, auf neue Partner einstelle, kann's mal wieder spannend werden.«

Es gibt für Cornelia Froboess noch ein weiteres, sehr persönliches Motiv, dem *Bülowbogen* treu zu bleiben: ihre schwer kranke Mutter, die sie jetzt zu sich nach Bayern holt. Nach der »Scheidung« von den Kammerspielen muss die Schauspielerin keinen Urlaub mehr beantragen. So hat sie mehr Zeit für die Pflege. Ihre Abwesenheit vom Theater dauert – mit einer Ausnahme – bis zum Ende des Jahrzehnts. Entzugserscheinungen sind bei der Schauspielerin aber nicht zu orten. Auch gibt es manches, was ihr die Enthaltsamkeit versüßt.

In den Niederlanden pflegt man den Brauch, Personen, die ihren fünfzigsten Geburtstag feiern, eine Puppe zu schenken: einen »Abraham« für die Männer, eine »Sarah« für die Frauen. Hintergrund ist die Deutung eines biblischen Textes (Johannes 8,46), die den betreffenden Menschen ein Mehr an Weisheit und Einsicht zuspricht. In dieses gedankliche Umfeld passt Cornelia Froboess' ZDF-Auftritt am 6. Dezember 1994. Dieter Thomas Heck, der Schnellsprecher und Altmeister der ZDF-Hitparade, lädt die 51-Jährige für diesen Tag in die zweite Folge seiner Sendereihe *Das ist Ihr Leben* ein, die er gerade von seinem Vorgänger Carlheinz Hollmann übernommen hat.

Hecks Team hat sich alle Mühe gegeben, wichtige WegbegleiterInnen der Schauspielerin aufzuspüren und ins Aufnahmestudio zu locken oder ihnen zumindest ein Statement abzugewinnen. Es blendet sich ein: der amtierende Bürgermeister von Wriezen. Es treten auf: Connes Hinterhoffreundinnen Hannelore und Helga. Natürlich darf auch

Peter Kraus nicht fehlen. Ihm folgt der 91-jährige Johannes Heesters, ein Charmebolzen wie immer. Jürgen Rose, der Bühnenbildner und langjährige Freund, plaudert wie Generalintendant August Everding (nicht nur) aus dem professionellen Nähkästchen. Anita Kupsch winkt aus der *Praxis Bülowbogen,* während Caterina Valente, die Conny 1966 in ihre legendäre ZDF-Show eingeladen hat, sich mit einem Gegenbesuch bedankt. Schließlich gibt Pfarrer Dr. Heinz Leschonski, der die Schauspielerin konfirmierte und traute, zu all dem seinen Segen.

Als emotionalen Ausgleich fürs Theaterfasten darf man auch die Ehrungen betrachten, mit denen Cornelia Froboess nach dem Mauerfall bedacht wird. 1990 erhält sie den Gertrud-Eysoldt-Ring. Ein Jahr später beruft man sie als Ordentliches Mitglied in die Bayerische Akademie der Künste. 1995 kann sie den Bayerischen Filmpreis für ihre Mitwirkung in dem Dokudrama *Tag der Abrechnung – Der Amokläufer von Euskirchen* entgegennehmen. Und für ihren Auftritt in dem 1995 entstandenen Fernsehspiel *Angst hat eine kalte Hand* heimst sie 1996 gleich zwei Auszeichnungen ein: den Telestar, den der WDR gemeinsam mit dem ZDF vergibt, und den Sonderpreis der Baden-Badener Tage des Fernsehspiels.

Der Gertrud-Eysoldt-Ring ist eine damals noch recht junge Auszeichnung. Von dem Theaterkritiker Wilhelm Ringelband gestiftet, obliegt die Vergabe der Stadt Bensheim und der in ihr beheimateten Deutschen Akademie der Darstellenden Künste. Die Liste der geehrten Frauen und Männer liest sich wie ein Who's who der jüngeren Theatergeschichte. Gleich nach Cornelia Froboess folgen Ulrich Mühe und Rolf Boysen, ein paar Jahre danach Corinna Harfouch und Jutta Lampe, zudem in jüngster Zeit Sophie Rois oder Sandra Hüller, um nur einige WürdenträgerInnen zu erwähnen. Der Preis gilt nicht etwa dem Lebenswerk der KünstlerInnen, sondern ihrer Interpretation einer bestimmten Bühnenfigur. Im Fall der Froboess ist es die Darstellung der Ellida Wangel in Ibsens Drama *Die Frau vom Meer*. Eine Leistung, die so stark ist, dass Gerhard Stadelmaier im Feuilleton der *FAZ* noch mehr als drei Jahrzehnte später ins Jubeln verfällt, pünktlich zum achtzigsten Geburtstag der Schauspielerin: »Wüsste ich, dass morgen die Welt unterginge – ich würde kein Apfelbäumchen pflanzen […]. Ich würde lieber noch einmal der Froboess zuschauen wollen. Zum Beispiel, wie sie 1989, im Jahr der alles versprechenden Weltaufgänge und Wiedervereinigungen, den Weltuntergang überspielte. Sie gab die Ellida Wangel in Thomas Langhoffs Inszenierung von Ibsens *Frau vom Meer* an den Münchner Kammerspielen.«

Diese Ellida, eine an ihrer langweiligen Ehe krankende Frau, habe einem »wilden Mann vom Meer« vertraut. Sie sieht in ihm einen Befreier aus ihrer Misere, einen, der mit dem Versprechen »Ich komme wieder!« zur See fährt, sie dann aber sitzen lässt, Woche für Woche, Monat für Monat, Jahr um Jahr. »Und als der Mann vom Meer plötzlich auftaucht und sie mitnehmen möchte, sagt sie einfach nur: ›Vorbei!‹ Und bleibt bei Mann und Stiefkindern. Und lächelt dabei. Die Seele tiefwund. Das Herz aber hochbeherrscht. Andere Frauen hätten jetzt geschrien. Hätten der ihnen gerade untergegangenen Welt eine anklagende Hysterienszene entgegengejault. Abgesehen davon, dass Cornelia Froboess in ihrem Bühnenleben es nie nötig hatte, die landauf, landab üblichen ohr- und nervtötenden übersteuerten Lauthalsigkeiten mitzumachen, setzte sie ihrer Ellida-Vernunft einfach eine Schmerzensschnauze auf. Als Krone und Deckel. Der große lebensvernichtende Schmerz wird ihr nichts anhaben können. Trotzdem wird sie ihn spüren, aber kein Getue und Gewese darum machen. Und allen sagen: ›Mir fehlt ja nichts.‹ Und alle werden es ihr glauben. Aber fehlen wird ihr trotzdem: alles.«

Mit Gertrud Eysoldt, einer Lichtgestalt des Berliner Theaters, der Hugo von Hofmannsthal nicht von ungefähr sein Theaterstück *Elektra* widmete, verbindet Cornelia Froboess noch etwas anderes. Beide haben ihr Publikum in der Rolle von Shakespeares Puck beglücken können. Die Eysoldt, so heißt es, habe ihn als eine Art Naturrüpel verstanden, dessen Charakter ihre geschlechtslosen, knabenhaften Bewegungen unterstrichen – eine damals neuartige Rollenauffassung, bei der man auch an ihre nachgeborene Kollegin denken darf.

Anfang März 1994 verlässt im nordrhein-westfälischen Euskirchen der 39-jährige Erwin Mikolajczyk das elterliche Haus. Seine Mutter blickt ihm besorgt nach, ist ihr Jüngster doch ziemlich bizarr gekleidet, um nicht zu sagen fetischartig. Seine Insignien: Lacklederstiefel, Lackmantel, Stirnband und Sonnenbrille. Noch befremdlicher: eine kreuzförmige Knoblauchkette, die an seinem Hals hängt. So gewandet macht er sich auf den Weg zum Amtsgericht. Von seiner Mutter verabschiedet er sich mit einer stinknormalen Bemerkung: »Mach was Leckeres. Ich bin um eins zurück.«

Um ein Uhr Ortszeit sitzt Erwin aber nicht bei Muttern am Tisch. Er liegt im Gericht, zerfetzt von einer selbst gebastelten Bombe. Bevor er die tödliche Sprengung zündet, erschießt er sechs Menschen. Die Opfer: seine frühere Lebensgefährtin Vera Lamesic, deren Mutter, eine Freundin, der Richter sowie zwei unbeteiligte Männer. Erwin, ein gelernter Installateur, hat sich vor Gericht einfinden müssen, weil er ein Jahr zuvor seine Ex-Freundin bei einem Streit schwer verletzte. Der mit kaltblütiger Brutalität durchgeführte Amoklauf kommt nicht aus dem Off. Schon vorher gibt es Hinweise auf die Unzurechnungsfähigkeit des Täters, der als Gummistiefelfetischist und Waffenträger bekannt ist, doch die Polizei sah keine Möglichkeit zur Handhabe. Der Schock trifft, geht der erschütterten Öffentlichkeit unter die Haut. Die Frage nach dem Warum bewegt die Gemüter. Der Regisseur Peter Keglevic will ihr nachgehen: in seinem RTL-Dokudrama *Tag der Abrechnung – Der Amokläufer von Euskirchen,* das noch im Jahr der Katastrophe entsteht. Im Abspann heißt es: »Am 9. März 1994 starben in einem Euskirchner Gerichtssaal sechs unschuldige Menschen. Dieser Film versucht Antwort auf die Frage zu geben, wie es zu der Tragödie kommen konnte. Er orientiert sich an den Aussagen Beteiligter und Angehöriger.«

Die Erzählung beginnt mit Erwins Kindheit. Die erste Szene zeigt ihn, wie er verträumt zu seinem roten Drachen aufblickt, der hoch über ihm schwebt. Sein trauriger Blick löst bei den Betrachtern so etwas wie einen Beschützerinstinkt aus: Spontan möchte man seinen schützenden Arm um den kleinen Kerl legen. Dann gibt es einen leisen, trockenen Knall, und der Drache taumelt zu Boden. Ein Stein, abgeschossen aus einer Twille, hat den luftigen Segler erlegt. Verantwortlich dafür ist eine Horde älterer Bengel, die nun herbeistürmen, um Erwin zu verhöhnen und zu verprügeln. Auf dem Nachhauseweg kommt der Junge an einem Schuhgeschäft vorbei. Nahezu verliebt fällt sein Blick auf ein Paar gewöhnliche Gummistiefel – der harmlose Beginn seines Weges als Fetischist, seines Weges in die Hölle der Einsamkeit. Daheim erwartet ihn auch nichts Gutes. Sein Vater, ein selbstständiger Schuster, ernährt die Familie mehr schlecht als recht. Obendrein ist er ein verkappter Sadist, der Erwin bei kleinsten Anlässen grün und blau schlägt. Die Mutter versteht es nicht, ihren Jüngsten zu schützen, nicht vor seinem Vater, nicht vor sich selbst, nicht vor der Gesellschaft. Das Kind wird in die Isolation getrieben. Erwin spielt nicht mit Gleichaltrigen, sondern sucht sich anders zu vergnügen. Etwa indem er auf dem nahe gelegenen Truppenübungsplatz nach Munition sucht und mit seinen Fundstücken experimentiert. Dann macht der Film einen zeitlichen Sprung. Wir sehen Erwin als Bundeswehrsoldat. Als solcher kann er seine zweite Leidenschaft ausleben, den Waffenfetisch. Der Umgang mit den Kameraden erweist sich als schwierig. Wenn er sich beleidigt oder in die Ecke gedrängt fühlt, reagiert er unverhältnismäßig aggressiv und schreckt auch vor körperlichen Attacken nicht zurück. Spätestens jetzt ist sein Weg zum Amoklauf vorprogrammiert.

Tag der Abrechnung ist kein Film für schwache Nerven. Auch wenn man den Tatverlauf von den Presseberichten her genau im Kopf hat, verspricht er Hochspannung. Sie verdankt sich nicht nur der dichten Dramaturgie, sondern auch den SchauspielerInnen, allen voran Christoph Waltz, der den erwachsenen Erwin spielt, Oliver Stritzel, der als dessen älterer Bruder auftritt, und Cornelia Froboess als Erwins Mutter. Waltz vermittelt mit seinen gehemmten, oft verkrampft wirkenden Bewegungen und dem gepressten Sprechen das Gefühl, als könne jeden Moment der Drucktopf explodieren. Allein beim Zuschauen kann einem angst und bange werden. Stritzel überzeugt als jemand, der in seiner Kindheit mit Erwin sympathisiert, um dann aber dessen Gefährlichkeit zu erkennen und vor ihr zu warnen. Die Stärke von Cornelia Froboess liegt darin, dass sie Erwins Mutter nicht anklagt, sie nicht denunziert. Eher scheint sie deren Anwältin zu sein, als folge sie der Maxime, es gäbe im falschen Leben kein richtiges. Wie sehr Erwins Mutter im Rahmen ihrer Grenzen über sich hinauswächst, unterstreicht die Schauspielerin in einer Schlüsselszene. Als Erwin und seine Freundin bei ihr einziehen, empfindet sie die

Frau als Eindringling und demütigt sie nach Strich und Faden. Als aber ihr Sohn die Angebetete durchprügelt, weil sie seine Fetischkammer entdeckt hat, und er nach Freiburg zieht, leistet sie bei ihrer »Schwiegertochter« Abbitte, ehrlich gemeint, wie Cornelia Froboess vermittelt: Sie, die Geschändete, möge doch bei Erwin bleiben, sie täte ihm gut.

Keglevic, ein theateraffiner Filmregisseur, kennt die Schauspielerin aus den Kammerspielen. Hier hat er sie in den Rollen »schwieriger Frauen« erlebt, bei Ibsen oder Strindberg. Seine Entscheidung, gerade ihr die Rolle von Erwins Mutter anzuvertrauen, trifft er vor diesem Hintergrund und nicht etwa, weil er für seinen Film einen Namen einkaufen will.

1995, ein Jahr nach *Tag der Abrechnung*, entsteht die WDR-Produktion *Angst hat eine kalte Hand* – das Erste ein dokumentarisches Spiel, das sich weitgehend an Fakten orientiert, das Zweite eine der Fantasie entsprungene Horrorgeschichte. Und doch haben beide eine markante Schnittmenge: Hier wie dort steht ein grausamer Psychopath im Mittelpunkt, hier wie dort zögern die Staatsvertreter einzugreifen, entweder weil ihnen rechtlich die Hände gebunden oder weil sie verblendet sind.

In *Angst hat eine kalte Hand* verkörpert Cornelia Froboess eine Krankenschwester. Nach Dienstschluss verlässt sie fröhlich das Hospital, in Vorfreude auf den gemeinsamen Urlaub mit ihrem Freund. Einen Augenblick später wird sie überwältigt und entführt. Sieben Tage verbringt sie angekettet in einem dunklen Verlies, ohne die Gründe dafür zu erfahren, bewacht von einem Mann, der immer nur kurz auftaucht, ohne mit ihr zu sprechen, sein Gesicht hinter einer Gasmaske versteckend. Instinktiv gibt sie sich dem Täter gegenüber selbstbewusst. Fragt ihn, warum er immer nur so kurz in ihren Verschlag kommt. Als er ihr Essen bringt, mault sie, dass sie eigentlich ein paar Pfunde abnehmen möchte. Aber wenn er ihr Äpfel besorge, wäre sie glücklich. Sie verblüfft ihn, macht ihm Komplimente wegen seines Outfits, wegen seiner »schicken« Gasmaske. Sie kommt frei. Doch damit hören ihre Qualen nicht auf. In zerlumpten Kleidern, zerrissenen Strümpfen und körperlich verwahrlost sucht sie eine Polizeiwache auf, um das Kidnapping anzuzeigen. Sie stellt sich als Krankenschwester Hedi Zoll vor. Sie arbeite auf der Urologie. Das glaube ich Ihnen sofort, mokiert sich der Polizist. Damit spielt er auf ihre körperlichen Ausdünstungen an, die nach sieben Tagen in der Zelle unvermeidbar sind. Kurz danach muss sich Frau Zoll bei einem Amtsarzt vorstellen. Obwohl sie ihn informiert, dass der Entführer sie nicht angefasst habe, fährt der Medizinmann sie harsch an: »Machen Sie sich unten frei.« Bald steht die These im Raum, das Verbrechen sei lediglich die Leidensfantasie einer einsamen Frau.

Verständnis findet das Opfer nur bei der jungen Kriminalbeamtin Kim Ossawald alias Katja Riemann. Die aber steckt selbst in Problemen. Privat, weil ihr Freund sie gerade verlassen hat. Dienstlich, weil sie sich bei einigen Verhaftungen von potenziellen Tätern provozieren ließ und ausgerastet ist. Das Gespann Zoll/Ossawald hat es nicht leicht. Stück für Stück ergibt sich jedoch ein Täterprofil. Ein Satz gibt beiden ein Rätsel auf. Als die erschöpfte Krankenschwester wegen der Anzeige auf der Wache erschien, murmelte sie, sich an ihre Käfighaltung erinnernd: »Angst hat eine kalte Hand.« Ossawald kommt die Aussage bekannt vor. Sie kann sie aber vorerst weder ein- noch jemandem zuordnen. Eher zufällig begegnet sie einem Polizeihundetrainer, bei dem auch sie einen Teil ihrer Ausbildung absolviert hat. Er stielt gerade junge KollegInnen ein, wie sie mit aggressiven Hunden umzugehen haben. Auf keinen Fall dürften sie Angst zeigen. Die Tiere würden das auf der Stelle an den körperlichen Reaktionen ihres menschlichen Gegenübers merken: »Angst hat eine kalte Hand.« Nun fällt der Groschen: In Tateinheit mit Zoll, gegen den Widerstand ihrer KollegInnen, kann Ossawald den Verbrecher überführen. Mehr noch: Sie können nicht nur beweisen, dass der Hundetrainer die Krankenschwester entführte, sondern auch, dass er fünf Frauen gequält und ermordet hat – er, ein grausamer Sadist, den das dämonische Spiel Udo Samels lange Zeit zu verklären weiß.

»Die beiden Heldinnen«, kommentiert der *Spiegel* Ende März 1996, »verkörpern unterschiedliche Stadien weiblichen Zorns auf maskuline Brutalität und Borniertheit. Kim (Katja Riemann), die junge Kripobeamtin, neigt zu Ausbrüchen blinder Wut gegen miese Kerle, einen feigen Polizeipsychologen (Sven-Eric Bechtolf) und den Bürokratismus des Dienstes. Hedi (Cornelia Froboess), die Ältere, Opfer des Sexgangsters und nur durch ihren Instinkt dem Tod entronnen, wirkt abgeklärter. Riemann als tief verletzte Jägerin ist ganz bei sich […]. Das schauspielerische Ereignis aber ist Froboess: Von ihr gehen trotz aller Qual Würde und Kraft aus. Die WDR-Produktion ist ein spannender Film noir über Frauen, die von gefühllosen Männern zu Amazonen gemacht werden.«

Nach zwei spektakulären Filmen und den renommierten Auszeichnungen muss Cornelia Froboess 1997 einen schweren Verlust hinnehmen. Am 6. September stirbt ihre Mutter Margaretha, tröstlicherweise zu Hause, im Kreis der Familie. Eine Hilfe, den Trauerschmerz zu überwinden, bietet das sogenannte Berliner Zimmer im Haus der Froboess-Matiaseks. Es ist im Grunde ein »Nachbau« des Salons der elterlichen Grunewald-Villa. Dessen gutbürgerliche (Stil-)Möbel sind an ihrem neuen Standort möglichst genau wie-

deraufgestellt. Wenn die Schauspielerin sich hier niederlässt, etwa um Drehbücher oder Theaterstücke zu studieren,
kann sie sich von Bayern nach Berlin träumen, von der
Wahl- in die Urheimat, vom Dasein einer mittelalten Frau
in die Tage der Kindheit.

Für ihr Jugendzimmer hat Cornelia Froboess eine andere
Lösung gefunden, indem sie es als Dauerleihgabe einem
Museum vermachte. Nun kann man das Interieur im hessischen Büdingen besichtigen, im ehemaligen Wirtshaus
Zum Schwanen, einem spätgotischen Bau, der heute das be-
merkenswerte Museum der 1950er-Jahre beherbergt. Dessen Gründer, Else und Walter Arbeiter, haben sich von pas-
sionierten Flohmarktgängern zu Experten für das Leben in
der Nachkriegszeit entwickelt. Nach und nach ist es ihnen
gelungen, 200 000 entsprechende Objekte zu sammeln. Natürlich sind dort Highlights des Designs zu sehen – wie das
pastellfarbene Service von Melitta oder der »Schneewitt-
chen-Sarg«, die berühmte Plattenspieler-Kombi von Braun.
Doch sind es gerade die Alltagsgegenstände, die für Glanz
in den Augen der BesucherInnen sorgen. Ein voll eingerich-
teter Tante-Emma-Laden lädt zum Verweilen ein und zeigt,
wie es seinerzeit ohne abgepackte Waren funktionierte. Zudem erfreuen zahllose Petitessen das Herz: etwa ein Ziga-
retten-Igel zum gastlichen Anbieten der Glimmstängel oder
Wecker in den typisch geschwungenen Formen. Connys
Jugendzimmer hat dort aber nicht nur eine ideale Heimstatt
gefunden, weil dessen frühere Bewohnerin einer der großen
Stars der 1950er-Jahre war, sondern weil Else und Walter
Arbeiter ihr neben Bill Ramsey und Hazy Osterwald die Eh-
renmitgliedschaft des Museum-Vereins angetragen haben.

Das Jugendzimmer des einstigen Schlageridols ist allerdings keinesfalls alltäglich, sondern zeigt das Ambiente
eines auch wirtschaftlich erfolgreichen Teenagers, der up to

date sein will. Wir sehen Schalensessel, mit grauem oder altrosafarbenem Stoff überzogen. An der Wand steht ein leichtfüßiger, aufklappbarer Sekretär aus Teakholz, der einem Kofferradio Platz bietet. Im Raum verteilt sind die charakteristischen »Tütenlampen«. Und ein freundliches Eckregal, ebenfalls in Teak, gibt den Blick auf diverse Gegenstände der Zeit frei, von dreieckigen Schalen mit geometrischen Mustern bis zu jenen »Trageln«, aus denen Gäste mit Schnaps oder Saft gefüllte Gläser entnehmen können. Vor dem Jugendzimmer aber stehen Vitrinen mit Devotionalien: Singles und LPs von Conny, Exemplare der *Bravo*, deren Cover ihr Konterfei zeigen. Ja, man kann sogar das rote Kleid bewundern, in dem sie 1962 ihren Hit *Zwei kleine Italiener* beim Grand Prix Eurovision de la Chanson Européenne präsentierte. Conny-Flair atmet auch das Foyer des Museums. Hier kann man die knallrote Vespa bewundern, den Motorroller »Conny«, den die Halleiner Motorenwerke der Sängerin verehrten: »Die Geschäftsleitung nimmt den 16. Geburtstag von Fräulein Conny Froboess, Berlin-Grunewald, zum Anlaß, um nebst den herzlichen Glückwünschen einen HMW Moped-Roller *Conny* mit der Fahrgestell-Nummer 100068 und der Motor-Nummer 1615853 als Geburtstagsgabe zu übersenden. Kottingbrunn, Niederösterreich. Am 28.10.1959.«

Spricht man von den Lebensräumen der Cornelia Froboess, darf man ihre Küche im Rinklhof nicht vergessen. Sie erweckt durch ihre Größe und Ausstattung den Eindruck, als würden Vollprofis in ihr wirken. »Die Küche ist eigentlich das Zentrum unseres Hauses«, berichtet die Schauspielerin 1975 in einem Interview. »Wenn mein Mann da ist, fragt er als Erstes: Was ha'm wer noch, was willste essen, und ist gar nichts mehr da, dann findet er irgendwelche Reste und improvisiert etwas Ungeheures. Er ist besonders gut in italienischer und französischer Küche, während ich mehr für die Braten zuständig bin, für handfeste Sachen.«

Glanzstück der Froboess'schen Küche ist zweifelsohne der mittig platzierte Herd, den man von allen Seiten begehen kann. Hellmuth Matiasek, so erzählt die Schauspielerin, sei ein begeisterter Koch gewesen. Im Garten des Hofes hat er sich sogar eigenhändig einen Ofen gebaut, der es ermöglicht, größere Mengen Fleisch so zu brutzeln, dass sie saftig bleiben – eine Einrichtung, die nicht zuletzt den AbsolventInnen der Otto Falckenberg Schule zugutekam, die der gastfreundliche Hausherr und Leiter des Instituts während der Ferien einzuladen pflegte.

Der Blick in die Küche der Schauspielerin erklärt auch, weshalb sie wieder einmal und gern einer Einladung Alfred Bioleks folgt. Der rastlose Entertainer wartet Mitte der 1990er-Jahre mit einer neuen Idee auf. Unter dem Titel *alfredissimo!* lädt er jede Woche einen prominenten Gast ein, um mit ihm oder ihr zu plaudern und gemeinsam etwas zu kochen. Das geschieht zwischen 1994 und 2007 – kaum zu fassen – 459-mal. Cornelia Froboess besucht ihn am 10. Januar 1996, in einem ARD-Studio, in dem die Handwerker des Senders Bios private Küche nachgebaut haben, die ebenfalls recht ansehnlich ist, vor allem aber praktisch eingerichtet.

Die beiden haben sich auf ein kontrastreiches Zwei-Gänge-Menü geeinigt. Bio bereitet Miesmuscheln im Weinsud vor. Sie widmet sich der nicht ganz leichten Aufgabe, ein »Grusinisches Huhn mit Kräutern und Parmaschinken« vorzubereiten. Nicht ganz leicht, weil das Geflügel, bevor es in den Backofen kommt, zu entbeinen ist. Die Küchenmeisterin räumt allerdings ein, das sei eine Spezialität des Hauses. Ihr Mann scheue beim Kochen keinerlei Aufwand, aber beim Essen selbst möchte er nicht mehr arbeiten. Sie erzählt auch, wie sie auf das Rezept gestoßen ist, nämlich in einem georgischen Speiselokal, das sie während eines Gastspiels in St. Petersburg besuchte. Freilich habe sie das Gericht im Lauf der Zeit immer wieder verfeinert. Nebenbei entschlüpft ihr das Geständnis, sie betuppe ihren Mann gelegentlich. Hellmuth habe es nicht gern, wenn bei frischen Gewürzen, etwa Liebstöckl oder Oregano, die Stängelchen mitverarbeitet würden. Die einzelnen Blätter abzurupfen ist ihr jedoch zu nervig. Daher wartet sie beim gemeinsamen Kochen immer, bis er für einen Moment die Küche verlässt, um dann die Schere zu nehmen und die Zweige ratzfatz zu zerkleinern. Das Huhn à la Conny Froboess kommt beim Publikum gut an. Selbstverständlich nimmt Bio es auch in sein Kochbuch *Die Rezepte meiner Gäste* auf. Und noch heute kann man es im Internet finden.

Ende 1997 unterbricht die Schauspielerin ihre langjährigen »Theaterferien«, um auf Bitten von Claus Peymann, dem Intendanten des Wiener Burgtheaters, eine schwierige, ja, anstrengende Rolle zu übernehmen: die Phyllis Hogan in der Komödie *Fette Männer im Rock*. Der amerikanische Autor Nicky Silver erzählt in seinem 1994 veröffentlichten Theaterstück eine groteske Geschichte, deren Humor gelegentlich so schwarz ist, dass den ZuschauerInnen das Lachen im Hals stecken bleibt. (Achtung! Eingefleischte Conny-Fans, die jetzt noch von der *Badehose* träumen oder von *Verliebt, verlobt, verheiratet* oder auch von *Wenn die Conny mit dem Peter*, sollten die folgenden Ausführungen überspringen, um sich am Ende des Kapitels bei der Schokoladentorte wieder einzufinden.)

Die extrovertierte Phyllis und ihr gehemmter Sohn Bishop sind nach einem Flugzeugabsturz auf einer einsamen Insel gestrandet. Um zu überleben, plündern sie die Habseligkeiten ihrer zu Tode gekommenen Mitreisenden. Dann aber zieht Bishop auf Drängen seiner Mutter immer wieder los, um die Leichen zu zerteilen und zu verspeisen. Der Kannibalismus hat Folgen. Bishop verwandelt sich mehr und mehr in ein tierhaftes, hemmungsloses Wesen, während Phyllis ins Irresein abdriftet. Mit dem Geschlechtsverkehr von Mutter und Sohn endet der erste Akt. Im zweiten kehren die beiden, nach fünf langen Jahren aus ihrem insularen Dasein befreit, in ihr Heim zurück. Dort erwartet sie Howard, der Ehemann und Vater. Allerdings empfängt er sie mit schlechtem Gewissen. Denn er, von Beruf Filmregisseur, hat sich eine junge, nicht sonderlich talentierte Schauspielerin angelacht, Pam mit Namen. Sie wohnen eigentlich als Paar zusammen, was Howard aber verheimlichen will, um Phyllis nicht zu kränken. So gibt er Pam als Dienstmädchen aus. Seine zurückgekehrte Frau und der verlorene Sohn führen allerdings ihr Inselleben weiter. Bishop schwärmt wieder aus, tötet und plündert Menschen, um deren Schuhe seiner Mutter zu schenken. Ihrerseits vegetiert sie, umgeben von den gesammelten Tretern, auf dem Fußboden des Wohnzimmers vor sich hin. Doch dämmert es ihr nach einer Weile, dass Pam in Wahrheit die Geliebte ihres Mannes und obendrein schwanger von ihm ist. Als ob sie eine Retourkutsche fahren und Pam schockieren wolle, erzählt Phyllis ihr nun, dass sie und ihr Sohn regelmäßig miteinander schlafen. Howards Geliebte reagiert verstört: Bishop gehöre in eine Klinik. Der aber hat gelauscht und ersticht Pam, um sie anschließend zu verzehren – nicht ohne anzumerken, dass sein Mahl ziemlich trocken ist und ein bisschen Barbecue-Soße guttäte. Als der aushäusige Howard zurückkehrt, erleidet er das gleiche Schicksal wie Pam. Und auch für Phyllis heißt es zu guter Letzt: Dein Tänzer ist der Tod. Im dritten Akt befindet sich der Mörder in der Psychiatrie, in der die behandelnden

Ärzte Ursachenforschung betreiben, um die Gründe für seine Untaten zu verstehen.

Die krude Geschichte ist eigentlich nur erträglich, weil der Autor immer wieder derb-komische Szenen oder Sätze einstreut. Auch Phyllis ist sich für keinen Kalauer zu schade: »Als ich ein junges Mädchen war, habe ich mich immer im Sand eingegraben, Kopf zuerst.« Hört man sich den Audio-Mitschnitt der Premiere an, der österreichischen Erstaufführung, nimmt man eine Cornelia Froboess wahr, die mit ihrem trockenen Humor gerade bei solchen Passagen spontanen Kontakt zum Publikum findet – auch weil sie trotz aller Sonderbarkeiten von Phyllis voll hinter ihr steht. In einem Interview, das 1997 in der 41. Ausgabe des *Focus* erschien, steht sie dem Schweizer Theaterkritiker Andres Müry Rede und Antwort:

»*Focus*: Dort [in den Münchner Kammerspielen] haben Sie komplizierte Frauen von Ibsen und Botho Strauß gespielt. Jetzt sind Sie eine durchgedrehte Mutter, deren Sohn Serienkiller und Kannibale wird. Keine Sekunde gezögert?

Froboess: Keine Sekunde! Es traf mich im richtigen Moment: Ich hatte gerade einen englischen Dokumentarfilm über multiple Persönlichkeiten gesehen, und nach dem Lesen rief ich spontan in Wien an: Das muß ich spielen.

Focus: Ist die Frau nicht eher eine Comicfigur als ein psychologischer Charakter?

Froboess: Überhaupt nicht! Das ist eine Person, die ihre Identität nicht gefunden hat und durch einen Prozeß des Irrewerdens zu ihrem Ursprung, zur Kindheit zurückfindet.«

Die »Rocky-Horror-Inzest-Show« führt Anfang Oktober 1997 auch zu einem längeren Interview mit der Tageszeitung *Der Standard*. Hier kommentiert die Schauspielerin ihre gute Zusammenarbeit mit der blutjungen Regisseurin Karin Henkel und die eigene Sicht auf das Stück. Es sei ihr wichtig gewesen, nicht ins nur Ulkige abzugleiten: »Selbst bei den gröbsten Witzen, sollte der Schrecken spürbar sein.« Die Phyllis verstehe sie als »eine sehr unsichere Person auf der Suche nach ihrer Identität«, komischerweise sei sie ihr auch nicht fremd. Froboess' vielleicht überraschende Aussage wirkt glaubwürdig. Ihrem Gesprächspartner, dem Journalisten Claus Philipp, erläutert sie, dass sie ihren Auftritt in Silvers Komödie als Abenteuer verstanden hat. Künstlerische Vitaminstöße dieser Art vermisse sie, gerade von jungen FilmregisseurInnen: »Das macht mich ein wenig traurig. Kino würde mich schon interessieren. Ich sehne mich schon nach ein bißchen frischem Wind, einer künstlerischen Unbeschwertheit, die mir wieder etwas Neues abverlangt.«

Fette Männer im Rock bringt Cornelia Froboess nicht nur auf die Bühne, sondern auch nach Wien zurück, dem ihre große Sehnsucht gilt, seit 1961, seit dem dort gedrehten Film *Der Korporal in der Schlinge* und ihrer Liebelei mit Jean-Pierre Cassel.

Sie schwärmt noch heute von den Wiener Kaffeehäusern und dem eleganten Service der Kellner. Einer ihrer Lieblingsorte sei in jenen Jahren das nahe dem Burgtheater gelegene Café Landmann gewesen. Als sie fünfzehn Jahre später, wieder einmal in Wien weilend, das Lokal besucht, erzählt sie, sei gleich der Oberkellner zu ihr gekommen: »Grüß Gott, gnä' Frau, gut schaun S' aus – wie immer?« Da habe sie nur verdattert nicken können. Wenige Minuten später stand ein Backhendl mit Gurkensalat auf ihrem Tisch – wie immer.

Cornelia Froboess liebt die Wiener Kaffeehäuser aber auch, weil sie dort ungeniert Menschen beobachten kann:

»Davon lebe ich, davon leben meine Figuren.« Während der Proben zu *Fette Männer* wohnt sie im Elternhaus ihres Mannes. Ins Theater fährt sie mit der Straßenbahn. Auch hier studiert sie Typen: »Ich misstraue dabei dem ersten Eindruck, dem schnellen Urteil. Nichts ist eindeutig, weder im Leben noch in der Kunst. Auch Bühnenfiguren erkunde ich so, ich taste mich von der Oberfläche ins Innere vor.«

Last, but not least fühlt sie sich von ihren Burg-KollegInnen gut aufgenommen und genießt die Wiener Gastlichkeit in vollen Zügen. Hermann Beil, der Co-Direktor des Burgtheaters, verrät ihr sogar eines seiner Geheimrezepte, so geschehen in einem Fax vom 2. November 1997:

»Liebe Cornelia Froboess!
Eigentlich verrate ich nie meine Rezepte, aber einer so freundlichen Anfrage kann ich nicht widerstehen.
Also, ich nehme: 200 g Butter. Schaumig rühren, dann rühre ich 200 g Rohzucker hinein, gebe 1 Vanilleschote daran, verrühre <u>einzeln</u> fünf ganze Eier hinein, dann gebe ich ein Likörglas Marsala, dann endlich 250 g geriebene Mandeln und 150 g geriebene feine Edelbitterschokolade (Neuhaus oder Lindt). Ich mische Mandeln und Schokolade vorher in einer Schüssel, bevor ich sie in den Teig verrühre. Zuletzt rühre ich noch 75 g glattes Mehl hinein, das Mehl ist mit einem ½ Weinstein–Backpulverpäckchen vermischt.
Diese Masse kommt dann in zwei kleine oder eine große gebutterte und gestäubte Tortenform (Springform). Im Elektroherd bei 150 Grad Unter- und Oberhitze 1 Stunde backen (bei Heißluft 130 Grad). Eine kleine Variante wäre, die Eier zu trennen und am Schluß den steifen Eischnee unterzuheben, dann wird der Kuchen ganz locker.

Diese Schokoladentorte stammt aus den Abruzzen, ich
habe das Rezept im Lauf der Jahre etwas verändert,
eben so, wie ich es aufgeschrieben habe.
Viel Glück und herzlichen Gruß
Ihr Hermann Beil.«

Mit dem Huhn à la Froboess hatte das Jahr begonnen, mit
der Torte à la Beil endet es. Hauptgang und Nachspeise. Der
Kreis schließt sich.

»Jahre kommen,
Jahre gehen«
(Anatevka)

Ein ereignisreiches Jahr: 1998, am 1. Januar, verliert die deutsche Post ihr Monopol und muss nun mit Konkurrenten leben. 1998, am 2. Mai, beschließen die europäischen Staatenlenker, den Euro als Währung einzuführen. 1998, am 9. Mai, belegen Guildo Horn und seine Band Die orthopädischen Strümpfe beim 45. Eurovision Song Contest den siebten Platz – mit dem ironischen Schlager *Guildo hat euch lieb*. 1998, am 13. Mai, jährt sich die Einrichtung der Luftbrücke zum fünfzigsten Mal, mit der die Alliierten einst der Berliner Bevölkerung helfen wollten. 1998, am 14. August, stirbt Hans-Joachim Kulenkampff, der große Schwarm der kleinen Conny. 1998, am 27. September, löst Gerhard Schröder Helmut Kohl als Bundeskanzler ab, nach einer Amtszeit von 5870 Tagen.

Ein wichtiges Ereignis gibt es auch im Hause Froboess. Hellmuth Matiasek, der seinen Intendantenposten am Gärtnerplatz kurz zuvor quittiert, tritt im Sommer 1998 erstmals als Leiter der Carl-Orff-Festspiele in Kloster Andechs auf, eine Funktion, die er bis 2008 innehat. Als erfahrener Theatermann verleiht er der anfangs eher bescheidenen, wenn auch ambitionierten Veranstaltung professionellen Schwung.

Matiasek erinnert sich: »Mit der Erschließung des ›Florian-Stadls‹, der mit seiner Metamorphose vom uralten rustikalen Holzbalkenbau zu einem der interessantesten Bühnen-Schauplätze allein schon eine Sehenswürdigkeit ist, war 1998 der Sprung aus der früheren Biennale, einem konzertanten Andechser Wochenende mit Musik, zu einem jährlichen Bühnenfestspiel für Carl Orff geschafft.«

Der Festivalleiter gerät bei der Beschreibung der Örtlichkeit ins Schwärmen. Das oberbayerische Andechs, der Blick über den Ammersee, das sei Orffs Seelenlandschaft. Nicht von ungefähr wollte der Komponist, der Schöpfer der *Carmina Burana,* des weltweit am häufigsten aufgeführten Chorwerkes, hier in der Klosterkirche begraben werden, »damit die Leut' sehen, wo ich zu Hause bin«, zitiert ihn Matiasek. Welche Probleme der Festivalleiter bei seiner Arbeit lösen muss, verdeutlichen seine Erklärungen, wie schwer es war, geeignete DarstellerInnen für die Orff'schen Bühnenwerke zu finden. Sprachlich habe Orff das Altbayerisch gefordert, vor allem wegen dessen vielfältiger Lautgebung. Jüngere DarstellerInnen würden aber eben diese nur noch selten beherrschen. Die großen VolksschauspielerInnen wie Therese Giese oder Gustl Bayrhammer hätten eine empfindliche Lücke hinterlassen.

Nicht *Carmina,* sondern Criminalia sind 1999 für seine Gattin angesagt, verbunden mit Drehzeiten, die für sie nicht zuletzt deswegen machbar sind, weil ihr Mann nicht mehr im Geschirr der Theaterintendanz eingespannt ist. So steht Cornelia Froboess für die 454. Folge des *Tatorts* vor der Kamera: *Mord am Fluss.* Sie agiert als eine Rachegöttin, die für ihren vorsätzlich getöteten Sohn Vergeltung übt, indem sie den Täter und sein Schnellboot in Flammen aufgehen lässt. Wiederum in einer Produktion des Hessischen Rundfunks und erneut in einer Mutterrolle wirkt sie in der Anfang 2000 erstausgestrahlten 215. Folge der Filmreihe *Polizeiruf 110* mit *Totenstille* überschrieben. Die Handlung spielt in der Techno- und Schlagerszene. Cornelia Froboess übernimmt hier eine maßgeschneiderte Paraderolle. Sie spielt Martha Sennefeld, die Mutter eines erfolgreichen, in Los Angeles lebenden Musikproduzenten, der sie gerade in seiner Heimatstadt Offenbach besucht. In jüngeren Jahren arbeitete auch Martha in der Unterhaltungsbranche, als einigermaßen gefragte Sängerin. Von den brachialen Methoden des Musikmarktes angewidert, zog sie sich jedoch zurück. Nun lebt sie recht zufrieden, indem sie einen Kiosk betreibt und Kontakt mit »normalen« Menschen hat. Sorgen bereitet ihr lediglich Sohn Robert, der ein rigides Geschäftsgebaren an den Tag legt und die schöpferischen Leistungen von KollegInnen ausbeutet. Wie brutal es in dem Metier zugeht, vermittelt mottoartig der Beginn des Films: Ausgestattet mit Baseballschlägern, verwüsten Unbekannte ein professionell ausgestattetes Tonstudio. In dem oft hektischen Geschehen wirkt Marthas Kiosk wie ein Hort der Ruhe. Ihn sucht Kommissar Grosche ausgesprochen gern auf. Nicht nur, weil der Ermittler hofft, hier mehr über die Musikszene zu erfahren, sondern auch, weil ihn Marthas Einstellung zum Leben fasziniert, ihre vorbildliche Gelassenheit, die das kluge, in sich ruhende Spiel von Cornelia Froboess unterstreicht.

Just im Jahr 2000, zu Beginn des neuen Millenniums, kann Cornelia Froboess endlich wieder einmal »fremdgehen«, »künstlerisch in wilder Ehe leben«. Der Regisseur und Drehbuchautor Hans-Christoph Blumenberg lädt sie ein, an dem Dokumentarfilm *Hirnschal gegen Hitler* mitzuwirken. Sein Ziel und das der Co-Autorin Eva Kammerer: zu vermitteln, wie der deutsche Dienst der BBC, der British Broadcasting Corporation, mit dem Mittel der Satire gegen den Nationalsozialismus kämpfte. Um eine möglichst große

Hörerschar in Deutschland zu erreichen, erfinden die hinzugezogenen Autoren seinerzeit Figuren, deren Tonfall so nah an der Realität ist, dass man ein Weilchen braucht, um sie als »Fälschung« zu erkennen – eine Technik, die in unseren Tagen der Kabarettist Gerhard Polt meisterlich beherrscht. Damals, zu Beginn des Zweiten Weltkriegs, entwickelt Robert Lucas die Figur des Gefreiten Hirnschal, der sich in Briefen an seine Frau als führertreuer Landser offenbart. Als einer, der sich unbeholfen dreht und windet, um die Politik der Nationalsozialisten zu rechtfertigen. So wird Hirnschal mehr und mehr zu einer Witzfigur, die einen aber nicht zum Lachen bringt, sondern erschreckt.

Lucas' Kollege Bruno Adler wiederum zeichnet mitverantwortlich für das gegensätzliche Duo Kurt und Willi. Letzterer ein folgsamer Nazi, Ersterer ein Realist, der seinen Gesprächspartner mit nüchternen Feststellungen im Regen stehen lässt. Hinter Adler verbirgt sich ein promovierter Kunst- und Literaturhistoriker, der in der vorbraunen Ära am Bauhaus unterrichtet hat. Adler ist es auch, der die populärste Figur des Hörfunkkrieges erschafft. Gemeint ist Frau Wernicke, deren Charakter die 105 erhaltenen, später in Buchform veröffentlichten Sendemanuskripte spiegeln. Sie entstehen zwischen 1941 und 1944 und zeichnen das Bild einer Berliner Kodderschnauze. In bitterbösen Monologen greift Wernicke die Führer der NSDAP und die mit ihnen versippten Wirtschaftsbosse an, um sich im Gegenzug auf die Seite der Arbeiter, der Bauern und kleinen Beamten zu stellen.

Hans-Christoph Blumenberg trifft also eine gute Entscheidung, als er die Wernicke mit Cornelia Froboess besetzt, nicht zuletzt, weil das Lästermaul auch Lieder zum Besten gibt. Blumenbergs Lösung, die Texte neu aufzunehmen, ist aber auch aus praktischen Erwägungen nötig. Denn originale Tonaufnahmen gibt es kaum noch. Am 31. Dezember 1941 macht Frau Wernicke den deutschen Volksgenossen Mut, allerdings höchst hinterhältig, wie Cornelia Froboess pfiffig unterstreicht:

> »Und wat ick Ihn' schon imma saje, meine lieben
> Haus-, Volks- und Parteijenossinen, det muß ick Ihnen
> heute nochmal sajen: Miesmachen jilt nicht! Ick ha'et
> janz jenau jehört, wie nach de hirnerweichende und
> herzstärkende Ansprache von unsre Frauenschaftsleiterin
> vorhin ne Volksstimme jefragt hat nach'm Endsiech!
> Endsiech is jut, sehr jut sojar – aber drängeln jibt et nich!
> Wissen Se, wat wa – meine Meinung nach – uff den
> Endsiech tun sollen? Warten sollen wa uff ihn, schön
> jeduldich warten, bis wa schwarz werden. Oder meinet-
> wejen auch rot... Wenn wa zurückblicken uff det letzte
> Jahr, meine Hausparteijenossinnen, dann dürfen wa
> zufrieden sein. Es war oft kaum zum Aushalten, aber
> wa ham ausgehalten.«

Nach diesen und weiteren hinterfotzigen Sätzen stimmt Frau Wernicke ein Liedchen an. Ihm liegt der volkstümliche Gassenhauer *Glühwürmchen, Glühwürmchen flimmre* zugrunde, dessen Melodie aus der Feder Paul Linckes stammt, des Großmeisters der Berliner Operette:

> »Führerchen, Führerchen, schimmre, schimmre,
> Führerchen, Führerchen flimmre, flimmre.
> Führe uns an deiner Seite
> gegen alle Welt im Streite!
> Führerchen, Führerchen, strahle, strahle,
> Führerchen, Führerchen, male, male,
> Keiner sieht die braune Not, malst du sie so rosenrot.«

Auch ohne den Film gesehen zu haben, kann man sich leicht vorstellen, wie dreist Cornelia Froboess berlinert. Ihre authentische Darstellung verdeutlicht nicht zuletzt, weshalb die Radiokampagne der BBC so erfolgreich war. Frau Wernicke und Co. finden in Deutschland zehn Millionen HörerInnen – und dies, obwohl man hier wegen »Rundfunkverbrechens« zum Tode verurteilt werden kann, wenn der Blockwart oder liebenswerte Nachbarn jemanden beim Abhören ausländischer Sender erwischen.

Die »Ur-Wernicke« hob eine angesehene Kollegin von Cornelia Froboess aus der Taufe: die deutsch-jüdische Schauspielerin Annemarie Hase, in der Weimarer Republik ein Topstar des Kabaretts, für den Dichter und Komponisten wie Klabund oder Friedrich Hollaender schreiben. Zwischen den beiden Wernicke-Performerinnen scheint ein unsichtbares Band zu bestehen. Denn auch Annemarie Hase ist Berliner Urgestein. Und wie ihre Nachfolgerin gehörte auch sie den Münchner Kammerspielen an. So wirkt sie 1922 bei der Uraufführung von Bertolt Brechts *Trommeln in der Nacht* mit – einem Theaterstück, mit dem sein Autor »das dichterische Antlitz von Deutschland über Nacht verändert« hat, wie der prominente Kritiker Herbert Ihering kommentiert. Nach dem Zweiten Weltkrieg folgt sie Brecht ans Berliner Ensemble, wo später auch Cornelia Froboess mehrfach gastiert.

Von Frau Wernicke, der widerständischen Kunstfigur, führt ein Weg zu Lilli Jahn, einer Frau, der Hitler und seine Büttel wie Millionen anderer Juden und Jüdinnen das Leben rauben. Menschen, die an deutscher Zeitgeschichte interessiert sind, dürfte der Name Jahn etwas sagen. Denn Lillis Sohn, der 1927 in Kassel geborene Gerhard, steigt nach dem Zweiten Weltkrieg in höchste politische Ämter auf. Seinen Zenit erreicht der 1998 verstorbene Politiker in der

Ära Willy Brandts, als er von 1969 bis 1974 das Justizministerium leitet. Als sein evangelischer Vater, der mit der Mutter eine ärztliche Gemeinschaftspraxis führt, sich 1942 von Lilli scheiden lässt, geraten Gerhard und seine vier Schwestern als Halbjuden unter Druck. Ihre Mutter trifft das NS-Unrechtsregime hingegen mit voller Wucht. Irgendein Nazi denunziert die Jüdin, weil sie auf ihrem Klingelschild nicht den verpflichtend vorgeschriebenen und zwangsverordneten jüdischen Vornamen angegeben hat, in ihrem Fall: Sara. So landet die Ärztin Anfang September 1943 im Arbeitserziehungslager Breitenau in der Nähe von Kassel, einem Foltergefängnis, an das heute eine Gedenkstätte erinnert. Hier schuftet sie als Zwangsarbeiterin in einer Zweigstelle der Pharmafabrik B. Braun Melsungen, während ihre Töchter und der Sohn weitgehend sich selbst überlassen bleiben.

Lilli verzehrt sich vor Sehnsucht nach ihnen. »Meine lieben geliebten Kinder«, schreibt sie nicht lange nach ihrer Inhaftierung, »seit Tagen bin ich hier, und ich bin froh um jeden Tag, der vorüber ist. Aber die Tage, bis ich wieder bei Euch sein kann, wage ich noch nicht zu zählen. Macht Euch keine Sorge um mich, es geht mir ganz bestimmt gut, ich bin gesund, und Ihr wißt ja, Eure Mutti kann schon immer gut früh aufstehen, und das Arbeiten ist eine reine Wohltat. […]. Aber nun könnt Ihr mir ja schreiben.« Die letzten Zeilen sind schöngefärbt. Lilli und ihre Schicksalsgefährtinnen dürfen nur unter Aufsicht schreiben, wenn es ihnen überhaupt gestattet wird. Sie müssen auf dem Boden schlafen, im besten Fall auf Strohbündeln. Arbeitstage von zwölf Stunden sind die Regel. Schläge und Tritte gehören zur »Tagesordnung«. Die Mahlzeiten bestehen aus dünnen Suppen oder Kartoffeln. Gerhard und seine Schwestern erkennen bald, dass ihre vaterlose Familie den Zusammenhalt nur bewahren kann, wenn sie sich regelmäßig schreiben. In den kommenden sechs Monaten schreiben Ilse und Johanna ihrer Mutter jeden zweiten Tag, Eva etwa zweimal in der Woche, Gerhard fast jedes Wochenende.

Am 17. September 1943 erhält Lilli einen rührenden Brief ihrer Ilse: »Liebstes, gutes Muttilein! Wie froh war ich, als ich von Dir die Nachricht bekam. Muttilein, schreib doch mal, was Du arbeiten musst? Wirst Du denn satt? Darfst Du rauchen? Wir haben alles gut übrig, was wir Dir schicken. […] Kannst Du auch was an Nährmitteln gebrauchen? […] Das Puddingpulver ist schon fix und fertig, das braucht man nur in Milch aufzulösen. Also liebes Muttilein, Gute Nacht. Tausend liebe Küßchen von Deiner Dich nie vergessenden Ilse.« Trotz der zu Herzen gehenden Fürsorge ihrer Kinder kann Lilli Jahn dem Naziterror nicht entkommen. Stark geschwächt, verlegt man sie nach einigen Monaten von Breitenau ins Konzentrationslager Auschwitz. Hier stirbt sie am 6. Juni 1944. Unter welchen Todesumständen ist bis heute ungeklärt.

Wie durch ein Wunder haben sich etwa 250 Briefe erhalten, die sich Lilli und ihre Kinder schrieben, teilweise auch an andere Familienmitglieder. Nach dem Tod von Gerhard Jahn entdeckt man sie in seinem Nachlass. Zeitlebens hat er nicht darüber gesprochen. Ob er seinen Schmerz über das erlittene Unrecht auf diese Weise bannen wollte?

Später gelangt das Konvolut, ergänzt um 200 Briefe von Lilli und ihrem Gatten Ernst, in die Hände von Martin Doerry, einem Enkel von Lilli Jahn und Redakteur des *Spiegel*. Er bettet die bewegenden Botschaften in eine Biografie seiner Großmutter ein und gibt das Ganze 2002 als Buch heraus: unter dem Titel *Mein verwundetes Herz. Das Leben der Lilli Jahn 1900–1944*. Claus Peymann, inzwischen Intendant des Berliner Ensembles, fällt ein druckfrisches Exemplar in die Hände. Er liest sich fest, fängt Feuer und kommt spontan auf die Idee, die Briefe in einer szenischen Lesung auf die Bühne zu bringen. Ebenso spontan greift er zum Telefonhörer, wählt eine oberbayerische Nummer und lädt Cornelia Froboess ein, den Hauptpart seines Projekts zu übernehmen, sprich die Briefe von Lilli Jahn zu lesen. Von der Bedeutung des Dokuments auf der Stelle überzeugt, sagt sie zu. »Was mich zutiefst erschüttert«, erklärt die Darstellerin in einem Interview mit der *Berliner Zeitung,* »ist diese unglaublich positiv ausgerichtete Frau, die ihren Kindern das Beste geschrieben hat, damit die weiterleben und ohne sie auskommen können, eine Frau, die die Hoffnung nie aufgegeben hat, Sorge und Opferbereitschaft zu zeigen.« Aber sie räumt auch ein, aufpassen zu müssen, dass die Arbeit mit diesen Texten zu bedrückend sein könnte: »Aber wir haben nur eine Woche probiert, da färbt das Thema nicht allzu sehr auf die Psyche ab. Man muss professionelle Distanz wahren.«

Im Blick auf die Geschichten anderer Familien spiegelt sich meist auch die Geschichte der eigenen. Beim Nachdenken über Lilli Jahn erinnert sich die Schauspielerin, dass es auch unter den Froboessens Menschen gab, die sich gegen den Nationalsozialismus wehrten: »Wir hatten väterlicherseits zwei Pastoren, die Widerstandskämpfer waren. Ein Onkel kam in Sachsenhausen um, zwei verschwanden spurlos. Darüber wurde nie gesprochen.«

Cornelia Froboess nutzt ihren Auftritt im Hause Peymanns natürlich auch, um das »zusammengewachsene« Berlin zu erkunden (»sehr aufregend, aber fremd«). Beim Anblick ihrer ehemaligen Bezirke (»mein Wedding oder Moabit«) überfallen sie wehmütige Gefühle: »Ich bin gern sentimental. Besuchte mein Wohnhaus in der Gottschalkstraße, wo wir spielten, der Leierkastenmann dudelte, die

Mutter Stullenpakete runtergeworfen hat. Wo unsere Fantasie gefordert wurde.«

Im Jahr 2000 bietet sich der Schauspielerin die Chance, in einer Rolle das Sentimentale und das Jüdische zu verschwistern, obendrein unter der Regie ihres Mannes. Die beiden folgen einer Einladung nach Essen, zu einer Inszenierung des Musical-Dauerbrenners *Anatevka oder Der Fiedler auf dem Dach* – in dem noch ziemlich neuen, erst 1988 fertiggestellten Aalto-Theater, einer spektakulären Architektur, die mehr als 1100 Zuschauern Platz bietet. Anatevka ist der Name eines in Wirklichkeit nicht existierenden Dorfes, besser: eines Schtetls, das in Westrussland liegt. Hier wohnen polnische Juden, mehr schlecht als recht. Denn die zaristischen Machthaber schränken ihre Rechte ein. Außerdem drohen ständig Pogrome. In *Anatevka,* so erzählt es der jiddische Schriftsteller Scholem Aljechem, dessen Roman dem Musical zugrunde liegt, führen Tevje, der Milchmann, und seine Frau Golde dennoch ein zufriedenes, wenn auch bescheidenes Leben. Sorgen bereiten ihnen nur ihre drei ältesten Töchter. Die jungen Frauen müssen und wollen unter die Haube. Allerdings haben sie von ihren künftigen Ehemännern andere Vorstellungen als ihre Eltern. Seine Zeitel möchte Tevje mit einem wohlhabenden Fleischer verheiraten. »Wenn ich einmal reich wär«, träumt er schon. Doch Zeitel heiratet einen armen Schneider. Chava, seine drittälteste Tochter, ehelicht einen Russen, einen aus dem Volk der Unterdrücker. Empört verstößt Tevje sie. Aber als die Verwaltung in St. Petersburg anordnet, dass alle Häuser des Schtetls zwangsverkauft werden sollen, versöhnt er sich mit ihr. Wie ihre Schwestern misstraut auch Hodel, die mittlere Tochter, der von ihren Eltern beauftragten Heiratsvermittlerin Jente. Sie nimmt ihre Geschicke selbst in die Hand und »schnappt« sich ihren Hauslehrer.

Ein Mensch ohne Tradition sei wie ein Fiedler auf dem Dach, ist Tevje anfangs überzeugt. Schritt für Schritt erkennen er und Golde jedoch, dass sich die Zeiten geändert haben, und denken in einem der Liedtexte von Sheldon Harnick wehmütig zurück: »Jahre kommen, Jahre gehen, schnell enteilt die Zeit. Stunden und Tage, sie vergehen, mit ihnen Liebe, Lust und Leid.«

»Die Jahre kommen, die Jahre gehen«, so denkt auch Cornelia Froboess, die sich in die Mutterrolle der Golde bestens einfühlen kann, sind ihre Kinder doch nun auch in einem heiratsfähigen Alter. Außerdem ist sie mit der Kombination von Darstellung und Gesang seit ihrer Kindheit vertraut, um das Erlernte in den Schlagerfilmen mit Peter Kraus weiterzuentwickeln und es als Eliza, ihrer Glanzrolle in *My Fair Lady*, wieder aufleben zu lassen. »Die Jahre kommen, die Jahre gehen.«

Anatevka bleibt bis 2002 auf dem Spielplan das Aalto-Theaters, ein Publikumserfolg, über den sich Hellmuth Matiasek und Cornelia freuen können, zumal auch die Presse applaudiert. Anne-Kathrin Koch schwärmt im *Online Musik Magazin*, in einem *Musical von Format* überschriebenen Artikel: »Nebel bedeckte den Bühnenboden, ein näherkommender Geiger spielte eine traurige Weise. Wie aus dem Nichts bauten sich langsam einzelne Häuser wie Marionetten auf. [...] Das Orchester unter der Leitung von Christoph Campestrini machte die Stimmung perfekt: Es schien, als ob jiddische Fiddler im Orchestergraben saßen. [...] Nicht nur zwischendurch wurde heftig applaudiert, sondern auch der Schlussapplaus schien kein Ende zu nehmen. Die immer wiederkehrenden Schauspieler wurden mit Bravo-Rufen und stehenden Ovationen belohnt, besonders Tevje (Adi Hirschal), Golde (Cornelia Froboess) und Jente (Mechthild Großmann).«

Wenig später erhält Matiasek den Oberbayerischen Kulturpreis. Er reiht sich in eine illustre Schar von VorgängerInnen ein, zu denen der Schauspieler Gustl Bayrhammer, der Architekt Alexander Freiherr von Branca, der Schriftsteller Herbert Rosendorfer oder Gisela Stein gehören, die Kollegin seiner Frau. Matiasek habe »dem oberbayerischen Publikum als Intendant des Gärtnerplatztheaters unvergessliche Theatererlebnisse geschenkt«, heißt es in der Broschüre zum Festakt. Das Carl-Orff-Fest trüge seine charakteristische Handschrift. Vor allem aber zehre die Bayerische Theaterakademie, die er von 2000 bis 2003 leitet, von seinen langjährigen Erfahrungen. »Die Akademie gilt mittlerweile als Talentschmiede, von der nicht zuletzt auch die Stadt München und die ganze Region profitieren.«

Am Ziel?

Weihnachten als ein Fest, an dem nicht nur Kinderträume wahr werden, sondern als Familientreffen, in dem die mehr oder weniger aufgezwungene Nähe schnell zur Eskalation führen kann – das haben SchriftstellerInnen immer wieder besungen.

Schon Ende des 19. Jahrhunderts hat Gerhart Hauptmann einen bemerkenswerten Beitrag zur »Stillen Nacht« verfasst, mit seinem Schauspiel *Das Friedensfest – eine Familienkatastrophe,* das Thomas Langhoff Ende 2002 am Residenztheater inszeniert. Minna Scholz, die von Cornelia Froboess gespielte Mutter der »unter dem Baum« versammelten Familie, schart ihre drei erwachsenen Kinder um sich. Aber was als ein Akt der Versöhnung gedacht ist, scheitert auf ganzer Linie, vor allem weil der seit Jahren abgängige Vater uneingeladen wieder auftaucht und einen auf Hausherrn macht.

Am 20. Dezember 2002, gerade rechtzeitig zum Fest aller Feste, kann man im *Münchner Merkur* eine Kritik über Langhoffs Inszenierung lesen. Hauptmanns Frühwerk wirke heute bei der Lektüre eindimensional und verstaubt. Man müsse es nicht mehr unbedingt aufführen. Aber wenn man es so macht wie Thomas Langhoff, dann sei das ein Theaterfest, zumal er mit Cornelia Froboess und ihrem langjährigen Kollegen Claus Eberth als Vater über zwei Darsteller verfügt, die die »Kunst der Doppelbödigkeit« beherrschen, einerseits den verzweifelten Witz, andererseits die komische Tragik. »Die Froboess: eine Riesin der Kümmernis. Mit dem Mut ihrer schauspielerischen Größe ist sie das zu früh gealterte, lamentierende Zeterweib, das sich nur fürs Geld interessiert und sich schmucklos eingerichtet hat in der Misere eines Lebens ohne Liebe. Dass sie vielleicht einmal doch auch ein liebessüchtiges junges Mädchen war, scheint in einem kurzen Moment durch. Wenn die patente, für Männer immer noch in Frage kommende Frau Buchner, von Elisabeth Rath mit Rasanz gespielt, ihr das Du anträgt und mit einem Kuss besiegelt, ist es rührend und gleichzeitig zum Lachen komisch, wie Froboess die Scheu vor dieser unverhofften Zärtlichkeit überwindet, wie sie vor- und zurücktrippelt, bis sie endlich der Freundin in die Arme sinkt und gar nicht mehr aufhört, ihr mit Schmatzküssen die Wange zu bedecken.«

Das Jubilieren der Kritik hat mehrere Gründe. Der Artikel hebt die besondere Tugend der Schauspielerin hervor, ihre Figuren nicht in ein Korsett zu zwängen, sondern sie fließend zu gestalten, sie schillern zu lassen. Sie begnügt sich nicht mit der Oberfläche, sondern rührt den Bodensatz ihrer Rollen auf.

Bemerkenswert ist außerdem die Tatsache, dass Cornelia Froboess wieder einmal und erfolgreich mit Thomas Langhoff zusammenarbeitet. Biografisch gesehen verweist der Beitrag jedoch auf einen Wendepunkt im Leben der Darstellerin: Das Theater hat sie wieder, genauer gesagt, das Spiel in einem Ensemble, in dem sie erneut dauerhaft verankert ist – jetzt allerdings nicht mehr bei den (städtischen) Münchner Kammerspielen, sondern beim Bayerischen Staatsschauspiel.

Ihrer Verpflichtung geht ein heftiger Streit voraus, als dessen Kontrahenten Dieter Dorn und Julian Nida-Rümelin auftreten. Der Regisseur widmet der Auseinandersetzung in seiner Biografie *Spielt weiter!* mehrere Seiten, auf denen er zunächst über Mängel in der Kommunikation klagt: »Ich konnte und wollte nicht nach über 20 Jahren meines Hierseins [bei den Münchner Kammerspielen] antichambrieren und den damals frisch inthronisierten Kulturreferenten [der Stadt München] Julian Nida-Rümelin, den Philosophen mit SPD-Parteibuch, bitten, meinen Vertrag [über 2001 hinaus] zu verlängern.« Hinzu kamen Umbaunotwendigkeiten, geeignet dazu, den laufenden Probenbetrieb empfindlich zu stören. In der verfahrenen Situation erreicht Dieter Dorn eine Anfrage des bayerischen Kultusministers Hans Zehetmair. Ob er, Dorn, bereit sei, die Intendanz des (staatlichen) Residenztheaters zu übernehmen. Der Regisseur sagt zu. Und schon bald kommt es zu einer Art Exodus, weil Dorn Bühnenbildner wie Jürgen Rose und zahlreiche SchauspielerInnen an seine neue Arbeitsstätte mitnimmt. »Im September 2001«, erinnert er sich, »zogen wir mit fast 25 Schauspielern, die bis dahin das Profil der Kammerspiele geprägt hatten, ein ins Residenztheater.«

Gewiss, jedem Anfang wohnt ein Zauber inne. Aber der Start für Dorn und seine Belegschaft führt auch zu Belastungen an der neuen Spielstätte. Bedenken gegen die Größe des Hauses lassen sich schon bald zerstreuen. Viele der aus den Kammerspielen mitgenommenen Inszenierungen lassen sich fast bruchlos auf das Residenztheater übertragen. Aber das Mehr an Sitzplätzen (900 gegenüber 600) stellt eine echte Herausforderung dar. Um sie zu füllen, muss mehr produziert werden, »die Belastungen für jeden Einzelnen waren sehr viel höher«.

Cornelia Froboess hingegen – sie folgt Dorn ans »Resi« – will es noch einmal wissen. Sie will ihre Welt, die Theaterbühne, neu vermessen. Die 59-Jährige bewältigt dafür ein enormes Programm, das bis 2012 elf Premieren, meist Hauptrollen, sowie Uraufführungen umfasst. Hinzu kommen Gastspiele im Schauspielhaus Bochum, bei den Salzburger Festspielen oder beim Berliner Ensemble.

Ihre erste Premiere am »Resi« geht noch vor dem *Friedensfest* über die Bühne. Weitaus stärker als Hauptmann nimmt August Strindberg mit seinem 1887 uraufgeführten Drama *Der Vater* den Geschlechterkampf ins Visier, bei ihm ein Ringen auf Leben und Tod. Die wesentliche Figurenkonstellation: die fast erwachsene Bertha; ihr Vater, ein Rittmeister und Hobbywissenschaftler; ihre Mutter Laura; sowie eine merkwürdige Großmutter, die Geister beschwört. Für Bertha ist ihr Zuhause schlichtweg die Hölle. Die Eltern befinden sich in einem permanenten Krieg, dessen Grundlage die Erziehung ihrer Tochter ist. Laura sieht in Bertha eine künftige Künstlerin. Der Rittmeister wünscht, dass Bertha Lehrerin wird: »Bleibt sie unverheiratet, kann sie sich selbst ernähren. Heiratet sie, kann sie ihre Kenntnisse einbringen bei der Erziehung ihrer Kinder.« Das geht der Mutter so gegen den Strich, dass sie ihren Gatten mehr und mehr zermürbt. Mit der unwahren Behauptung, er sei nicht der Vater Berthas, treibt sie den Rittmeister in den Wahnsinn und schließlich in den Tod.

Nein, sympathisch ist diese Laura wirklich nicht. Aber wieder versteht es Cornelia Froboess, selbst einen solchen Menschen schillern zu lassen. Als »flat character«, als eindimensionale Type, aufzutreten, ist wahrlich nicht ihr Ding. Mit *Der Vater* in der Inszenierung Thomas Langhoffs gastiert das Ensemble des Residenztheaters auch beim Berliner Ensemble. Ernst Schumacher, der Kritiker der *Berliner Zeitung*, bringt dem Regisseur und Cornelia Froboess eine rauschende Hymne dar, so geschehen im Mai 2005: »Die Art und Weise, wie Thomas Langhoff diesen Geschlechterkampf in Szene gesetzt hat, kann sich in der Subtilität der Entfaltung der Charaktere, in der Rhythmik der Auf- und Ausbrüche, in der Anheizung des Konflikts, in der Klimax der ›Verrückung‹ mit besten Inszenierungen des Stückes messen. […] Ganz originell interpretiert Cornelia Froboess die Rolle dieser Laura: Sie zeigt sich einsichtig, ganz Frau, die das Wirtschaftsgeld scheinbar ergebenst, als unverdienten Gnadenerweis in Empfang nimmt, dann mit subtilster Raffinesse dem neuen Doktor (Stefan Hunstein) mit Tränen in den Augen den Verdacht des Wahnsinns ihres Mannes vorbringt, schließlich dem die Wahrheit erkriechen wollenden Gatten unmissverständlich ihren Widerspruch offenbart, ihn zwar bemuttern zu wollen, aber als Geschlechtswesen sein ›Todfeind‹ gewesen und geblieben zu sein, und deshalb kalt seine Entmündigung ankündigt und die Zwangsverwahrung einfädelt.«

1970 hatte Cornelia Froboess die Doppelrolle der Shen Te beziehungsweise des Shui Ta in Bertolt Brechts Lehrstück *Der gute Mensch von Sezuan* übernommen, bei einem Gastauftritt am Ernst Deutsch Theater Hamburg. Wie gelingt es dem Menschen, ein moralisch anständiges Leben zu führen? Das ist die von Brecht gestellte Frage. Er versucht, sich einer Antwort zu nähern, indem er zwei Figuren gegenüberstellt. Shen Te, eine ehemalige Prostituierte, die aktuell einen kleinen Laden betreibt. Zu ihren Kunden und sonstigen Mitmenschen ist sie so herzensgut, dass sie selbst auf der Strecke zu bleiben droht. Weil sie überleben will, verwandelt sie sich von Zeit zu Zeit in ihren angeblichen Vetter Shui Ta, einen skrupellosen Egoisten, der nur an den eigenen Profit denkt. Kurzes Fazit: Man kann gesellschaftlich nur überwintern, wenn man eine dicke Haut hat. Ernüchternd sind die Schlussworte Brechts, mit denen der Kritiker Marcel Reich-Ranicki seine ZDF-Kultsendung *Das litera-*

rische Quartett zu beenden pflegte: »Wir stehen selbst ent-täuscht und sehn betroffen / Den Vorhang zu und alle Fra-gen offen.«

2003, also nach immerhin 33 Jahren, befasst sich die Schauspielerin ein weiteres Mal mit dem 1956 in der DDR verstorbenen Brecht. Sie stemmt am »Resi« die Hauptrolle in Brechts *Mutter Courage und ihre Kinder*. Für Thomas Langhoff, den von ihr so geschätzten Regisseur, stellt die Umsetzung des 1941 uraufgeführten Dramas eine besonde-re Bürde dar. Einerseits, weil sein Vater Wolfgang als Inten-dant des Deutschen Theaters in Berlin bereits 1949 eine Aufführung der *Courage* angeregt hatte, in einer vom Dich-ter zugespitzten und persönlich inszenierten Fassung. An-dererseits, weil Brecht damals recht kleinteilige Angaben hinterlegte, wie sein Stück zu inszenieren sei, Vorschriften, die auch Einengung bedeuten. Und drittens kommt die politische Botschaft der *Courage* erschwerend hinzu, die Kritik am Elend des Kriegs und am Kapitalismus, die nach dem Ende des Kalten Krieges zumindest vorübergehend unzeitgemäß erscheinen konnte. In einem Kraftakt befreit Langhoff, nicht zuletzt mithilfe von Cornelia Froboess, das epochale Werk jedoch aus der Gefahr, zu einem musealen Ausstellungsstück zu werden. »Der Planwagen der Langhoff-Courage«, stellt Detlef Friedrich, der Theaterkritiker der *Berliner Zeitung* Anfang März 2004 dar, »ist ein rramponier-ter Kübelwagen aus dem 2. Weltkrieg, obenauf ein großer Wasserkanister. Es geht jetzt durch die Wüsten des Irak, Af-ghanistans oder über die Berge Tschetscheniens.«

Man mag sie entschlossen begrüßen oder vehement ab-lehnen: den Irakkrieg, der zur Entmachtung Saddam Husseins führt; den Afghanistankrieg, mit dem die USA auf »Nine Eleven« reagieren, den Terroranschlag auf das New Yorker World Trade Center von 2001; den Tschetschenienkrieg, in dem sich Wladimir Putin die Finger schmutzig macht. Aus heutiger, brandaktueller Sicht ist es zutiefst verstörend, dass keiner der Konflikte ein Ende gefunden hat oder auch nur die Aussicht auf ein solches besteht. Eben dies entspricht Brechts Aussage: Seine *Mutter Courage* beginnt im Krieg, sie endet im Krieg, Krieg ist hier Dauerzustand. Und in der *Berliner Zeitung* vom 1. März 2004 rühmt Detlef Friedrich eben dies, nämlich den Krieg nicht als Gewesenes, als Geschichtliches wahrzunehmen, sondern als allgegenwärtig – in einem Lobgesang auf die Froboess-Courage, der seinesgleichen sucht:

»›So ’n Kaiser selber kann ja gar nichts machen‹, sagt die Froboess als Mutter Courage in München halb hin, zieht an der Zigarette, sitzt auf dem Campingstuhl als wär’s am Strandbad Wannsee, brät sich in der Kriegspause auf dem Rost ein Steak, das Radio spielt Blasmusik, auf dem abmontierten Panzerlauf trocknet Soldatenwäsche, und es klingt, als wolle sie sagen, der [Bundeskanzler] Schröder selbst kann ja auch nichts machen. Einen Schluck aus der Whiskyflasche nimmt die Courage nicht ungern. Es haut sie nichts um. Es wirkt Cornelia Froboess kaum anders als im letzten *Tatort,* das kommt der unterhaltsamen Aufführung zugute. Starker, kurzer Beifall. [...] Cornelia Froboess – jung wirkt sie in der Rolle, unabwendbar hängt ihr das Berliner Lied an *(Pack die Badehose ein)*, und obwohl wir im Bayerischen Staatsschauspiel sind, hat ihre Courage etwas von einer schnoddrigen Verkäuferin auf dem Berliner Wochenmarkt. Diese Courage ist ein Regine-Hildebrandt-Typ. Sie höhnt und singt zugunsten der Kleinen und gegen die Großen, die ihren Krieg machen. Da ist sie ganz bei Brecht.«

Das Lebenswerk der Cornelia Froboess, ohnehin eine straffe Folge künstlerischer Ereignisse, verdichtet sich weiter. 2004 erhält sie die Auszeichnung Pro meritis scientiae et litterarum, die das Bayerische Staatsministerium für Wissenschaft und Kunst vergibt. Im April gratuliert der Bayerische Ministerpräsident Edmund Stoiber. Er spricht von ihrer »Ausstrahlung« und »künstlerischen Überzeugungskraft« und freut sich auf ihre neuen Arbeiten.

Zwei Monate später schließt sich Kardinal Friedrich Wetter an, der Erzbischof von München und Freising. In seinem handschriftlichen Brief ergänzt er auf bescheidene Weise: »Vor einigen Wochen habe ich Sie als Mutter Courage erlebt. Es war mir eine große Freude zu sehen, wie eindrucksvoll Sie gespielt haben. Gern hätte ich Sie nach der Vorstellung noch begrüßt. Doch wollte ich nach dem sicher sehr anstrengenden Spiel nicht lästig sein, zumal es schon spät war.«

Jeder Mensch, der ein paar Jahrzehnte auf dem Buckel hat, kennt dergleichen: Es gibt Abschnitte im Leben, in denen die Zeit so glatt und ruhig dahinfließt, dass sie beinahe stillzustehen scheint. Meist unvermutet, wie aus dem Nichts, kommt es dann wieder zu einer Ereignisdichte, die einem den Atem rauben kann, die es schwer macht, das Erlebte zu verdauen und einzuordnen – gleich ob es sich um persönliche oder gesellschaftliche Angelegenheiten handelt.

Letzteres muss Cornelia Froboess in den Jahren 2004 und 2005 hinnehmen. Fassungslos schaut sie einem Totentanz lieb gewonnener und wertgeschätzter KollegInnen zu. Der Reigen beginnt am 16. Mai mit dem Tod von Marika Rökk. Im Alter von 91 Jahren stirbt sie in Baden bei Wien. Ihre »Arbeitsgemeinschaft« mit Conny, der jungen Sängerin und späteren Schauspielerin, erstreckte sich über Jahrzehnte. Die Zusammenarbeit der beiden erreicht 1961 einen Höhepunkt, als sie in dem von Dieter Hildebrandt geschriebenen Film *Das Wirtschaftswunder* mitwirken. Aber sie begegnen sich vielfach, so, als sie zur gleichen Zeit den Oldie *Geht dir im Leben ab und zu etwas daneben* aufnehmen, einen Filmschlager aus dem Jahr 1938.

Bei aller Trauer darf man im Fall von Marika Rökk von einem gesegneten Alter sprechen. Näher geht Cornelia Froboess der vorzeitige Tod ihres langjährigen Bühnenpartners Helmut Griem, der am 16. November 2004 im Alter von 72 Jahren einem Krebsleiden erliegt. Griem durchlief eine auch international beachtliche Kinokarriere. Unter der Regie von Luchino Visconti ist er 1969 in dem Filmdrama *Die Verdammten* zu sehen und vier Jahre später in *Ludwig II.* an der Seite von Helmut Berger und Romy Schneider. Und auch in dem kultigen Filmmusical *Cabaret* spielt er neben Liza Minnelli eine der zentralen Rollen. Griems Herz aber schlägt für das Theater, sei es an den Kammerspielen, sei es am »Resi«, auch wenn er zu den Institutionen eine kritische Distanz einhält. In einem Interview befragt man ihn nach den Höhepunkten seines Schauspielerdaseins. Mit der ihm eigenen Souveränität denkt Griem zunächst über das nach, was einen Höhepunkt für ihn ausmacht: »Ich glaube, wenn man dem Ziel, das man sich mit den Kollegen gesteckt hat, möglichst nahe kommt, wenn man seine gesamten emotionalen, geistigen und physischen Kräfte mobilisiert hat und sich dem Autor und seiner Sprache würdig erweist und nicht sein Ego vor die Figur oder das Stück pappt – dann stellt sich so etwas wie Erfolgs- oder Glücksgefühl ein.« Dass Griem anschließend bekennt, zweimal dergleichen mit Cornelia Froboess erlebt zu haben, 1976 als Tellheim in *Minna von Barnhelm* und 1983 als Ferdinand in Georges Feydeaus *Ein Klotz am Bein,* spricht Bände.

Griems Tod trifft seine Kollegin auch deswegen ins Herz, weil sie mit ihm eigentlich in Eugene O'Neills *Eines langen Tages Reise in die Nacht* auftreten wollte; zunächst bei den Salzburger Festspielen, dann am Münchner Residenztheater. Im Sommer 2004 laufen noch die Proben an. Doch dann zwingt die Krankheit Helmut Griem zum Verzicht. An einen neuen Versuch im Herbst ist nicht mehr zu denken.

Das Karussell kreist weiter. Am 5. März 2005 stirbt Brigitte Mira im Alter von fast 95 Jahren. Eine Gedenktafel an ihrem Haus, Berlin-Grunewald, Koenigsallee 83, erinnert noch heute an sie: »Sängerin, Schauspielerin, Kabarettistin. Nach ihrem Debüt als Operetten-Soubrette konnte sie ab 1933 als ›Halbjüdin‹ nur mit gefälschten Papieren weiterarbeiten. Später überzeugte sie nicht nur in heiteren Rollen, sondern wurde als Charakterdarstellerin auch international gefeiert. Die offenherzige ›Berufsberlinerin‹ begeisterte ihr Publikum bis ins hohe Alter.« Die Mira, die Froboess – beide »Berufsberlinerinnen« treffen 1966 bei einem Fernsehereignis zusammen, das man getrost als Straßenfeger bezeichnen kann. Immerhin lockt es 25 Millionen ZuschauerInnen vor den Bildschirm. Unter dem Titel *Bei Pfeiffers ist Ball* zeigt der SFB ein Altberliner Tanzvergnügen, das im Festsaal der Gastwirtfamilie Pfeiffer stattfindet. Vorwand genug, um mit den einstigen Modetänzen Rheinländer oder Polka aufzuwarten und natürlich mit Altberliner Schnulzen (*Was macht du mit dem Knie, lieber Hans?*, *An dem Baume hängt 'ne Pflaume* und andere). Es singen und spielen bewährte Größen, so Willi Rose und Berta Drews als Ehepaar Pfeiffer, und natürlich Brigitte Mira, die als Soubrette den Ball mit einer populären Gesangseinlage bereichert, mit *Es war an einem schönen Sommerabend – O Theophil* aus *Frau Luna*, der 1899 vollendeten Operette Paul Linckes. Cornelia Froboess, wie alle anderen Damen im luxuriösen Ballkleid, schlüpft in die Rolle der Pfeiffer-Tochter Leontine. Sie präsentiert das frivole Tanzlied *Max, du hast das Schieben raus*, das Walter Kollo, Altmeister der Berliner Operette, 1915 vertonte:

»Max, du hast det Schieben raus
Schieben raus, Schieben raus
Ach, wie wird mir bloß
Schiebste mit mir los
Max, du hast det Schieben raus
Schieben raus, Schieben raus!
Alle schrein: Hurra!
Schiebermax is da!«

Jene Berliner Gemütlichkeit, die der Fernsehfilm vom *Pfeiffer-Ball* zu beschwören sucht, kann das Paar Mira/Froboess 35 Jahre später in echt erleben. Man trifft sich Mitte 2001 im traditionsreichen Ausflugslokal »Zum Alten Fritz« in Tegel. Anlass ist der Drehschluss der 200. Folge von *Praxis Bülowbogen,* den die ARD dort feiern will. Natürlich steht Günter Pfitzmann im Mittelpunkt. Aber dass er dabei sein kann, ist eigentlich ein kleines Wunder. Denn nach einem bösen Sturz hat er viele Wochen im Krankenhaus und an Krücken verbringen müssen. »Ich fahr zwee Tage in Urlaub und fliech gleich auf die Fresse«, berlinert er. Aber jetzt »jeh ick wieda freihändig und gucke, wo es einen anständjen Schnaps gibt«. ARD-Chef Günter Struve hält eine kurze Rede, in der er *Praxis Bülowbogen* als die erfolgreichste deutsche Langlaufserie bezeichnet, um dann mit den geladenen Gästen anzustoßen, unter ihnen Cornelia Froboess und Brigitte Mira.

Als Nächsten in der Reihe trifft es Harald Juhnke, der am 1. April 2005 in Rüdersdorf bei Berlin verstirbt, in einem Pflegeheim für Demenzkranke. Vorangegangen waren Jahre, die für ihn und seine Familie die Hölle gewesen sein müssen. Immer wieder kommt es zu öffentlichen Exzessen des Alkoholkranken, zu üblen Entgleisungen, die von der Regenbogenpresse beinahe genüsslich aufgegriffen werden.

Juhnke hat wie Cornelia Froboess die strenge Schule der Schauspiellehrerin Marlise Ludwig durchlaufen. Ende der 1950er-Jahre stehen sie in der Verwechslungskomödie *Hula-Hopp, Conny* gemeinsam vor der Kamera. Wie perfekt bei ihnen Bewegung, Stimme und Darstellung verschmelzen, offenbaren die beiden 1975 in einer Fernsehfassung von Eduard Künnekes Operette *Glückliche Reise*. In ihrem Duett *Schön ist die Welt* tanzen sie nicht nur einen federnden Tango, sie nehmen sich auch locker und souverän ihre Einsätze ab, in einem atemberaubenden Timing, das Ganze leichtfüßig und elegant.

Die von Max Reinhardt stammende Sentenz, die auf Juhnkes Grabstein zu lesen ist, charakterisiert den großen Schauspieler auf anschauliche Weise: »Der wahre Schauspieler ist von der Lust getrieben, sich unaufhörlich in andere Menschen zu verwandeln, um in den anderen am Ende sich selbst zu entdecken.«

Am 8. August 2005 reißt der Tod auch Ilse Werner von dannen. Die 84-Jährige hat ihre letzten Tage verarmt, von Kollegen wie Karl Dall oder Wolfgang Völz unterstützt, in einem Seniorenheim verbracht – ein Ende, das man angesichts ihrer Kino- und TV-Karriere kaum glauben mag. Werners erste Begegnung mit der »kleinen Cornelia« findet 1952 statt, genauer gesagt am 26. Dezember, in der von Peter Frankenfeld moderierten Sendung *Eine nette Bescherung* – ein Ereignis aus der Frühzeit des deutschen Fernsehens, denn die Übertragung des NWDR ist nicht in ganz Deutschland zu empfangen, sondern nur im Großraum Hamburg sowie entlang der Verbindungslinie von Hamburg nach Köln und Bonn. Dass sich mit dem Tod von Ilse Werner ein Zeitalter dem Ende entgegenneigt, spürt auch Wolfgang Rademann, der Produzent nicht nur des *Traumschiffs*, sondern auch der vielen *Peter Alexander Shows* (1969–1996), bei denen Cornelia Froboess ein gern gesehener Gast war. »Liebe Conny!«, schreibt ihr Rademann am 28. August 2005, »Wir kennen uns jetzt 40 Jahre (und mehr) – ist doch beeindruckend. Soll uns mal einer nachmachen. Bleibe gesund, damit wir uns fröhlich wie früher wiedersehen. War bei der Beerdigung von Ilse Werner – bißchen viel in letzter Zeit. Deshalb: Prost auf's Leben! In aller Liebe, Dein Wolfgang.«

Just an dem Tag, als Rademann diese Grußkarte verfasst, stirbt Hans Clarin, 75-jährig, in Aschau im Chiemgau, nur wenige Kilometer vom Bauernhaus der Familie Froboess-Matiasek entfernt. Mit dem von ihm erworbenen Moserhof hat sich Clarin in seiner Wahlheimat einen Jugendtraum verwirklicht: ein ländliches Leben in der Gemeinschaft mit möglichst vielen Tieren. Heute noch vor allem durch die Figur des Pumuckl bekannt, dem er jahrzehntelang seine Stimme leiht, kann der vielseitige Künstler auf eine unerhört pralle Karriere zurückblicken. Sie besteht aus einer kaum zu überschauenden Zahl von Filmen, seiner massiven Präsenz in beliebten Fernsehserien, von *Pippi Langstrumpf* (1968) bis *In aller Freundschaft* (2005), ferner in Theaterengagements an Spielstätten, die er mit Cornelia Froboess teilt, allerdings zu verschiedenen Zeiten: dem Residenztheater und den Münchner Kammerspielen. Ihre Zusammenarbeit bezeugt ein besonderes Dokument: eine 1967 veröffentlichte Doppel-LP mit Carl Sternheims bürgerlicher Komödie *Die Hose,* einem Theaterstück, das 1911 bei seiner Münchener Uraufführung einen handfesten Skandal verursachte.

Die Götterdämmerung, also dass eine Garde prominenter SchauspielerInnen von der Bühne abgeht, findet eine Entsprechung im politischen Geschehen der BRD. Am 15. Mai 2005 tritt die Bayerische Kultusministerin Monika Hohlmeier zurück – eine Konsequenz der sogenannten Münchener CSU-Affäre, in der es unter anderem um parteiinternen Stimmenkauf geht. Wenige Tage später folgt ihr wegen innerparteilicher Zwistigkeiten Erwin Teufel nach, der CDU-Ministerpräsident von Baden-Württemberg, um im Alter von immerhin 66 Jahren ein Philosophiestudium aufzunehmen. Ende Mai verkündet Oskar Lafontaine seinen Austritt aus der SPD, für die er einst als Ministerpräsident des Saarlands wirkte. Schließlich muss auch Bundeskanzler Gerhard Schröder die Bühne verlassen. Nachdem seine Partei die NRW-Landtagswahlen verliert, stellt er am 1. Juli 2005 im Bundestag die Vertrauensfrage, die eine Niederlage nach sich zieht. Am 18. September kommt es zu Neuwahlen, aus denen Angela Merkel, die Spitzenkandidatin der CDU, als Siegerin und erste Bundeskanzlerin Deutschlands hervorgeht.

Schmerzliche Abschiede, politische Umbrüche – Cornelia Froboess zeigt sich dagegen innerlich gewappnet, auch weil sie zuvor in zwei ausgesprochen heiteren Filmen mitgewirkt hat, die sich vor allem an Kinder richten. 2003 übernimmt sie in *Die wilden Kerle* die Rolle einer Großmutter. Dank ihrer moralischen Unterstützung kann ihre Enkelin, die etwa zehnjährige Vanessa, es durchsetzen, in die Fußballmannschaft der »Wilden Kerle« aufgenommen zu werden. Leon, deren Anführer, piesackt das Mädchen zwar immer wieder, etwa indem er ihr pinkfarbene, übertrieben dekorierte Pumps zum Geburtstag schenkt – damit sie weiß, »wo sie hingehört«, so seine Begründung. Aber letztlich verhilft sie ihm und seinen Kumpels, eine verfeindete Bande zu bezwingen und ihren angestammten Bolzplatz zurückzuerobern. Höhe- und Wendepunkt der Geschichte ist Vanessas Geburtstagsparty, zu der die »Wilden Kerle« erscheinen. Als es nach dem Kuchenfassen zum entscheidenden Elfmeterschießen kommt, mit dem Vanessa ihre Aufnahme in die Gang erreichen will, feuert die Oma das Mädchen erfolgreich an. Der Clou: Vor dem siegreichen Schlusstreffer drückt sie Vanessa die erwähnten Stöckel-schuhe in die Hand, um ihr Selbstbewusstsein als weibliches Wesen zu stärken.

Die Qualität des Films besteht zweifelsohne in seiner doppelten Lesart. Man kann ihn als Geschichte eines kind-lichen Bandenkriegs betrachten, bei der die vermeintlich Schwächeren den Sieg davontragen, weil sie sich spät, doch gerade noch rechtzeitig zusammenraufen. Vergnügen berei-ten aber auch die vielen parodistischen Elemente, etwa wenn die Kids die Rituale von Erwachsenen imitieren und sie so der Lächerlichkeit preisgeben. Zum Schreien komisch sind die »Wilden Kerle« vor allem dann, wenn sie mit ihren Fahrrädern auftauchen, die sie mit Scheinwerfern und rie-sigen Rückspiegeln aufgemotzt haben. Offenbar will der Regisseur und Drehbuchautor Joachim Masannek hier an den Kultfilm *Easy Rider* und das Lebensgefühl der späten 1960er-Jahre erinnern.

2003 gedreht, 2004 in die Kinos gegangen, ist an dem Kinder- und Jugendfilm *Villa Henriette* nahezu alles merk-würdig. So hat der Regisseur Peter Payer KünstlerInnen in seinem Cast vereint, die man nicht so ohne Weiteres zusam-mendenken würde. Christine Nöstlinger, die mit Ehrungen überhäufte Schriftstellerin, hat einen Cameo-Auftritt als Hausmeisterin. Nina Hagen glotzt diesmal nicht TV, son-dern leiht dem Haus, der Villa Henriette, ihre markante Stimme. Und Cornelia Froboess spielt eine Oma, die sich als Erfinderin betätigt und die seltsamsten Dinge erschafft, zu denen sprechende Kühlschränke und Abfalleimer gehören. Merkwürdig sind auch ihre Mitbewohner. Da gibt es ihren Sohn, einen Ägyptologen, der nicht den Mumm hat, seiner

Frau von seiner Entlassung zu berichten, und statt zur Arbeit ins Café zum Schachspielen geht. Seine Frau hingegen möchte die marode, aber weitläufige Villa verlassen, um in eine seelenlose Sozialbauwohnung zu übersiedeln. Da taucht der schwerhörige Onkel Albert auf, der gärtnert und Massen an Kamillentee vertilgt, obwohl er beides im Grunde nicht ausstehen kann. Da gibt sich Tante Olli die Ehre, die sich als Dichterin fühlt, aber hilflose Verse bastelt, während ihr schweigsamer Sohn ständig alles und jeden fotografiert. Normal ist eigentlich nur die zwölfjährige Marie, die von der famosen Hannah Tiefengraber gespielte Enkelin. Sie versteht es nicht nur, sich die Jungs charmant, aber bestimmt vom Leibe zu halten. Es ist auch ihrer Initiative zu danken, dass die hoch verschuldete Villa nicht zwangsversteigert wird und als Hort für ihre liebenswert verrückten Bewohner erhalten bleibt. Dem Happy End gehen filmisch schöne Momente voraus, vor allem dann, wenn Oma und Enkelin Teambuilding betreiben.

Die Jahre 2003 bis 2005 sind es auch, in denen Cornelia Froboess ihre »wilde Ehe« wieder einmal kontrastreich auslebt. Mit einer CD-Produktion bei Berlin Classics präsentiert sie sich 2005 im klassischen Rahmen: Sie übernimmt in *Die schöne Magelone,* einem Zyklus von Johannes Brahms, den Part der Erzählerin. Mit seinem 1865 vollendeten op. 33 hat der Komponist etwas ganz Besonderes geschaffen, ein Werk nämlich, in dem sich Erzähltes und Gesungenes mischen. Als Grundlage dient ihm Ludwig Tiecks romantische *Liebesgeschichte der schönen Magelone und des Grafen Peter von Provence,* die so aufgebaut ist, dass jedes Kapitel mit einem Lied endet. Kurz gefasst geht es um die Abenteuer von Peter, einem jungen Mann, der die Welt sehen will. So landet er in Neapel. Bei einem Ritterturnier gewinnt er das Herz von Magelone. Weil die Angehimmelte jedoch einem anderen versprochen ist, fliehen die Verliebten. Ein unglücklicher Zwischenfall trennt das Paar. In einem Kahn treibt Peter allein aufs Meer hinaus, bis er in irgendeinem orientalischen Land wieder Boden unter den Füßen gewinnt. Man nimmt ihn freundlich auf. Er darf als Gärtner arbeiten. Als die Sultanstochter beginnt, ihm nachzustellen, flieht er abermals, um just auf jene Wiese zu gelangen, wo Magelone Unterschlupf bei einem Schäfer gefunden hat. Glücklich kehren sie zu ihren Eltern zurück und bauen sich ein Schloss – genau an der Stelle, an der sie wieder zusammenfanden.

Von der schönen Magelone und ihrem tapferen Peter erzählt Cornelia Froboess, man kann es sich denken, aber nicht in der Art einer Märchentante, sondern mit einem leicht ironischen Unterton, einer temporeichen, hier verzögernden, dort beschleunigten Sprache und einer erstaunlich jung klingenden Stimme:

»In der Provence herrschte vor langer Zeit ein Graf, der einen überaus schönen und herrlichen Sohn hatte. Er war groß und stark, und glänzende blonde Haare flossen um seinen Nacken und beschatteten sein zartes jugendliches Gesicht.«

Die *Magelone*-Partner der Froboess dürfen nicht unerwähnt bleiben, tragen sie doch zur Brillanz der Aufnahme erheblich bei. Da ist zunächst der Tenor Hans Peter Blochwitz, der die insgesamt fünfzehn Romanzen zu singen hat. Ein bewundernswerter Interpret, entschied er sich doch erst im Alter von 35 Jahren, sein Geld als Sänger zu verdienen, von Beginn an mit hochkarätigen Verpflichtungen. Der Vielfalt der Brahms'schen Gesänge, die hier dramatisch, dort melancholisch, hier schlicht, dort auftrumpfend, immer aber zutiefst melodisch sind, begegnet Blochwitz mit meisterlicher Souveränität.

Eric Schneider, Klavier, gesellt sich auf Augenhöhe zu ihm und der Erzählerin. Er gehört zu jenen seines Fachs, die man gelegentlich als Liedpianisten bezeichnet, weil sie ein spezielles Gespür für den Atem und die Möglichkeiten des Gesangs besitzen. So gelingt es ihm einerseits, die orchestral angelegte Klavierstimme voll auszukosten, und andererseits, sich immer wieder die viel zitierte Frage »Bin ich zu laut?« zu stellen – eine Frage, die man getrost mit Nein beantworten darf. Die CD-Produktion verdankt ihre atmosphärische Dichte nicht zuletzt der langjährigen Erfahrung, die Cornelia Froboess im Umgang mit der *Schönen Magelone* hat. Mit wechselnden Partnern interpretierte sie den Zyklus zuvor in Frankfurts Alter Oper, beim MDR Leipzig oder in einer Sonderveranstaltung der Städtischen Bühnen Augsburg.

Von der entrückten Märchenwelt taucht die Schauspielerin Anfang 2005 in eine Gegenwelt ein: Mit Dieter Dorn, an der Seite von Gisela Stein, Juliane Köhler und Jens Harzer stemmt sie am »Resi« abermals die Uraufführung eines Botho-Strauß-Stücks. Unter dem Titel *Die eine und die andere* zeichnet der Dramatiker das Porträt zweier Frauen, die sich ihr Leben lang übelst beharken, nun aber in einer Art Endspiel. Es gilt, die andere zu vernichten, bevor einen selbst alle Kräfte verlassen. Die vereiste Beziehung zwischen der »einen« (Froboess) und der »anderen« (Stein) ist sicherlich nicht nur als Problem einzelner Personen zu sehen, sondern auch als Spiegelbild gesellschaftlicher Kälte. Die »eine«, im Stück Insa Breydenbach genannt, hat sich nach dem Mauerfall im Oderbruch niedergelassen, um auf einem ehemaligen Rittergut eine Pension zu eröffnen, also ausgerechnet in der Nähe des Geburtsorts ihrer Darstellerin. Anfangs läuft es gut, aber bald merkt Insa, dass es mit den blühenden Landschaften nicht weit her ist. Nach und nach bleiben trotz aller Bemühungen die Stammgäste weg. Der Tagestourismus kommt ebenfalls zum Erliegen. Als sie völlig unten ist, klammert sie sich an den letzten ihr verbliebenen »Pensionär« wie an einen rettenden Strohhalm. In dieser ausweglosen Situation taucht mit einem Mal die »andere« bei Insa auf: ihre alte Feindfreundin Elisabeth »Lissie« Kelch. Sie, eine eben gefeuerte Architekturkritikerin, steht völlig mittellos da. In welchen Nöten sie steckt, dass sie gerade Insa um Hilfe bittet, wird klar, wenn man auf die Beziehung der beiden blickt. Lissie hat ihrer Freundin vor Jahren den Mann ausgespannt, mit dem sie einen Sohn zeugte, während Insa von ihrem Verflossenen eine Tochter empfangen hat. Das verbindet die beiden, steigert aber auch ihren Hass aufeinander. Eigentlich sollten sie Einigkeit beweisen, stecken sie doch in einer ähnlich trostlosen Lage, aber sie hauen sich ihre Attacken nur so um die Ohren, unbarmherzig und bis zuletzt.

»Wenn das Figurenensemble«, kommentiert Wolf Banitzki die Uraufführung in der Online-Plattform *Theaterkritiken München,* »ein Abbild der Gesellschaft vorstellt, so sieht sich der Betrachter voller Hoffnungslosigkeit einer desolaten Gesellschaft gegenüber.«

Beim Blick auf die Fakten möchte man dem zustimmen. Am 2. Juli 2004 beschließt der Deutsche Bundestag eine Reform des Arbeitsmarkts, umgangssprachlich »Hartz IV« genannt. In der Folge sinken die Arbeitslosenzahlen. Allerdings verstärkt sich die gesellschaftliche Spaltung in Arm und Reich. Zu dieser Zeit versorgt die wohltätige Tafel bereits 500 000 Menschen mit Lebensmitteln. Anfang Oktober demonstrieren in Berlin 50 000 BürgerInnen gegen die neuen Gesetze.

In einem Interview, das Thorsten Otto vom Bayerischen Rundfunk 2011 mit ihr führt, äußert sich Cornelia Froboess überraschend skeptisch zum Soufflieren. Wenn bei ihr das Gedächtnis einmal kurz versagt, »schwimmt« sie lieber, oder aber sie improvisiert. Ja, sie hat im »Resi« regelrecht verboten, ihr derartige Hilfestellungen zu geben, zumal die Souffleure oder Souffleusen in der ersten Reihe sitzen und ihr mehr oder weniger lautes Flüstern die Atmosphäre stören kann.

Vor diesem Hintergrund muss man sich tief vor der Leistung verbeugen, mit der die Schauspielerin im Jahr 2008 bei der Münchener Premiere von Thomas Bernhards Schauspiel *Am Ziel* aufwartet. Denn in der Rolle der Mutter hat sie einen Part zu bewältigen, den man nicht anders als monströs bezeichnen kann. Allein ihr eröffnender Monolog umfasst siebzehn vollgepackte Druckseiten. Sie redet auch weiterhin alle platt: ihre Tochter, die – zur Stichwortgeberin degradiert – den Redeschwall ihrer Mutter immer wieder anheizt; und auch den dramatischen Schriftsteller, der die Dauerrednerin in ihrem Sommerhaus besucht. Cornelia Froboess gestaltet ihre Rolle so virtuos, dass es am Ende zu minutenlangen Ovationen des Publikums kommt.

Cornelie Ueding, Kritikerin des Deutschlandfunks, überschlägt sich geradezu: Die Schauspielerin habe das Kunststück vollbracht, die allmähliche Verformung der Mutter aufzuzeigen, die sich in ihrer Ehe regelrecht ekelte, daraufhin »die Lebenslüge als Kunstform« entwickelt habe und ihre Mitmenschen unter sich begrabe, indem sie diese zutexte, »schnörkellos, rücksichtslos, unsentimental – und hemmungslos selbstbezogen«. *Am Ziel* – in der Regie von Thomas Langhoff ein »grandioses Schauspieltheater«.

Dabei hatte Cornelia Froboess zunächst Zweifel, die Richtige für die Rolle zu sein. Jedenfalls schreibt ihr Wegbegleiter Dorn im Vorfeld der Inszenierung:

»Liebe Conny, ich will mich auch noch in deine
AM ZIEL-Konfusionen einmischen, verzeih. Du bist
ja dabei, noch mal alles zu überdenken. Ich bin mit
Thomas Langhoff der Meinung, dass man eine so große
Rolle nicht spielen kann, wenn man so alt ist, wie die
Rolle sein soll. Sondern vorher. Erinnere Dich an Deine
(Fehl-)Entscheidung, [1986] die Marthe Rull [in Kleists
Der zerbrochene Krug] in Salzburg nicht gespielt zu
haben, weil du noch nicht ins Mutterfach wolltest.
Bei der Entscheidung stand Deine 16-jährige Tochter
neben Dir. Du wärst die tollste Rull-Mutter gewesen,
die ich mir denken kann. Ganz so einfach ist hier die
Sache nicht, ich kann meine Hand auch nicht ins Feuer
legen, aber zum genauen Abwägen aller Argumente und
Gefühle möchte ich Dich nochmal animieren.
Herzlich
Dein d.d.«

»Sich nicht zu verlieren, ist das Wichtigste«

Irgendwann in den 1950er-Jahren fotografiert ein amerikanischer Bildreporter marode Wolkenkratzer, die gerade infolge einer gezielten Sprengladung zusammenbrechen. Später deutet man die Aufnahmen als ein Symbol für das Ende der Moderne. Hoffnungsfroh hat sie begonnen, nun aber liegt sie in Schutt und Asche dar. Am 3. März 2009 geschieht es, dass im ehrwürdigen Köln das Stadtarchiv einstürzt – in Zusammenhang mit dem Weiterbau der U-Bahn – und fast den gesamten Bestand aus tausend Jahren Stadt-, Regional- und Kirchengeschichte unter sich begräbt. Auch in diesem Fall mag man ein Zeichen sehen, eines, das für die Gefahr eines gesellschaftlichen Machbarkeitswahns steht.

Von hier aus ist es eigentlich nur ein kurzer Schritt bis zu Botho Strauß' Theaterstück *Leichtes Spiel. Neun Personen einer Frau,* das einen Monat später zur Uraufführung gelangt, am Residenztheater, wieder einmal in der Regie von Dieter Dorn, mit dem Bühnenbild von Jürgen Rose und einem Großaufgebot von SchauspielerInnen: Sibylle Canonica etwa, Cornelia Froboess oder Jens Harzer. Ein kurzer Schritt, weil es auch hier um gescheiterte Hoffnungen geht, allerdings um solche in der Beziehung zwischen enttäuschten Frauen und ihren Liebhabern. Aber es wäre auch möglich, die »neun Personen« als die Facetten nur einer Frau zu deuten; nicht von ungefähr tragen sie ähnliche Namen, beispielsweise Katja oder Kathie. Cornelia Froboess hat die Aufgabe, das ihr allein vorbehaltene Finale zu gestalten. Ihre Rolle: »Käthchen, spätes Mädchen«. Aus einem kleinen, rot ausgeleuchteten Kasten ins Publikum schauend, »blättert« sie in ihren erotischen Memoiren, um tiefer und tiefer in ihnen zu versinken. Sie verwandle sich, sagt sie, allmählich in ein »winziges ledernes Püppchen, das den Geist nicht aufgeben kann, nur immer lederner wird«, den Geist, aber auch die Sehnsucht nicht: »[…] man zittert vor Ohnmacht, man klappert vor Verlangen, umarmt zu werden. Ein Entzug von Kopf bis Fuß. […] Das Alter selbst ist ein Abzeß, eine stinkende Schwäre, die niemand berühren will.« In der *Zeit* vom 8. April 2009 schließt die Kritik von Peter Kümmel mit begeisterten Worten: »Das ist grandios gespielt von Cornelia Froboess: als Abschied von einer Welt, auf der je gelebt zu haben [Käthchen] mit jedem Alterstag unwahrscheinlicher wird.«

Im Jahr der Uraufführung erhalten die von ihr empfangenen Ehrungen Zuwachs: Der Freundeskreis des Residenztheaters zeichnet Cornelia Froboess mit dem Kurt-Meisel-Preis aus. Ihn verleiht der Verein seit 1997 – im Gedenken an den 1994 verstorbenen Regisseur und Intendanten des Hauses. Frank Castorf, der Intendant der Berliner Volksbühne, hält die Laudatio.

Keine neue Ehrung, wohl aber eine hohe Ehre wird der Schauspielerin 2010 zuteil. Dieter Kosslick, der Direktor der Internationalen Filmfestspiele Berlin lädt sie ein, in der Auswahljury mitzuwirken. Cornelia Froboess ist ein wenig erstaunt, da sie mit der Filmindustrie nicht mehr sonderlich verbandelt ist, wie sie in einem Interview erläutert. Aber als Kosslick nach der schriftlichen Einladung auch noch bei ihr anruft, kann sie nicht mehr Nein sagen, nicht zuletzt, weil ihre Kinder sie dazu ermuntern. Sie habe solche Aufgaben, argumentieren sie, doch immer als sportive Herausforderung betrachtet. Hinzu kommt, dass ihr eine Reise nach Berlin zum sechzigsten Jubiläum der Festspiele wie eine »sentimental journey« vorkommt. Immerhin ist sie schon 1951 bei der Erstausgabe im traditionsreichen Titania-Palast aufgetreten, um eins ihrer »Kinderlieder« zu singen. Und 1982 hat sie mit Fassbinder und *Die Sehnsucht der Veronika Voss* den Goldenen Bären gewonnen, den Hauptpreis der Veranstaltung. Selbstverständlich wird sie sich auch mit ihrer Nachkriegshinterhoffreundin Hannelore treffen. »Sie wohnt in Pankow, wir haben uns nie aus den Augen verloren. Sie hat mich auch schon bei uns in Bayern besucht.« Und nicht zuletzt freut sie sich darauf, das neue Berlin weiter zu erkunden, auch wenn sie mit dem Potsdamer Platz fremdelt.

An oberster Stelle steht für die preußisch-pflichtbewusste Jurorin allerdings die Arbeit selbst. Immer wieder zieht sie sich in ihr Hotelzimmer zurück, um die betrachteten Filme zu reflektieren und sich entsprechende Notizen zu machen. Es ist ihr ein Anliegen, ihre Einschätzungen auf einer soliden Grundlage abgeben zu können.

Schaut man sich an, was zwischen dem 11. und dem 21. Februar 2010 in Berlin bei den Festspielen passiert, bekommt man von dem Riesentrubel schnell eine Ahnung. Schon das Rahmenprogramm beeindruckt. Erstmals ist die fast vollständig rekonstruierte Fassung von Fritz Langs Spielfilm *Metropolis* (1927) zu sehen. Am Brandenburger Tor begrüßt man die BesucherInnen mit einer Installation: *Vorhang auf – The Curtain*. Am Potsdamer Platz, vor dem Filmmuseum, enthüllt Oberbürgermeister Klaus Wowereit auf dem geplanten Boulevard der Stars den ersten, Marlene Dietrich gewidmeten Stern. In einer Fotoausstellung namens *Starparade,* als deren Spielort die gesamte Stadt dient, präsentiert man großformatige Porträts von Filmschaffenden, unter ihnen Nina Hoss und George Clooney. Aufschlussreich ist zudem das Plakat der 2010er-Festspiele: Es setzt sich aus den Titeln jener 15 000 Filme zusammen, die während der vergangenen sechzig Jahre gezeigt wurden.

Aber auch das Herz der Filmfestspiele schlägt in rasantem Tempo. Die Internationale Jury hat sich innerhalb von wenigen Tagen 26 Filme anzusehen. Unter den AutorInnen: Roman Polański, der bereits 1966 mit *Wenn Katelbach kommt ...* einen Goldenen Bären abgeräumt hat und nun mit *Der Ghostwriter* seinen Triumph wiederholen will. Zu den deutschen Einreichungen zählt Oskar Roehlers *Jud Süß – Film ohne Gewissen,* der von der Entstehung des antisemitischen Machwerks erzählt. Am 21. Februar heißt es: geschafft. In der von Anke Engelke moderierten Preisverleihung werden die Bären verliehen, der goldene geht an den türkischen Regisseur Semih Kaplanoğlu für sein Werk *Bal – Honig,* ein Hohelied auf die Natur.

Cornelia Froboess genießt ihren »Auftritt« in der Internationalen Jury. Sie schätzt deren Präsidenten, den Regisseur Werner Herzog, dessen Film *Lebenszeichen* bereits 1968 bei den Filmfestspielen lief und nun in der retrospektiven Programmschiene *Play it again* zu sehen ist.

Ebenfalls goutiert sie die generations- wie kulturübergreifende Zusammensetzung des Teams. Ihm gehören unter anderen die chinesische, 1978 geborene Schauspielerin Yu Nan oder die amerikanische, zehn Jahre ältere Oscar-Preisträgerin Renée Zellweger an. Am 25. Februar bringt es Dieter Kosslick in einem ausführlichen Dankesschreiben auf den Punkt:

»Liebe Cornelia, liebste Connie,
wir sind alle noch ein wenig trunken von dem Wirbel
der vergangenen zwei Wochen, doch zugleich glücklich
über den Erfolg unserer Jubiläums-Berlinale. Ich hoffe,
dass Du mit Deinem Mann gut in Raubling angekommen
bist und dass Du Dich schon ein bisschen von dem
Berlinale-Trubel erholen konntest, bevor Botho Strauß
und Thomas Bernhard Dich wieder ganz in Beschlag
nehmen.
Dass Du in diesem Jahr mit von der Partie warst,
hat mich ganz besonders gefreut, und dafür, dass Du
Dir die viele Zeit genommen hast, unseren Wettbewerb
unter die Lupe zu nehmen, möchte ich Dir ganz herzlich
danken. Es war schön zu sehen, dass Ihr Juroren eine
gute Berlinale-Zeit hattet und dass Ihr diese Freude auch
den Preisen mit auf den Weg geben konntet. Bei der
Preisverleihung auf der Bühne am Samstagabend konnte
man spüren, wie viel Herz und Leidenschaft Ihr in Eure
Juryarbeit gesteckt habt. Über Eure Entscheidungen bin
ich mehr als glücklich.
Nächste Woche fahre ich mit meiner kleinen Familie auf
die Kanaren, um mein Hirn ordentlich zu lüften, und
dann gehen schon die Vorbereitungen für die 61. Berlinale
los. Ich würde mich riesig freuen, wenn Du auch im
kommenden Jahr für einige Tage kommen würdest, um
die gute Berlinale-Luft zu schnuppern.
Mit ganz herzlichen Grüßen aus dem mittlerweile
frühlingshaften Berlin, auch an Deinen Mann, stets und
immer
Dein Freund Dieter.«

Gewiss, die freundlichen und wohlgesetzten Worte Koss-
licks sind Balsam für die Seele der Adressatin. Aber es gibt

auch einige Dinge, von denen Cornelia Froboess nicht begeistert ist. Sie sieht sich durch die vielen Pressetermine ver-
plant, die ihre eigentliche Aufgabe gefährden, die Sichtung
und kritische Beurteilung der Filme. Außerdem gehen ihr
die vielen Events auf den Berliner Keks. Regelrecht fremd-
bestimmt fühlt sie sich aber durch eine Art Kostümzwang,
wie sie sich noch Jahre später entsetzt erinnert: »Als ich
2010 in der Berlinale-Jury war, zeigte mir der Betreuer im
Hotelzimmer stolz eine Kleiderstange mit vielen Kleidern.
Ich meinte, pardon, das Zimmer sei wohl schon vergeben.
Er sagte: ›Nein, das sind Ihre Kleider für die offiziellen Auftritte. Schmuck dazu haben wir auch.‹ Ich antwortete: ›Ich
behänge mich nicht mit fremdem Schmuck und fremden
Kleidern.‹ Die konnten das nicht fassen! Die süße Jury-Kol-
legin Renée Zellweger brachte mir jeden Morgen im Trai-
ningsanzug Kaffee. Aber am Abend der Präsentation sah ich
sie auf dem roten Teppich wie eine Salzsäule für die Fotografen posieren. Ich dachte, das ist ein anderer Mensch. Als
man mir einen Stundenplan mit den Repräsentationstermi-
nen gab, sagte ich: ›Dafür hab' ich keine Zeit, nur wenn's
ganz wichtig ist. Ich muss meine Hausaufgaben als Jurorin
machen.‹ Dieter Kosslick hat das augenzwinkernd verstanden. So habe ich meine Kräfte eingeteilt und mich nicht verloren. Sich nicht zu verlieren, ist das Wichtigste.«

Am 10. September 2010 versenken die Verantwortlichen
auf dem erwähnten Boulevard der Stars einen Stern für
Margarethe von Trotta. Die Filmregisseurin, die mit Kollegen wie Volker Schlöndorff oder Rainer Werner Fassbinder
zusammengearbeitet hat, genießt spätestens seit ihrem 1981
erschienenen Film *Die bleierne Zeit* internationales Ansehen. In ihm behandelt sie das Zusammen- beziehungsweise
Auseinanderleben zweier Schwestern. Die eine schließt sich
der RAF an, der Rote Armee Fraktion; die andere verzichtet

in ihrem politischen Kampf auf Gewalt und engagiert sich im kleinschrittigen Tagesgeschäft. In Trottas 2009 gedrehten, ein Jahr später erstausgestrahltem HR-Fernsehfilm *Die Schwester* geht es erneut um ein Geschwisterdrama, deren Hauptakteure nun Cornelia Froboess und Rosemarie Fendel sind. Das von Johannes Reben stammende Drehbuch schildert den Herbst zweier gemeinsam alt gewordener Schwestern. Wilma alias Fendel, die wesentlich Ältere, kümmert sich um die an den Rollstuhl gefesselte Margot (Froboess). Die aber dankt es ihr mit einem Trommelfeuer an Boshaftigkeiten. Eines Tages wird der Zwei-Frauen-Haushalt jedoch aufgemischt. Als der Senior und Womanizer Gregor aus seinem Wohnheim ausziehen muss, beschließen Wilma und Margot, ihn bei sich aufzunehmen. Eine Weile läuft es in der Ménage-à-trois gut. Dann aber knallt es. Wilma sucht den Befreiungsschlag. Sie möchte ausziehen, um allein mit Gregor zu leben. Das wiederum löst den erbitterten Widerstand von Margot aus, die aus dem Kampf mit ihrer Schwester letztendlich siegreich hervorgeht. »Herausragend ist die Leistung von Cornelia Froboess«, schreibt der Medienkritiker Tilmann P. Gangloff, »und das keineswegs bloß, weil sie sich schon seit Jahren rar gemacht hat und ihr letzter bemerkenswerter Auftritt geraume Zeit her ist. Allerdings vollzieht Margot auch die größte Entwicklung. Sie wandelt sich von einer durchtriebenen ordinären alten Hexe, vor deren Zynismen nichts und niemand sicher ist, zu einer Frau, deren Attraktivität lange unter Verbitterung verschüttet war.«

Matthias Habich, der den Charmeur Gregor verkörpert, zeigt sich auch beim nächsten, *Eine halbe Ewigkeit* überschriebenen und noch 2010 gedrehten Froboess-Film in »Frauengeschichten« verwickelt. Er spielt den in die USA ausgewanderten, nun aber nach Deutschland zurückgekehrten Harry. Für seinen Besuch in der alten Heimat, in Lüneburg und Umgebung, gibt es zwei Gründe. Zum einen leidet er an einem fortgeschrittenen Magenkrebs, den er nicht operieren lassen will. Zum anderen möchte er seine Jugendliebe Elli wiedersehen. Von einem Freund aus alten Tagen erfährt Harry etwas verwundert, dass sie, der flotte Teenager von einst, jetzt ein evangelisches Kloster leitet – als Äbtissin Elisabeth, deren Part Cornelia Froboess übernommen hat. Die Ordensfrau zeigt sich allerdings wenig erbaut, ihren früheren Liebhaber wiederzusehen. Immerhin hat er sie vor langen Jahren Knall auf Fall verlassen und sich dazu, wie sie meint, auch noch in Schweigen gehüllt. Ein Gespräch trägt zur Klärung des Sachverhalts bei. Harry hat der Geliebten jahrelang Briefe geschrieben, die er an einen Mittelsmann schickte, da Ellis Eltern nichts von dem Verhältnis ihrer Tochter erfahren durften. Fred aber, so sein Name, hat Harrys schriftliche Nachrichten und auch dessen Anrufe unterschlagen, weil er selbst in Elli-Elisabeth verliebt war. Obwohl die Äbtissin nun einsieht, dass Harry sich nicht schuldhaft verhielt, wehrt sie ihn weiter ab, allerdings ohne von seiner lebensgefährlichen Erkrankung zu wissen. Als er sie um ein letztes Treffen bittet, willigt sie ein. Er führt sie zu jenem See, an dem sie als Jugendliche ausgelassen getobt und gefeiert haben. Nun bricht der Damm: Elisabeth kann ihre Gefühle für ihren Immer-noch-Geliebten wieder zulassen. Wenig später liefert man Harry wegen innerer Blutungen ins Krankenhaus ein. Besorgt eilt sie zu ihm. Weil sie fortan an seiner Seite leben möchte, kann sie ihn davon überzeugen, sich operieren zu lassen. Zunächst aber erfüllen sie sich einen Jugendtraum: gemeinsam Italien zu bereisen und das Dolce Vita zu genießen.

Schaut man sich die hier skizzierte Handlung an, so liegen die Gefahren einer filmischen Umsetzung auf der Hand.

Das Ergebnis könnte schnell als kitschige Romanze daherkommen. Doch Regisseur Matthias Tiefenbacher gelingt dank seiner beiden Hauptdarsteller das Unmögliche. Statt in Klischees zu verfallen, warten er und seine Mitstreiter mit Zwischentönen auf, um gemeinsam »eine Gefühlsspur von großer Wahrhaftigkeit« zu entwickeln, wie der Fernsehkritiker Rainer Tittelbach feststellt.

Wer sich näher mit dem Höhe- und Wendepunkt von *Eine halbe Ewigkeit* beschäftigt, der Szene am See und deren Einleitung, dürfte Tittelbachs Urteil bestätigen. Wie vorsichtig, ja, zart Harry-Habich die Äbtissin fragt, ob sie sich des Abends noch einmal sehen könnten, er möchte ihr etwas zeigen, und wie zögerlich, ja, zart Elisabeth zusagt. Dieses Herantasten aus Angst, den anderen zu verletzen, aber auch selbst verletzt zu werden – das ist bewegend. Und wenn sie später zu ihm, dem Easy-Rider-Typen, nach anfänglicher Weigerung aufs Motorrad steigt und dabei ihr Ordenskleid bis über die Oberschenkel lüpfen muss, dann ist das komisch, aber auch ein wenig erotisch. Am See angekommen, baut Harry eine Leinwand auf, vor der er einen alten 8-Millimeter-Projektor postiert, um ihr einem verwackelten Film zu zeigen, einen Streifen, den ihm kürzlich ein Freund geschenkt hat. Zu sehen sind Harry und Elisabeth als junge Verliebte, die sich am und im Wasser austoben. Beim Betrachten der Bilder kommen sie in ein behutsames Gespräch, über den Sinn des Lebens, über das, was sie versäumt haben, aber auch über das, was sie noch erhoffen. Ihr wiederholtes Schweigen wirkt wie ein Reden ohne Worte. Tränen fließen. Elisabeth gesteht, dass sie nach Harrys plötzlichem Verschwinden dachte, nicht mehr weiterleben zu können, und dass sie damals ihre Liebe zu ihm eingemauert habe, um bestehen zu können. Und auf einmal geht es wie von selbst: Sie können einander verzeihen.

Unweigerlich kommt einem hier der Titel des Films in den Sinn: *Eine halbe Ewigkeit.* Denn der Regisseur und seine Akteure lassen sich bei dem stillen Dialog unendlich viel Zeit. So schaffen sie ein Vakuum, das die ZuschauerInnen magisch in das Geschehen hineinzieht. »Ich mag am liebsten Rollen, in denen ich wenig reden muss«, gibt Cornelia 1982 in einem Interview mit dem Deutschlandfunk zu Protokoll. In der Szene am See kann sie derlei voll auskosten. Bei der Erstausstrahlung in der ARD im März 2012 erreicht die Liebesgeschichte von Harry und Elli mehr als vier Millionen Menschen. Der Film, die Beteiligten haben es verdient.

Die Intendanten kommen, die Intendanten gehen, aber das »Resi« bleibt bestehen. 2011 gibt Dieter Dorn die Direktion des Staatstheaters ab. Martin Kušej übernimmt. Der erfahrene Theater- und Opernregisseur, der zwischenzeitlich als Schauspieldirektor der Salzburger Festspiele gewirkt hat, wagt sich schon bald nach seinem Antritt an ein politisch aufgeladenes Theaterstück: an das Justizdrama *Die Anarchistin* des amerikanischen Autors David Mamet. Das Zweipersonenstück erzählt von Frauen, die einander in einer Extremsituation begegnen. Cathy sitzt seit 35 Jahren im Knast, weil sie, die Ex-Terroristin, zwei Menschen umgebracht hat. Nun hofft sie auf ihre Begnadigung. Über diese hat Ann zu entscheiden, die Vertreterin der Justizbehörde, die darüber in einem Gutachten befinden muss. Von einer Handlung allerdings kann man eigentlich nicht sprechen, eher von einer breit angelegten Ver-Handlung oder noch besser: von Ver-Handlungen. Es dreht sich bei den Gesprächen der beiden Kontrahentinnen um Schuld und Sühne, Sexualität und Unterdrückung, Vernunft und Moral, staatliche und revolutionäre Macht, Reue und Rache oder Glaube und Erlösung.

Mamets kopflastiges Bühnenwerk kommt bei der Kritik nicht gut an. Sabine Leucht rügt in der Online-Plattform *Nachtkritik*, es sei »dialogisches Schwarzbrot der trockensten Sorte, dem die Bürde auferlegt wurde, andauernd mehr scheinen zu müssen: saftiger, gehaltvoller, raffinierter«. »Mamet«, giftet Egbert Tholl in der *Süddeutschen Zeitung*, »wollte einen letztgültigen Text zu Schuld und Sühne, Gnade und Strafe schreiben, heraus kam ein einfältiges Geseire über Glauben und Vergebung.« Ihm schließt sich der Kritiker des *Münchner Merkur* an, Alexander Altmann, der unverblümt von einem »kunstgewerblichen Diskurs-Melodram« spricht.

Und jetzt ein lautes Aber: Cornelia Froboess und Sibylle Canonica als Cathy und Ann heimsen überschwängliche Kritiken ein. »Es war der Abend zweier großer Darstellerinnen, deren Bilder man so schnell nicht mehr aus dem Kopf bekommen wird«, hebt Wolf Banitzki im Online-Medium *Theaterkritiken München* hervor. »Sibylle Canonica war eine herbe, durch Kostüm und Maske sehr unsinnlich gestaltete Figur. Das zweiteilige steife Kostüm ließ es kaum zu, darin die Frau zu entdecken, in der Sehnsüchte brodelten. Ihr Ton war kalt und schneidend, der Rhythmus ihrer Sprache auf die gedanklichen Attacken abgestimmt, die sie unentwegt gegen ihre vermeintliche Widersacherin ritt. Cornelia Froboess steckte in einem grünen Overall mit Häftlingsnummer auf dem Rücken und in einer grünen Wolljacke. Ihre Cathy war eine müde, abgekämpfte, aber intellektuell immer noch wache, ja, sogar angriffslustige Frau. […] Bei ihrer Cathy ging es um alles und so sparte ihre Darstellerin nichts aus. Beide Frauen ergänzten sich kongenial und überzeugten.«

Dem Lob Banitzkis muss man im Fall von Cornelia Froboess doppeltes Gewicht beimessen. Am Samstag, den

15. Dezember 2012, erleidet sie bei der Premiere der *Anarchistin* auf offener Bühne einen Schwächeanfall. Zwar kann sie ihn noch kaschieren, indem sie Canonica-Ann bittet, sie in ihre Zelle zurückzuführen (ein Satz, der nicht im Textbuch steht). Aber ihr Befinden ist so, dass man einen Arzt ruft. Währenddessen bemüht sich Martin Kušej, das Publikum bei Laune und im Haus zu halten – nicht zuletzt mit einer kostenlosen Ausschüttung von Sekt. Nach ein paar Minuten muss er jedoch den Abbruch der Aufführung verkünden: »Cornelia Froboess hat einen Kreislaufkollaps erlitten!«

(Gott sei Dank ist er nicht lebensbedrohend. Ein Krankenhausaufenthalt bleibt der Schauspielerin erspart. Allerdings sind einige Tage der Ruhe und Erholung angesagt.)

Dann erklärt die Theatersprecherin Sabine Rüter Unglaubliches: Die nächste Vorstellung der *Anarchistin* soll bereits am 21. Dezember über die Bühne gehen! Frau Froboess will unbedingt spielen! »Ich gehe fast davon aus, dass es stattfindet.«

Den genannten Termin kann Cornelia Froboess zwar nicht halten, wer kann's ihr verdenken. Aber am 3., 9., 14., 26. und 31. Januar 2013 steht die »Anarchistin« wieder auf den Brettern, die für sie die Welt bedeuten. Dass sich die Darstellerin so schnell auf die Bühne zurückkämpft, unterstreicht ihren Mut und ihren Umsetzungswillen. Aber es zeigt auch, wie gut das Team Froboess/Matiasek funktioniert. Während sie sich ein paar Tage Auszeit in den Schweizer Bergen gönnen, überzeugt Hellmuth seine Gattin, dass es sinnvoll sei, sich so schnell es geht, der Situation zu stellen und einen zweiten Aufschlag zu wagen. Damit rennt er bei Cornelia Froboess offene Türen ein: Als erfahrene Reiterin weiß sie, dass man nach einem Sturz vom Pferd baldmöglichst wieder in den Sattel steigen sollte.

Es ist auch diese fast erschreckende Energie der Froboess, die ihr die Hochachtung und Bewunderung der Öffentlichkeit einbringt, der künstlerischen wie der politischen Welt, aber auch des »einfachen« Publikums.

Zu ihrem siebzigsten Geburtstag am 28. Oktober 2013 rauscht es im deutschen Blätterwald denn auch heftig. Die stereotype Frage, ob sie Probleme mit dem Altern habe, beantwortet sie souverän: »In der Unterhaltungsbranche kann es schwierig sein für Frauen, wenn sie älter werden. Aber nicht bei Schauspielerinnen. Es ist doch schön, Falten zu sehen und dass das Gesicht lebt – oder gelebt hat.«

Sorgen bereitet ihr aber der Zustand der Welt, international gesehen der anhaltende Krieg in Syrien und die mit ihm verbundenen Fluchtbewegungen, innenpolitisch das unselige Treiben des NSU, des Nationalsozialistischen Untergrunds, aber auch der gesellschaftliche Vergnügungsimperativ: »Die uns immer näherkommenden Kriegs- und Flüchtlingskatastrophen belasten mich zutiefst. Und dass in unserer lauten Event-Gesellschaft nur Äußerlichkeiten und Oberflächlichkeiten zählen.«

Filme: Unerfülltes
und Erfülltes

*»Hallo, Matthias Henke, hab vergessen, dass ich
Conny vorgeschlagen hatte, dass sie im Porträt einige
Rollen ihres Lebens selber spielt, ihren Vater und sich
selbst als Kind usw. – das fand sie gar nicht gut. Sie ist
sehr konventionell, aber ich liebe und verehre sie – ich
hatte dann noch einen Plan einen Film über ihren
größten Fan zu machen, da hätte sie eingewilligt, am
Ende aufzutreten – aber der Fan starb und der BR wollte
auch nicht produzieren – mit Conny bin ich weiterhin
im Gespräch, benutzte für meinen Film ›Rex Gildo – der
letzte Tanz‹ (Mediathek ARD) ihre Interviews, die sie
woanders gegeben hatte. Gruß, Rosa.«*

Es ist ein Zufallsfund. Bei der Sichtung von Connys
Briefbeständen entdecke ich ein Schreiben Rosa von
Praunheims, das auf den 18. September 2012 datiert ist.
Beim Lesen »horche« ich auf. Offenkundig plante der Fil-
memacher seinerzeit ein Porträt der Schauspielerin. »Gibt
es eigentlich Hardcore-Fans von Dir«, fragt er sie, »die alles
von Dir gesammelt haben? Das wäre schön, ins Portrait ein-
zufügen. Ich denke, RBB wäre interessiert und die haben
von Dir ja sicherlich viel im Archiv. Auch mit dem BR habe
ich Kontakt – man müsste zuerst ein kleines Exposé mit Fotos machen und mit den ersten Ideen, damit ich es an die
Sender schicken kann. Ich umarme Dich.«

Praunheims Brief nennt eine Mail-Adresse. Ich benutze sie in der Hoffnung, dass sie noch aktuell ist. Und siehe da, auf meine Frage an den Regisseur, was es mit dem damals angedachten Projekt auf sich hat, erhalte ich prompt eine Antwort. Es habe sich schlicht und einfach im Sande verlaufen. Einerseits weil er und Cornelia Froboess inhaltlich nicht zusammenkamen, andererseits weil er keinen Medienpartner fand, der in dieser Angelegenheit kooperieren konnte oder wollte.

Das bedauere ich natürlich. Aber ich bin dem Autor dankbar, mir mit dem Hinweis auf seinen 2022 veröffentlichten Film *Rex Gildo – Der letzte Tanz* eine wichtige Spur gelegt zu haben. Es ist ein semidokumentarisches Werk, wie schon aus der vorangestellten Devise hervorgeht: »Frei erzählt nach wahren Begebenheiten«. Demgemäß setzt es sich aus (nach-)gespielten oder auch fiktiven Szenen zusammen, aus Interviews mit WeggefährtInnen und archivalischen Materialien.

An dieser Stelle muss ich ein Geständnis machen. Als Angehöriger des Jahrgangs 1953, der als Schüler mit der APO, der Außerparlamentarischen Opposition, sympathisiert und sich für die amerikanischen Singer-Songwriter Joan Baez und Bob Dylan begeistert, weil sie sich für den Frieden in Vietnam einsetzen, sehe ich in Rex Gildo damals nur den belanglosen »Schlagerfuzzy«, dessen »Hossa« unendlich nervt. Sein vorzeitiger Tod berührt mich später dennoch. Ich ahne, dass er mit seinem äußerlich glanzvollen, in Wahrheit aber fortschreitend unglücklichen Leben zusammenhängt. Von Praunheims Porträt öffnet mir die Augen, wie tragisch Gildos Verstrickung mit dem Schlagergeschäft und der Entertainment-Industrie war. Wie der Kommerz und die Gesellschaft ihn förmlich erstickten, weil er seine Homosexualität hinter dem Blendwerk einer Scheinehe verstecken musste und auch nicht altern durfte. *Der letzte Tanz* lässt mich zudem erkennen, in welchem Ausmaß Gildo professionell war. Er ist nicht nur der schöne, begabte Jüngling, sondern einer, der eine profunde Ausbildung in Tanz, Schauspiel und Gesang durchlaufen hat. Das bestätigen jedenfalls die eingespielten Interviews in Praunheims Porträt. Eine der Gesprächspartnerinnen ist die Schauspielerin Vera Tschechowa. Als sie mit Rex dieselbe Ballettschule besucht, fällt er ihr sogleich auf. »Du bist ein toller Ballerino«, entfährt es ihr.

Zu den von Praunheim ausgewählten Zeuginnen gehört auch Cornelia Froboess. Zwischen ihr und Rex bestand ein nahezu geschwisterliches Verhältnis. Bei gemeinsamen Aufnahmeterminen, erinnert sie sich, hätten sie oft so herumgealbert, dass den genervten Tontechnikern der Kragen platzte. Conny und Rex besingen nicht nur manche Platte (etwa 1960: *Yes, My Darling*), sie drehen gemeinsam auch drei recht erfolgreiche Schlagerfilme: zunächst *Hula-Hopp, Conny* (1959), von dem Praunheim einen kleinen Ausschnitt zeigt; noch im selben Jahr folgt *Ja, so ein Mädchen mit 16,* während *Meine Nichte tut das nicht* 1960 das Trio vollendet.

Die Musik für die beiden letzten Kinohits stammt zu wesentlichen Teilen von Gerhard Froboess. Daher übt er mit seiner Tochter und ihrem smarten Partner die betreffenden Filmschlager ein, meist daheim, in der Villa im Grunewald. Rex genießt die gediegene, häusliche Wärme, die ihn hier umfängt. Schon früh hat er die Mutter verloren. Sie stirbt nach einer langen Zeit des Leidens an Multipler Sklerose. Sein Vater hat die kleine Familie schon Jahre zuvor verlassen. Ein Mensch, der einsam ist, ein Schlagersänger, der erfolgreich ist, ein Mensch, der einsam ist – das ist der Dreisatz eines traurigen Lebens.

Gerade wenn sie auf Gildos Laufbahn blickt, weiß Cornelia Froboess, wie richtig sie damals lag, als sie sich aus der Welt des oberflächlichen Scheins zurückzog, um sich ohne Wenn und Aber dem Theater hinzugeben. Natürlich, gleich ahnt sie es nicht, dass sie auch als Bühnendarstellerin ein Beben auslöst. Doch kommt es dazu, wie wir heute wissen, und zwar heftig. Abzulesen ist derlei nicht zuletzt an ihrer »akademischen« Karriere. Seit 1991 gehört sie als ordentliches Mitglied der Akademie der Darstellenden Künste in Frankfurt/Main an. Im selben Jahr erhält sie, wie erwähnt, einen Ruf an die Bayerische Akademie der Schönen Künste in München. Schon 1985 hat man sie an die Akademie der Künste Berlin, Sektion Darstellende Kunst berufen – eine Mitgliedschaft, die nach der Wiedervereinigung und der Zusammenlegung der Akademien von Ost- und Westberlin, verlängert wird.

Am 2. November 2013 veranstaltet die Berliner Akademie einen *Abend für Walter Jens*. Der Altphilologe und Rhetorikprofessor, der die Institution von 1989 bis 1997 geleitet hat, ist einige Monate zuvor im Alter von neunzig Jahren gestorben. Nun sind Hunderte seiner KollegInnen zusammengekommen, um an den faszinierenden Gelehrten und sein weitgefächertes Werk zu erinnern.

Klaus Staeck, der Urheber bekannter politisch-satirischer Grafiken und seit 2006 Präsident der Akademie, führt durch die Veranstaltung. Gemeinsam mit dem Theologen Friedrich Schorlemmer und Florian Kessler, dessen Buch *Mut Bürger. Die Kunst des neuen Demonstrierens* eben erschienen ist, spricht er über das Thema Zivilcourage. Eben diese, da sind sich die Diskutierenden einig, hätten Walter Jens und seine Frau, die Germanistin Inge Jens, vielfach bewiesen, besonders nachdrücklich aber 1983 in Mutlangen, als sie gemeinsam mit anderen, darunter die Schriftsteller

Heinrich Böll und Günter Grass oder die Schauspielerin Barbara Rütting und ihr Kollege Dietmar Schönherr, gegen die Stationierung von nuklearen Pershing-II-Raketen demonstrierten.

Zu den künstlerischen BeiträgerInnen der Jens-Veranstaltung gehört Cornelia Froboess, die sich seines schriftstellerischen Werkes annimmt. Unter anderem liest sie einen Text, den Jens der Gruppe 47 widmete, jenem Kreis von SchriftstellerInnen, der nach dem Zweiten Weltkrieg die deutsche Literatur so massiv geprägt hat. Hier bringt der Autor seine zwiespältigen Gefühle gegenüber der Gründungsphase zum Ausdruck. Leider gebe es über sie kaum dokumentarisches Material. Aber das Manko sei zu verkraften. Denn keine Niederschrift wäre in der Lage, das Knistern im Raum festzuhalten, als Günter Grass damals aus seiner *Blechtrommel* las. Er, Jens, sei stolz, dabei gewesen zu sein. Ein anderes Prosastück entnimmt Froboess Jens' 1989 erschienenem Lesebuch *Die Friedensfrau*. Es trägt die Überschrift *Für Ida Ehre*, huldigt also der großen, in Hamburg wirkenden Schauspielerin, die kurz vor der Veröffentlichung des Sammelbandes gestorben ist. In dem Prolog stellt Jens die Frage, weshalb es für ältere Frauen so wenig spannende Rollen gibt – ein Problem, das Cornelia Froboess nur allzu gut bekannt ist:

»Seltsames Volk, die Dichter:
Nathan, König Philipp, Lear,
Der greise Faust: Nur Männer.
Alles Männer.
Ja, wenn einer über sechzig ist,
Ein Schauspieler,
Dann tut er gut daran, ein Mann zu sein.
[…]

Denn eine Frau, sag' ich,
Die nicht mehr Gretchen oder Minna
Und auch nicht mehr Marthe Schwertlein ist,
Die darf in Nebenrollen greinen,
Darf als alte Amme, Tante oder Nachbarin
Die Hände ringen: so – macht eine tickhafte Alte nach –,
Ein bisschen seltsam schon,
Verwirrt und liebenswert,
Während die Männer ihren großen Auftritt haben:
O armer Lear! Mein edler Philipp! […]«

Cornelia Froboess kann aber nicht nur den Prolog von Jens auf sich beziehen, sondern auch das Motto der Gedenkveranstaltung: »Ich lerne dazu: unermüdlich und mit Vergnügen.« Denn sie vollzieht in den kommenden Jahren einen radikalen Rollenwechsel. Sie, die bislang meist Frauen darstellt, deren Seelenleben hochkomplex ist, Frauen, die nicht im Sturm erobert werden können, ja, ihre Erschließung durch vorgelagerte Labyrinthe erschweren, sie entdeckt nun die »schräge Alte« in sich – gemäß der Losung »Komisch kann ich genauso«.

Wenn man so will, arbeitet die Schauspielerin ab jetzt an ihrem Alterswerk, das sich ausgesprochen heiter gibt und gern das Menschlich-Skurrile beleuchtet. Den Auftakt dazu bildet die 2014 von der ARD ausgestrahlte Komödie *Almuth und Rita*. Deren Darstellerinnen, Senta Berger und Cornelia Froboess, kennen sich bereits seit mehr als fünf Jahrzehnten. Sie standen schon zu Beginn der 1960er-Jahre gemeinsam vor der Kamera: bei den Dreharbeiten für das Lustspiel *Junge Leute brauchen Liebe*, in dem auch Oldies wie Johannes Heesters oder Hubert von Meyerinck mitwirkten. Nun aber zeigen Almuth und Rita die Kehrseite der Medaille, nämlich dass auch alte Leute Liebe brauchen. Anfangs prallen die beiden Hauptfiguren jedoch unversöhnlich aufeinander: Almuth, eine wohlsituierte Zahnärztin, die gerade ihre Praxis geschlossen hat, und ihre Putzfrau Rita, die knallig und prollig auftritt, das Herz aber auf dem rechten Fleck hat. Ihre Arbeitgeberin lebt in einer weitläufigen Münchner Altbauwohnung, ist eine hochnäsige Bildungsbürgerin, zudem asozial bis zum Es-geht-nicht-mehr. Eigentlich interessiert sie sich nur für die eigene Person. Ihre in einem Seniorenstift wohnende Mutter besucht Frau Doktor einmal in der Woche, genau abgezirkelt, immer am Samstag von 16 bis 17 Uhr, wobei sie kurz vor Ende der Besuchszeit mehrfach auf ihre Armbanduhr zu schauen pflegt. Allerdings ist auch die Mutter ein gepanzerter Eisschrank. Von ihr hat Almuth den Spruch »Schluss, aus, Themenwechsel«, den Mutter und Tochter immer dann benutzen, wenn ihnen ein Gespräch nicht passt, oder wenn sie Angst haben, etwas von sich preisgeben zu müssen. Beide teilen auch das Defizit, selbst ihnen nahestehende Menschen nicht umarmen zu können, nicht einmal ihre Kinder. Rita erlebt Almuth jetzt, da die Zahnärztin sich im Ruhestand befindet, erstmals aus der Nähe (zuvor musste sie ihre Arbeit immer erledigen, wenn Frau Doktor aus dem Haus war). Und sie empört sich nun ebenso über deren Gefühllosigkeit, wie ihr der innerlich und äußerlich vereinsamte Mensch leidtut. Beide schenken sich nichts: Almuth wirft Rita vor, in einer vermüllten Wohnung zu leben, mit einem Mann, der im Unterhemd und mit Bierflasche Tag für Tag vor der Glotze hängt, während Rita ihrer Chefin gnadenlos und mit dauernd gedrückter Wiederholtaste unter die Nase reibt, kontaktunfähig zu sein und miese Laune zu verbreiten. Weil sie sich selbst nicht lieben könne, sei sie unfähig, Liebe zu geben. Ritas Flammenwerfer sorgt am Ende jedoch dafür, dass Almuths Permafrost in Tauwetter umschlägt.

Die Höhepunkte des Films sind allerdings nicht seine krawalligen Szenen, sondern die stillen Momente, wenn sich die Frauen aufeinander zubewegen, etwa jene Passage, in der Almuth den Koffer packt, um ein paar Tage in ihrem Landhaus am Starnberger See zu entspannen. Als sie Rita davon erzählt, spürt die sonst so Unnahbare deren Sehnsucht, es ihr gleichzutun, und lädt sie kurzerhand ein mitzukommen.

Die Kammersängerin Christa Ludwig gehört zur Riesenschar der Rita-Fans. »Ich möchte Ihnen ganz einfach meine Bewunderung zu ›Füßen‹ legen«, faxt der Weltstar Anfang Februar 2014 an Cornelia Froboess: »Ich freue mich über Ihre grandiose schauspielerische Entwicklung. Erst letztens sah ich Sie in der ARD in der Bombenrolle als Putzfrau. In der Nacht, als ich nicht schlafen konnte, schickte ich Ihnen 100 Briefe der Bewunderung. Es ist so selten, heute ein ausdrucksstarkes Gesicht zu sehen. Alle gespannt und mit weißen Zähnen! Ihr Gesicht spricht, Ihre Augen sprechen. Sie sind einfach toll.«

Der starken Resonanz beim Publikum verdankt sich die im Frühjahr 2016 in München, Dresden und Görlitz gedrehte Fortsetzung *Almuth und Rita – Zwei wie Pech und Schwefel.* Ob die beiden »Freundinnen« ein untrennbares Gespann bilden, wie es der Filmtitel nahelegt, bleibt lange Zeit fraglich. Jedenfalls hat sich ihre Beziehung nicht wirklich verändert. Rita putzt weiterhin Almuths Wohnung. Ihre Arbeitgeberin übt sich nach wie vor im Ruhestand und Kratzbürstigsein. Dann kommt es für beide zu schicksalshaften Veränderungen. Werner, Ritas Mann, stirbt plötzlich. Aufgrund der hohen Beerdigungskosten gerät die Trauernde in eine finanzielle Schieflage. Almuths Angebot, ihr unter die Arme zu greifen, lehnt Rita zunächst ab, »aus Stolz«, wie sie sagt. Die Probleme der Ruheständlerin liegen wieder einmal in ihrem selbstgerechten Auftreten. Sie vermasselt die Beziehung zu ihrem langjährigen Freund Klaus, obwohl er ebenso offen wie liebevoll um sie wirbt. Zwiespältig, wie sie nun einmal ist, lässt sie ihn ein wenig an sich heran, um ihn gleich wieder zurückzustoßen. Und als ihre Tochter mit den beiden Kindern kurzfristig bei Almuth einzieht, weil ihr Mann fremdgegangen ist und sie sich von ihm trennen will, hört ihre Mutter kaum zu, mischt sich aber ständig in die Erziehung ein. Schließlich gelingt es Almuth erneut, Rita wegzubeißen, die vor der »eisernen Lady« in ihre alte Heimat flüchtet, in die ehemalige DDR, zu einem früheren Freund von ihr und ihrem verstorbenen Mann.

Spätestens jetzt wird klar, dass es in den *Almuth und Rita*-Filmen nicht nur um einen gesellschaftlichen Konflikt geht, um ein »Ihr da oben« und »Wir da unten«, sondern auch um die politischen Spannungen zwischen Ost und West. Rita hat das »Selbst ist die Frau« von der Pike auf gelernt. Als sie der verwunderten Frau Doktor einmal ein Loch in die Decke bohrt, nennt sie das ihre Art von Bildung. Anders als Almuth verfügt sie über ein weit gespanntes soziales Netzwerk, das nicht nur, aber besonders in der DDR daseinserleichternd war. Allerdings muss Rita bei ihrer Rückkehr an ihren einstigen Lebensmittelpunkt entsetzt zur Kenntnis nehmen, wie abschätzig ihr Freund sich über Flüchtlinge und Migranten äußert, obwohl er vor vielen Jahren selbst als pakistanischer Werkstudent ins Land gelangt ist. So packt sie schon bald ihre Sachen und zieht zurück in ihre Wahlheimat. Einer Aussöhnung mit Almuth steht jetzt nichts mehr im Wege. Rita vergisst ihren Stolz, um sich von ihr helfen zu lassen. Und auch ihre Geldgeberin springt über den eigenen Schatten und erklärt, wie sehr sie Rita vermisst habe.

Die Vehemenz, mit der Ritas Freund die Flüchtlinge angreift, hat einen realen Hintergrund. Vor allem wegen des Syrienkriegs sind die Zahlen der AsylbewerberInnen in den Jahren 2015 und 2016 stark angestiegen, was einerseits für eine neue Willkommenskultur sorgt, andererseits aber auch vielen Deutschen Sorgen bereitet. Allein für das Gesamtjahr 2015 registriert das zuständige Bundesamt fast 900 000 Schutzsuchende. Bei der Sommerpressekonferenz der Bundesregierung sieht sich Kanzlerin Merkel genötigt, zu dem Sachverhalt Stellung zu nehmen. Dabei spricht sie Sätze, die in die Geschichte eingehen – Sätze, deren zentrale Aussage »Wir schaffen das« zum geflügelten Wort wird: »Ich sage ganz einfach: Deutschland ist ein starkes Land. Das Motiv, mit dem wir an diese Dinge herangehen, muss sein: Wir haben so vieles geschafft – wir schaffen das! Wir schaffen das, und dort, wo uns etwas im Wege steht, muss es überwunden werden, muss daran gearbeitet werden.«

Wie bei *Almuth und Rita* mischt sich auch in *Pokerface – Oma zockt sie alle ab* Komödiantisches mit Tragischem. In der 2016 urgesendeten Koproduktion von der ARD-Tochter Degeto und dem ORF ist Udo Zimmermann für die Dunkeltöne hauptverantwortlich. Der Promi-Zahnarzt belügt und betrügt seine Familie, weil er hochgradig spielsüchtig ist.

Mit dieser Thematik spricht der Film ein gesellschaftlich bedeutendes Problem an: Immerhin gibt es, so die Bundeszentrale für gesundheitliche Aufklärung 2021, allein in Deutschland rund 430 000 Spielsüchtige. Wie seine realen SchicksalsgenossInnen wartet Zimmermann mit einem typischen Verhaltensmuster auf. Auch er setzt mehr Geld ein, als ihm zur Verfügung steht. Und wenn ihn das Spielglück verlässt, bemüht er sich, mit immer höheren Summen die wachsenden Verluste auszugleichen. Als ihm das nicht gelingt, geht er mit krimineller Energie vor. Konkret liest sich das so:

Zimmermann überredet seinen Schwiegervater Kurt Hofer, ihm sein Haus zu überschreiben. Eine Änderung der Schenkungssteuer stünde kurz bevor, erläutert er ihm wahrheitswidrig, der Zeitpunkt sei jetzt günstig. Bei einem Notartermin wird die Sache besiegelt. Rosa Hofer, die Schwiegermutter, ist allerdings skeptisch. Also spioniert sie dem Verdächtigen nach. Dabei entdeckt sie, wie Udo eines Abends im Hinterzimmer einer halbseidenen Spelunke verschwindet. Ihm folgend, kommt sie mit Charly ins Gespräch, dem Mann hinter der Theke. Die beiden finden sich sympathisch, und so verrät er Rosa, dass ihr Schwiegersohn spielsüchtig ist und beim Pokern große Summen verloren hat.

Wenig später kommt Licht ins familiäre Dunkel. Trixi Zimmermann, Udos Frau, erhält einen Mahnbrief von der Bank. Die Raten für die Zahnarztpraxis und das Auto sind seit Monaten überfällig. Daher soll das ihnen von den Schwiegereltern überschriebene Haus versteigert werden.

Um der Misere zu entkommen, verfolgt Rosa einen riskanten Plan. Mithilfe von Charly erlernt sie das Pokern. So kann sie an einer Pokerrunde teilnehmen, aus der sie siegreich hervorgeht – nicht zuletzt wegen ihrer Antenne für Bluffer und Lügner. Rosa hat aber nicht nur Glück im Spiel, sondern obendrein in der Liebe. Sie gibt ihrem langweiligen Kurt den Laufpass, um fortan mit Charly zusammenzuleben.

Spielfreude, ja, Spielwitz zeichnet auch die beiden Hauptdarsteller aus, Cornelia Froboess als Rosa und Karl Fischer als Charly, die ein wahres Feuerwerk abbrennen. Die Rolle der Rosa, urteilt Tilmann P. Gangloff auf der Website *tittelbach.tv*, sei geradezu ein Geschenk für die Schauspielerin, die deren Entwicklung glaubwürdig mache: »Je mehr Zeit Rosa mit Charly verbringt, umso mehr blüht sie auf. Auch Karl Fischer, der ewige Sergente Vianello aus den Donna-Leon-Verfilmungen, hat sichtlich Spaß an seiner Rolle als brummiger Barkeeper, der zunehmend Gefallen an der etwas älteren Frau findet; allein die Dialogduelle dieser beiden lebenserfahrenen Menschen, die sich keinen Schmäh schuldig bleiben, sind ein Genuss.« Das spiegelt sich auch in der Publikumsgunst wider. *Pokerface* wird mehrfach wiederholt. Die Ursendung im Ersten sehen mehr als drei Millionen ZuschauerInnen.

Ein ebenso »schräges« Paar wie Rosa und Charly bildet Cornelia Froboess mit Tilo Prückner in der ZDF-Produktion *Ein Lächeln nachts um vier*, die im Dezember 2017 Premiere feiert. Seit fast fünfzig Jahren ehelich verbunden, beharken sich Rosi und der kauzige Walter, immer aber mit einem zärtlichen Grundton. Die beiden Turteltäubchen betreiben in der Adventszeit auf dem Hamburger Weihnachtsmarkt einen florierenden Glühweinausschank. Ihr Lebensmittelpunkt befindet sich indes auf dem Land: ein idyllischer, liebevoll gepflegter Bauernhof. Das Zentrum ihres Denkens und Fühlens aber bildet ihre Enkelin Jule, die bei ihnen aufgewachsen ist, weil ihre Eltern bei einem Autounfall gestorben sind. Inzwischen hat sich die Waise in eine junge Dame verwandelt, die Karriere machen will, auch wenn es in der weiten Ferne sein sollte, etwa in Jordanien, ihrer ersten Station. Von der Annahme dieses Auslandsjobs hält Jule nicht einmal ihre Liebe zu Rosi und Walter ab. Ins Grübeln kommt sie lediglich, als sie noch vor ihrer Abreise eine Affäre mit Max hat, einem charmanten Fernsehschauspieler. Doch so schön es mit ihm ist: Der Beruf geht vor und Jule macht sich auf den Weg. Übers Jahr treffen sie sich in Hamburg wieder, ein wenig enttäuscht voneinander, weil weder sie sich bei ihm noch er sich bei ihr gemeldet hat. Doch kochen die Gefühle schnell wieder hoch. Als Jule ihm mitteilen will, dass sie in Hamburg bleiben möchte, weil ihr Großvater einen Schlaganfall erlitten hat, kommt Max ihr zuvor. Stolz verkündet er, für einige Zeit nach Los Angeles zu gehen, um sich schauspielerisch zu professionalisieren. Eines Tages liest Jule in irgendeinem Boulevardblatt, dass Max Severin seine Zelte in Hollywood abgebrochen hat und wieder zu Hause lebt.

Um Max Halt zu geben, bietet Jule ihm an, mit ihr einige Wochen bei den Großeltern zu verbringen. Da treffen also die beiden Jungen, die ihr Glück noch nicht gefunden haben, und die beiden Alten, die sich immer selbst genug waren, aufeinander. Als die ungleichen Paare sich gerade austariert haben, platzt Lexa herein, Jules beste Freundin. Sie ist schwanger! Von Max, der sich seiner Verantwortung stellt, um das Kind gemeinsam großzuziehen.

Zwei Jahre vergehen, in denen Jule zurückgezogen lebt. Dann offenbart ihr Lexa, sich von Max getrennt zu haben. Und so kommt es, wie es kommen muss. Jule sucht jene Stelle am Elbufer auf, an der sie Max das erste Mal begegnete. Punkt vier klingelt ihr Handywecker – sie schaut auf und sieht ihren lächelnden Geliebten, den der »Tatort« gleichfalls angezogen hat.

Die Kritiker überschlagen sich. *Ein Lächeln nachts um vier* rage aus dem Herzschmerzkino gängiger Machart hervor. Cornelia Froboess und Tilo Prückner würden so entspannt und mit Herz spielen, dass man sie um ihr Altersglück nur beneiden könne. Natalia Belitzki als Jule und August Wittgenstein als Max stehen den bewährten Kollegen in nichts nach: Sie bedienen keinerlei Klischees, spielen leicht und zeigen ein feines Gespür für Nuancen.

Am 18. Oktober 2018 präsentiert das Erste die Komödie

Endlich Gardasee. Das Drehbuch liefert eine auf Cornelia Froboess zugeschnittene Erzählung, die der Schauspielerin ein nahegehendes Déjà-vu verschafft. Habe ich das alles nicht schon einmal gehabt?, fragt sie sich, die Sehnsucht nach dem Süden, nach einem Sommer an einem italienischen See, Liebeshändel, italienische Lieder, den Hauch von Welt? Ja, nur hat sich seit damals das Rad der Zeit gedreht. Damals – das ist 1960, als sie mit Peter Kraus am Luganer See den Schlagerfilm *Conny und Peter machen Musik* dreht. Damals spielt Peter Kraus einen Aushilfskellner, der dort in einem Luxushotel jobbt. Jetzt, 2018, hat der Altstar selbst ein Domizil in Lugano. Damals flirtet die siebzehnjährige Conny mit ihrem Peter. Jetzt ist sie, privat wie in *Gardasee*, Großmutter. Damals singt Peter Kraus »Va bene, va bene, ich bin ja so verliebt«. Jetzt, in *Gardasee*, erklingen italienische oder auf Italienisch getrimmte Canzoni, meist in der Interpretation von Sophia Loren: »Prego, prego, / anywhere you may go.«

Die italienische Diva ist das Idol von Lotti, einer Mittsiebzigerin, die zwar Hörgeräte hat, sie aber ablegt, wenn sie einfach mal nicht hören will. Das betrifft meist ihren Mann Heinz, der dank seiner Funkgeräte mit aller Welt Kontakt hat, aber eben den zu seiner Frau zu verlieren droht. Als es zwischen den beiden nicht mehr funkt, entschließt sie sich, Heinz zu verlassen und in eine eigene Wohnung zu ziehen. Ihre Entscheidung führt letztendlich dazu, dass sie mit ihrer Enkelin Eva an den Gardasee fährt. Lotti will so ihre vor Jahren ausgefallene Hochzeitsreise nachholen, während Eva hofft, dort Tobias zu treffen, mit dem sie eine Affäre hat.

In Meran angekommen, beziehen die Ladys ein hübsches Privatquartier. Schon bald nach der Ankunft erfüllen sich die Wünsche der beiden. Lotti lässt sich ihre Traumfrisur verpassen, ein hochtoupiertes, kastanienrotes Etwas à la

Sophia Loren. Und Eva begegnet auf dem Markt ihrem Herzprinzen.

Allerdings hat Lotti die Rechnung ohne den Wirt gemacht, ohne an ihren Heinz zu denken, der überraschend in Meran auftaucht. Mithilfe seines türkischen Gemüsehändlers hat er inzwischen kochen gelernt, um eine eigens für sie zubereitete Erbsensuppe mitzubringen, Lottis Lieblingsessen. Und er schenkt ihr einen Gutschein für die Übernachtung in einem Nobelschuppen am Gardasee, wo einst ihr Idol Sophia Loren abgestiegen ist.

Der Gardasee, Meran mit seiner Altstadt, die Südtiroler Alpen – all das bietet natürlich beeindruckende Kulissen. Aber die Qualität der Komödie ist auch nicht von Pappe. Regisseurin Ulrike Grote weiß die Personen gut zu führen, gibt ihnen den nötigen Raum zum Atmen. Ja, wenn sich Lotti und Eva während der Fahrt nach Meran im Auto unterhalten, kann man den Eindruck gewinnen, Cornelia Froboess und Julia Nachtmann würden improvisieren. Herrlich auch Willem Menne als Opa Heinz. Wenn er in seiner Hochwasserhose aus braunem Cord durch die Gegend schlurft, dann ist das komisch und rührend zugleich. Dass Lotti ihn nach mehr als vierzig Jahren Ehe verlassen will, befreit ihn aus seiner Erstarrung, er beginnt, um sein »Mädchen« zu kämpfen. Cornelia Froboess ist hier für jeden Spaß zu haben. Ihre Sophia-Loren-Frisur ist zum Schreien komisch. Und als sie mal in die Büsche muss, ruft sie einem vorbeiziehenden Spaziergänger »Hallöchen, Popöchen« nach. Das ist zwar nicht geistreich, aber kess und auch noch ein bisschen Berliner Göre.

Ostwind – »Was bringt er? Schnee oder Blumen?«

Cornelia Froboess hat mindestens drei private Leidenschaften. Eine ist ihre Liebe zu allen Arten von Rosen, die sie nach Möglichkeit selbst hegt und pflegt. Wer sie auf dem Rinklhof besucht, begegnet den stachligen Vielblühern gleich beim Entree. Auf dem Vorplatz hat Hellmuth Matiasek vor langen Jahren ein weites Rund aus Natursteinen errichtet, in dem Rosen aller Couleur gedeihen. Die zweite Passion der Rosenfreundin gilt – meist großen – Hunden, die ihr gesamtes Leben begleiten. Noch als Achtzigjährige spaßt sie in ihrem Haus mit einem wuscheligen Bernedoodle, einem jungen Wilden, der auf den Namen Pumuckl hört (das aber nur, wenn er will). Ihre Hingabe gilt schließlich den Tieren allgemein, besonders jedoch den Pferden. Um 1970 nimmt sie in München Reitunterricht. Eigene Pferde legt sie sich zwar nicht zu. Aber da es in der Nachbarschaft des Rinklhofs ein kleines Gestüt gibt, kann sie jederzeit und ohne großes Gewiggel aufsitzen, um das Glück der Erde zu genießen. Ihr Verhältnis zu den Vierhufern ist allerdings nicht so spontan wie das zu den Hunden, sondern ein eher durchdachtes. So interessiert es sie vor allem, die Körpersprache der starken Tiere zu ergründen.

Einschlägige Erfahrungen hat Cornelia aber nicht nur auf dem Pferd gewonnen, sondern auch dahinter, nämlich auf einem Sulky. Mitte der 1960er-Jahre flattert ihr die Einladung auf den Tisch, beim Hamburger Promi-Trabrennen mitzuwirken, einer zugkräftigen Charity-Veranstaltung. Zur Vorbereitung stellt man ihr einen Weltklassesportler an die Seite: Hänschen Frömming, der 1964 und 1965 das Trabrennen mit dem höchsten Preisgeld der Welt gewonnen hat – den d'Prix d'Amerique im Vélodrome de Vincennes bei Paris – und überdies ein honoriger Mensch ist, der während des Zweiten Weltkriegs jüdische Menschen in seinen Stallungen versteckte. Frömmings Haupttipp für seine junge »Kollegin«: die Zügel locker und das Pferd laufen lassen. Frauen hätten dafür, ist sich Frömming sicher, ein besonderes Zartgefühl. Die Einflüsterungen des Profis ziehen unweigerlich den Erfolg nach sich. Cornelia Froboess erreicht den zweiten Platz, wie sie noch heute amüsiert erzählt.

1970 begegnen sich der Meister und seine Schülerin zum zweiten Mal: In dem von Jürgen Roland moderierten Krimi-Ratespiel *Dem Täter auf der Spur,* genauer in der siebten, am 27. Juni erstausgestrahlten Folge *Puppen reden nicht,* treten beide gemeinsam auf. Das Konzept der beliebten Serie ist einfach zu beschreiben. Zunächst zeigt man den Film eines Kriminalfalls, der aber nicht aufgelöst wird. Um die Übeltäterin oder den Übeltäter zu enttarnen, muss sich im Studio ein Prominenten-Trio bewähren, das Roland sogleich vorstellt. Auch wenn er von einer tollen »Mannschaft« spricht, treten zwei Frauen auf: die damenhaft gewandete Opernsängerin Anneliese Rothenberger und Cornelia Froboess in einem blauen Boho-Kleid, in den seinerzeit angesagten weißen Stiefeln und einer jungenhaften Kurzhaarfrisur. Als Dritter im Bund gesellt sich Hänschen Frömming dazu. Interessant ist, wie verschieden die Promis den Fall angehen. Während die Opernsängerin und der Trabrennfahrer eher aus dem Bauch heraus einen potenziellen Täter nennen, wirft ihre Mitstreiterin einen analytischen

Blick auf das Geschehen und kann als Einzige das Rätsel lösen – die Schule des Theaters, kann man da nur sagen. Vorab erzählt die Hobby-»Kommissarin« aber noch eine nette Anekdote. Seinerzeit, bei dem Promi-Trabrennen, habe ihr Hänschen nicht nur mit Rat und Tat zur Seite gestanden, sondern ihr auch eine seiner Sporthosen geliehen, da sie über ein so spezielles Kleidungsstück nicht verfügte. Das habe ihr, kichert sie, offensichtlich Glück gebracht.

Jeder in der Branche weiß es: Pferdebücher oder -filme finden ihr Publikum meist unter jüngeren Mädchen. Wenn aber ich, ein bemoostes Semester, mich davon hinreißen lasse, dann will das etwas heißen. Obwohl ich mein Leben lang Tiere um mich hatte, hege ich vor Pferden mehr als Respekt, nicht zuletzt, weil ich die stattlichen Vierbeiner nicht richtig lesen kann. Ich halte denn auch Abstand zu ihnen, das erscheint mir sicherer. Wenn nun so einer bei Pferdemovies ins Schwärmen gerät, wenn er es bedauert, nicht reiten zu können, muss an der Sache schon etwas dran sein.

Und in der Tat ist Regisseurin Katja von Garnier mit dem ersten, 2013 in den Kinos gezeigten *Ostwind*-Film ein Meisterstück gelungen. Sie schafft es, die Körpersprache hochsensibler Pferde so ins Bild zu setzen, dass auch der Unkundige sie verstehen kann. Wenn Ostwind der Pferdeflüsterin Mika sein Vertrauen schenkt und ihr weichlippig den angebotenen Apfel aus der Hand nimmt, dann rührt das. Wenn das Mädchen und der Rappe (beide mit wehender Mähne) über den weißen Strand der Nordsee galoppieren, entsteht etwas Magisches. Ross und Reiterin verschmelzen zur Einheit – Natur und Mensch im Gleichklang, ein paradiesisches Bild. Wenn Ostwind, der sich eben aus dem Transporter des Pferdeschlächters befreit hat, auf Mika zustürmt, ist es wirklich keine Schande, feuchte Augen zu bekommen.

Und wenn die pferdeaffine Cornelia Froboess in die Rolle der Maria Kaltenbach schlüpft, einer Olympiasiegerin im Springreiten, die von ihrem Hengst Ostwind so verletzt wurde, dass sie am Stock gehen muss, sich dann aber nach Jahren zurückkämpft, um den mächtigen Rücken eines Pferdes wieder unter sich zu wissen, kann man die Kraft der Sehnsucht spüren. Das Ringen der Maria Kaltenbach – eine traurig-schöne Geschichte, erzählt in fünf *Ostwind*-Filmen, die zwischen 2013 und 2021 entstehen und einen Boom auslösen, auf dem Buchmarkt wie im Kino.

Doch der Reihe nach. Während des Sommers 2012 trifft man sich im Großraum Kassel für die Dreharbeiten zu *Ostwind. Zusammen sind wir frei.* Die textliche Vorlage des Films stammt aus der Schreibwerkstatt von Kristina Magdalena Henn und Lea Schmidbauer. Im Mittelpunkt ihrer Erzählung steht die von Hanna Binke gespielte Mika Schwarz. Der Dreizehnjährigen droht eine schulische Ehrenrunde. Deshalb wird das Mädchen von den Eltern dazu verdonnert, die Ferien auf dem abgelegenen Reiterhof seiner Großmutter zu verbringen, Maria Kaltenbach, einer strengen Dame, der wie gesagt Cornelia Froboess Gesicht und Stimme leiht. Mika und Maria gehören nicht nur verschiedenen Lebenswelten an. Sie haben sich auch jahrelang nicht mehr gesehen. Kein Wunder, dass Mika zunächst fremdelt und sich in die neue Situation erst einfühlen muss. Als sie eines Nachts nicht einschlafen kann, hört sie das unruhige Wiehern eines Pferdes. Sie geht den Lauten nach und landet im Stall eines Hengstes, der in einer Einzelbox steht. Sich selbst einsam fühlend, ahnt sie, was in ihm vor sich geht. Freundlich spricht sie ihn an. Das Tier beruhigt sich. Jetzt wagt es Mika, die Tür des Verschlags zu entriegeln und dem Pferd einen Apfel zu reichen. Müde, aber irgendwie glücklich schläft sie neben Ostwind ein. Ihr Erwachen aber ist furchtbar. Sie sieht, wie der Hengst stöhnend zu Boden sinkt, getroffen vom Betäubungspfeil des für den Reiterhof verantwortlichen Tierarztes. Dem entsetzten Mädchen erläutert man den Grund: Der Rappe sei ein gefährliches, aggressives Tier. Maria Kaltenbach untersagt ihrer Enkelin denn auch, sich Ostwind ein weiteres Mal zu nähern – eine Anweisung, der Mika nicht Folge leistet, weil sie erkennt, wie schlecht er mit der »Einzelhaft« zurechtkommt. Dank der Hilfe von Herrn Kaan, dem ehemaligen Reitlehrer von Gut Kaltenbach, gelingt es ihr Schritt für Schritt, das Vertrauen von Ostwind zu gewinnen.

Als Mika zu Ohren kommt, dass ihre Großmutter Ostwind für »unbrauchbar« hält und ihn deswegen zum Abdecker schicken will, beschließt sie, ihren Liebling zu retten. Um dessen Tauglichkeit zu beweisen, nimmt sie an einem Springderby teil.

Kurz vor Wettbewerbsbeginn erscheint eine neidische Konkurrentin bei Mika. Unter dem Vorwand, Ostwinds Fesseln schützen zu wollen, überreicht sie ihr zwei Gamaschen, die sie mit einer brennenden Salbe präpariert hat. Gutgläubig legt Mika sie dem Pferd an. Aber schon als sie mit ihm auf den Platz trabt, spürt sie sein merkwürdiges Verhalten. Wenig später scheut Ostwind, wirft die Reiterin ab und begräbt Mika unter sich, ohne sie jedoch gefährlich zu verletzen.

Weil sie den wahren Sachverhalt nicht kennt, will Maria Kaltenbach den Rappen nun endgültig einem Schlächter übergeben. Mika steuert dagegen. Sie flüchtet mit Ostwind zu einer Freundin, die gerade ein Feriencamp an der Nordsee leitet. Als ihr Schützling dort eine schwere Kolik bekommt, ist Mika mit ihren Kräften am Ende. Sie kollabiert und wird in ein Krankenhaus eingeliefert. Zu sich gekommen, spürt sie intuitiv die tödliche Bedrohung ihres wieder nach Kaltenbach verbrachten Gefährten. Sie flieht aus dem Krankenhaus und nimmt sich ein Taxi zum Gut. Dort angekommen, verfällt sie in Apathie – im Glauben, Ostwinds Schicksal sei besiegelt, das Pferd sei auf dem Weg zum Schlachthof. Nahezu willenlos lässt sie sich von ihren Eltern abholen. Auf dem Nachhauseweg geraten die drei in einen Stau. Wieder gibt es so etwas wie eine Gedankenübertragung zwischen Mensch und Tier. Mika stürzt aus dem Wagen und eilt so schnell sie kann zur Koppel von Herrn Kaan. Und auch Ostwind hat Witterung aufgenommen, bricht aus dem Unterholz hervor und begrüßt seine »Lebensgefährtin«. Jetzt wechselt die Einstellung der Kamera. Aus der Vogelperspektive schaut man auf den Stau und dessen Ursache: auf den umgestürzten Pferdetransporter, dem Ostwind entkommen konnte.

Ostwind 1 entpuppt sich schon bald als Kassenschlager. Im März 2013 in die Kinos gekommen, begeistert er allein bis Ende Mai mehr als 750 000 ZuschauerInnen. Auch heimst er jede Menge Preise ein: von der Deutschen Film- und Medienbewertung das Prädikat »Besonders wertvoll«; oder auf der Filmkunstmesse Leipzig den Gilde-Filmpreis für den besten Kinderfilm; schließlich wird Hanna Binke – sehr zu Recht – für ihre Darstellung der Mika vom Kindermedienpreis *Der weiße Elefant* als beste Nachwuchsdarstellerin ausgezeichnet.

Der Erfolg hat eine Mutter: die Schweizer Pferdetrainerin Kenzie Dysli, die Hanna Binke bei den schwierigsten Reit- und Springszenen doubelt. Und sie bringt ihre eigenen Pferde mit, die sich die Rolle von Ostwind aufteilen. Der sanfte James hält sich den Rücken für Hanna frei, während der ungestüme Atila sich dem Willen seiner Chefin Kenzie beugen muss. Für die ausgelöste Sympathiewelle ist aber auch die exzellente Besetzung verantwortlich: Nina Kronjäger und Jürgen Vogel als Mikas Eltern; Detlev Buck als Tierarzt; oder Amber Bongard als Mikas vitale Freundin. Mit Tilo Prückner, als philosophierender Pferdetrainer Kaan einmal mehr an ihrer Seite, trifft sich Cornelia Froboess allabendlich nach den Drehtagen auf ein Glaserl Wein, um über verflossene Zeiten zu ratschen.

Zu den Hauptakteuren zählen aber nicht zuletzt die Drehorte. Da ist etwa der fast 600 Meter über dem Meeresspiegel aufragende Dörnberg, in der Nähe von Zierenberg gelegen. Er weist mit seinen Orchideen, Enzianen und markanten Wacholdern eine einzigartige Pflanzenwelt auf. Und wenn man von Weitem seine steil emporgerichteten Basaltsteine erblickt, könnte man fast an Stonehenge oder ein anderes Heiligtum der Steinzeit denken.

Für den Hof Kaltenbach bietet das nördlich von Kassel gelegene Gut Waitzrodt eine perfekte Kulisse. Es gehört zu dem Städtchen Immenhausen. Wenn Cornelia Froboess an diesen Ort denkt, beginnt ihr Herz schneller zu schlagen. Denn eben hier wohnte fast zwei Jahrzehnte lang Lilli Jahn, jene jüdische, 1943 ermordete Ärztin, deren Briefe die Schauspielerin 2012, im Produktionsjahr von *Ostwind*, auf der Bühne des Berliner Ensembles in einer szenischen Lesung präsentiert.

Am 27. März 2014 informiert der *Stern:* »Große Literatur, für Mädchenseelen der rechte Schmierstoff!« Gemeint ist die *Ostwind*-Fortsetzung, die es eigentlich gar nicht geben sollte, weil man den Vorgänger für in sich geschlossen hielt. Angesichts des außergewöhnlichen Echos legte das AutorInnen-Duo Henn und Schmidbauer aber nach. Dieses Mal findet die Entwicklung in umgekehrter Reihenfolge statt. Hatte *Ostwind 1* ein großzügig bebildertes »Buch zum Film« nach sich gezogen, so folgt dem Roman *Ostwind. Rückkehr nach Kaltenbach* nun der Film *Ostwind 2*, der im Sommer

2014 gedreht wird. Wieder sind die »üblichen Verdächtigen« mit von der Partie: Cornelia Froboess, Tilo Prückner, Hanna Binke und die anderen. Die strahlenden Helden aber sind die Pferde, vor allem gegen Schluss, als eine größere Herde, die man aus dem Knast eines Abdeckers befreit hat, durch ein idyllisches Dorf galoppiert, von Weitem schon als Donnergrollen vernehmbar – Bilder, die Katja von Garnier wunderschön inszeniert, auch mit Blick auf die ungläubig staunenden Einwohner. Doch gibt es auch menschenschauspielerische Höhepunkte, etwa wenn Tilo Prückner als Pferdeversteher Kaan – zum Schreien komisch – Ostwind »vortanzt«, wie er seine Pirouetten, Passagen und Piaffes auszuführen hat. Oder wenn die Froboess als Maria Kaltenbach den Kaufvertrag, mit dem ihr ein hinterlistiger Trainer Ostwind zu einem Dumpingpreis abluchsen will, unterschreibt, indem sie den Namen ihres ersten Pferdes einsetzt und so das Geschäft innerlich grinsend zunichtemacht.

Dramaturgisch geschickt ist auch die Idee, die legendäre Stute Halla einzubauen. Sie, das einzigartige Springpferd Hans Günter Winklers, wird nicht nur mehrfach als Großmutter Ostwinds genannt. Ihre 1956 bei den Olympischen Spielen in Stockholm gezeigte Leistung bestimmt auch die zentrale Szene von *Ostwind 2*. Um Gut Kaltenbach vor der Pleite zu retten, hat sich Mika bereit erklärt, mit ihrem Liebling ein Turnier zu bestreiten, obwohl sie derartige Veranstaltungen eigentlich hasst. Als sie am Abend zuvor durch einen Wald reitet, prallt sie mit dem Kopf gegen einen Ast. Gehirnerschütterung! Dennoch tritt sie zum Springderby an. Aber sie ist nichts weniger als die Herrin des Geschehens. Taumelnd beginnt sie den Durchgang, beseelt von der Hoffnung, Gut Kaltenbach retten zu können. »Das ist jetzt dein Ding«, raunt sie Ostwind zu, »du musst übernehmen.« Und der legt sich mächtig ins Zeug und bewältigt den Parcours mit Leichtigkeit. Aber als er mit seinem »Gepäck« ins Ziel kommt, wird Mika ohnmächtig.

Es ist, als habe man hier den berühmten Goldritt Hans Günter Winklers nachgestellt. Oder sollte man besser sagen den Goldritt Hallas? Denn der erfahrene Springreiter hat sich kurz vor dem olympischen Wettbewerb einen Leistenbruch zugezogen und kann sich trotz starker Schmerzmittel kaum auf dem Sattel halten. So überlässt er seiner Halla die Führung, so wie Mika die ihre an Ostwind abgibt.

Halla und Hans Günter Winkler erkämpfen sich auf spektakuläre Weise die Goldmedaille – einen Sieg, den die mental lädierten Deutschen begeistert feiern. Dem »Wunder von Bern«, so ihre Wahrnehmung, folgte das »Wunder von Stockholm«, auf Sepp Herberger Hans Günter Winkler. »Die ganze Geschichte«, erinnert sich der 2018 verstorbene Sportler, »ist eine Nachkriegsgeschichte, die man heute gar nicht nachvollziehen kann. Und je mehr ich sie erzähle, desto unwahrscheinlicher wird sie für mich. Wenn ich die Geschichte dann wirklich überdenke, weil die Leute immer intensiver fragen, sag ich, es ist wirklich ein kleines Wunder, was dieses Pferd mit mir gemacht hat.«

2020–2021
Spätlese: Auslese

Sie alle haben diesen Preis bekommen, ihre FreundInnen, KollegInnen und WeggefährtInnen: Peter Alexander (1993), Hans-Joachim Kulenkampff (1994), Mario Adorf (1995), O. W. Fischer (1996), Caterina Valente (1998), Horst Tappert (1998), Maximilian Schell (1999), Johannes Heesters (2001), Peter Weck (2005), Senta Berger (2007), Klaus Maria Brandauer (2010) oder Thomas Gottschalk (2014). Im Jahr 2020 kann sich Cornelia Froboess dem illustren Kreis anschließen. Gemeinsam mit Peter Kraus erhält sie die Platin-Romy für ihr Lebenswerk, eine Auszeichnung, die das österreichische Journal *Kurier* seit 1992 an Fernseh- und Kinoleute vergibt. Die Verleihung des Ehrenpreises geht immer recht glanzvoll über die Bühne, mit prominenten ModeratorInnen und in den Räumlichkeiten der Wiener Hofburg. Doch der für den 18. April angesetzte Termin muss dieses Mal ausfallen.

Ende 2019 dringen erste Meldungen nach Europa vor, dass sich im chinesischen Wuhan ein gefährliches, bis dato unbekanntes Virus ausbreitet. Anfangs gehen die verantwortlichen Behörden in Deutschland und Österreich noch davon aus, das Coronavirus, so bald die populäre Bezeichnung, würde ihre Länder nicht tangieren. Doch die Einschätzung der Lage ändert sich schnell. Ende Januar 2020 melden die Franzosen erste Fälle. Es kommt zu Clusterbildungen in Bayern, in der Lombardei und im österreichischen Skiort Ischgl. Dann überschlagen sich die Ereignisse, Besuchsverbot in Seniorenheimen, das Schließen von Schulen wie Universitäten, Masken- und partieller Impfzwang – Maßnahmen, mit deren Hilfe die Infektionskurve zwar abgeflacht werden kann, die aber nicht verhindern, dass im Lauf des Jahres allein in Österreich mehr als 6000 Menschen »an oder mit« Corona sterben. Ups und Downs in der Pandemie sind auch in Deutschland zu beobachten. Nach einem ersten Lockdown im März 2020 verbessert sich die Situation vorübergehend, um sich im Dezember wieder so stark einzutrüben, dass die zuständigen Politiker einen zweiten Lockdown beschließen. Kulturelle Veranstaltungen im physischen Beisammensein werden weitgehend verboten. Der Distanzunterricht wird für SchülerInnen zur täglichen Übung. Die Gesellschaft übt sich im Homeworking. An die Bevölkerung ergeht die dringende Bitte, sich an die AHA-Regeln zu halten (Abstand, Hygiene, Alltagsmaske). Im selben Monat beginnen die Impfungen mit den überraschend schnell entwickelten Wirkstoffen. Sie und diverse Pflichttests sorgen für eine gewisse Entspannung.

So kommt es, dass Cornelia Froboess ihre Platin-Romy ohne live anwesende ZuschauerInnen entgegennehmen muss, im sozusagen menschenleeren Gärtnerplatztheater, am 5. Mai 2021, im Rahmen einer ORF-Übertragung. Den Deutschen Schauspielpreis für ihr Lebenswerk überreicht man ihr jedoch wieder live, vor Publikum.

Ort und Zeit des Geschehens: Berlin, Clubrestaurant Spindler & Klatt, am 3. September 2021. In ihrer kurzen Dankesrede kämpft die Geehrte mit den Tränen. Sie lässt noch einmal ihre Kindheit in der Gottschalkstraße Revue passieren – eine Zeit, in der man noch zwischen West und Ost pendeln konnte. Dann brandet der nicht enden wollende Beifall der Gäste auf.

Cornelia Froboess nennt diese Auszeichnung »unbeschreiblich«, weil sie nicht etwa von KritikerInnen, sondern von KollegInnen verliehen wird, konkret vom Bundesverband Schauspiel, dem Interessenverband deutscher DarstellerInnen.

»Als Kinder- und Teeniestar mit der traumwandlerischen Sicherheit im Auftritt und dem durchlässigen Glanz in der Mimik ausgestattet, bezauberte sie Nachkriegsdeutschland, bediente auch die Sehnsucht nach unbeschwerter Lebensfreude«, heißt es in der Begründung des Bundesverbands Schauspiel. »Cornelia Froboess' Karrierestationen über den Filmstar der Fünfzigerjahre bis zur gefeierten Theaterschauspielerin an den Münchner Kammerspielen dagegen stellen sich aus heutiger Sicht wie eine leichte und selbstverständliche Metamorphose dar. Ob Komödie oder unter die Haut gehendes Drama, sie lässt alles selbstverständlich und beneidenswert leicht aussehen und schafft es, den Kern ihrer überaus einnehmenden Persönlichkeit in ihren Rollen auf eine Weise erstrahlen zu lassen, die die Zuschauer in dem Wunsch schweben lässt, immer mehr und noch mehr davon zu erleben.«

Nachspiel

»Heilige Gefäße sind die Dichter,
Worin des Lebens Wein, der Geist
Der Helden, sich aufbewahrt,
Aber der Geist dieses Jünglings,
Der schnelle, müßt' er es nicht zersprengen,
Wo es ihn fassen wollte, das Gefäß?
Der Dichter laß ihn unberührt wie den Geist der Natur,
An solchem Stoffe wird zum Knaben der Meister.
Er kann im Gedichte nicht leben und bleiben,
Er lebt und bleibt in der Welt.«

Friedrich Hölderlin,
Buonaparte

Nein, ich bin kein Dichter, und Cornelia Froboess ist auch nicht Buonaparte. Aber während ich ihre Geschichte erarbeite, kommen mir eines Tages Hölderlins Verse in den Sinn und verlassen mich nicht mehr. Sie begleiten mich beim Schreiben wie ein Mantra.

Die Frage, ob ich sie denn »fassen« kann oder konnte, geht mir immer wieder durch den Kopf (und sie tut es selbst jetzt noch, wo ich auf der Zielgeraden bin). Manchmal meine ich, dass die Darstellerin, die sich doch Abertausende Male auf der Bühne dem Publikum preisgegeben hat, sich auf eben diese Weise versteckt haben könnte. Ihre steten

Wandlungen und Verwandlungen wären dann eine Art Tarnkappe, die vielleicht dazu dient, bei sich selbst bleiben zu können (sie selbst ist sich da nicht ganz schlüssig, hält es jedoch für möglich). So ganz will das aber auch nicht stimmen. Natürlich und nach eigenen Aussagen schleust sie in ihre Deutung der Rollen etwas aus ihrem Tiefinneren ein. Das ist eine der tragenden Säulen ihres Erfolges. Solche Spurenelemente fügen sich aber nur schwer zu einem in sich ruhenden, stabilen Gesamtbild.

Die Beschäftigung mit Cornelia Froboess lässt sich eher mit dem Blick in ein Kaleidoskop vergleichen. Dessen bunte Kristalle geben für einen Moment ein stimmiges Ganzes. Doch wenn man das Gerät leicht schüttelt, ergibt sich eine weitere Ansicht, die zwar auch in Ordnung ist, aber eben anders. Das Spiel ließe sich fortsetzen – auch beim »Biografieren« der Schauspielerin: Ihr Leben bietet Buntheit und Kristalle genug. »Nichts ist eindeutig«, lautet einer ihrer Leitsätze, »weder im Leben noch in der Kunst.«

Die »kleine Cornelia« ist allerdings ein eher offenes Buch, auch wenn ihre Energie schon damals rätselhaft erscheinen mag. Der jahrelange Marathon aus Kino- und Schallplattenaufnahmen, die Tourneen mit ständig wechselnden Orten und Menschen, das Leben in diversen Hotels, dazu lange Auto- und Busfahrten, die Probenhektik, Autogrammstunden, Gespräche mit den Presseleuten, das Posen für die Fotografen – all das haut sie nicht um. Und selbst die schulische Belastung meistert sie (Belastung, weil sie keinen streng getakteten Unterricht bekommt, sondern die privat erworbenen Kenntnisse in speziellen Prüfungen nachweisen muss).

Anrührende Dokumente dieser Zeit sind ihre Schulhefte und Tournee-Tagebücher. Die Einträge in Letztere beginnen meist mit einem knappen Urteil über die Qualität des jeweiligen Hotels. Aber man erfährt auch, welche Filme Cornelia sich während der Konzertreisen angeschaut hat, 1954 etwa den im Vorjahr gedrehten Streifen *Die Regimentstochter* mit Fritz Muliar (ihr Kommentar: »Furchtbar!«), die ebenso aktuelle Literaturverfilmung *Meines Vaters Pferde* mit Curd Jürgens (»Sehr hübsch!«), den gleichfalls 1953 produzierten Kinofilm *Der gelbe Ballon* (»Sehr spannend!«) oder die bereits 1949 gedrehte, amerikanische Liebesromanze *Kleine, tapfere Jo* mit Elizabeth Taylor (»Wundervoll und sehr traurig. Wir haben alle drei geweint«).

Dass die Elfjährige sich filmische Novitäten anschaut, hat auch mit ihrer Profession zu tun, liefern sie ihr doch Anschauungsmaterial, aus dem sie etwas über das Metier lernen kann. Immerhin steht sie im selben Jahr selbst vor der Kamera, für den Film *Die große Starparade*. Die Tagebücher verraten auch den Wechsel eines wichtigen Kooperateurs, der Schallplattenfirma, von der Kölner Electrola zur in Hannover beheimateten Polydor. Während seiner Frühjahrstournee 1954 notiert der Kinderstar: »Köln. Außerhalb der Tournee zu Schallplatten-Aufnahmen. Letztes Zusammentreffen mit Electrola. Alle waren sehr traurig. Besonders Herr Veder [Ladislaus Veder war der Geschäftsführer des Labels]. Mir tat es sehr weh. Bis nachts um halb eins Aufnahmen gemacht. Prima!« Wenige Seiten später findet sich der Eintrag: »Hannover. Central-Hotel – wie immer. Von Polydor einen süßen kleinen Hund geschenkt bekommen. Sehr aufmerksam! Am Sonntag, am 9. Mai, war Muttertag. Ich habe Mutti ein Riesenmarzipanbrot geschenkt. Über mein kleines Gedicht hat sie sich sehr gefreut.«

Überraschend an den Tagebüchern ist zudem, welch großen Raum die kulturelle Bildung einnimmt. Gemeinsam mit und angeleitet von der kundigen Frau Morchel, einer ihrer Privatlehrerinnen, besucht Cornelia den Bamberger

Dom, bewundert den Bamberger Reiter und den Altar von Veit Stoß. Und als sie in Bayreuth gastiert, begeistert sie sich für das Opernhaus. Sie erwähnt dessen Leiterin, die Markgräfin Wilhelmine, die Lieblingsschwester Friedrichs des Großen: »Als Baumaterial wurde nur Holz verwendet! Üppige Schnitzereien zieren die Wände und die Säulen. Die Bühne ist mit kunstvoll gemalten Kulissen ausgestattet. Das war für diese Zeit eine Neuerung – bis zum Barock spielte man Theater ohne Kulissen. Das war wirklich sehr interessant für uns, all das zu sehen.«

Aber Eltern und Lehrerinnen geben sich alle Mühe, auch für Cornelias Unterhaltung und Entspannung zu sorgen, wie das Mädchen schreibt: »Frankfurt. Im Zoo gewesen. Sehr schöne Tiere! Als wir ins Affenhaus kamen, wurde gerade etwas vorgeführt. Die Affen zeigten Kunststücke. Und aßen Bananen. Wir gingen weiter und kamen an den Elefanten vorbei. Der eine hatte ein schlimmes Bein. Das Schönste war, daß ein Elefant Mundharmonika spielte.«

Zur Auflockerung des proppevollen Terminkalenders dienen auch die Besuche beim Großvater mütterlicherseits, der im Taunus lebt. Anfang Juli 1954 kommentiert Cornelia das Wiedersehen: »Am Sonntag zum Opa gefahren und das Weltmeisterspiel im Fußball am Fernsehschirm verfolgt. Sogar der Herr Pfarrer war gekommen – Opa war sehr stolz. Hab' ich mich gefreut, als wir gewonnen haben! War furchtbar aufregend!!«

Der Eintrag ist eine Besonderheit im Tagebuch, weil er von einer kleinen Bleistiftzeichnung ergänzt wird. Der Cartoon zeigt drei Herren, zwei von ihnen rauchend, die das Endspiel, das »Wunder von Bern«, auf dem Bildschirm verfolgen. Der sichere Strich und die geschickt ausgewählte Perspektive sind so verblüffend, dass man die Miniatur einer Elfjährigen kaum zugetraut hätte. Ihre hier erkennbare

Gabe für das Optisch-Gestische grundiert später ihre Methode, sich Rollen zu erarbeiten. Basis dafür ist immer die genaue Beobachtung von Menschen, das Studium ihrer Bewegungen und Sprechweisen.

Verblüffend ist auch das von ihr geführte Heft »Geschichte«. Zu Beginn schildert die »kleine Cornelia«, wie sie gemeinsam mit Frau Morchel das Beethoven-Haus in Bonn besucht, so geschehen am 10. April 1954: »Vor uns stand ein schmales Haus mit zwei Stockwerken und einem Dachgeschoß. Wir zogen an einer alten Klingel. Es dauerte lange, bis einer kam. Aber dann machte uns ein älterer Herr auf. Von einem kleinen Hausflur führte uns eine Treppe in den ersten Stock. Da hingen viele alte Bilder. […] Dann kam ein kleines Kämmerchen, dunkel und finster. Das war das Geburtszimmer. Durch ein schmales Fenster schien die Sonne auf eine Büste Beethovens. Richtig unheimlich war es.« Und das Mädchen ergänzt seine Beobachtungen mit einer detaillierten Bleistiftzeichnung, die Beethovens »letztes Klavier« zeigt.

Von der farbigen Erfahrungswelt der »kleinen Cornelia« führt zweifelsohne eine direkte Linie zur großen Cornelia Froboess, zu einer Künstlerin, die sich dem Grau in Grau und der Eingleisigkeit kompromisslos verweigerte, weil sie unermüdlich Neuland suchte und sich niemals scheute, ins Risiko zu gehen – Cornelia Froboess, Urgestein und »Felsin« der deutschen Nachkriegsgeschichte.

»Ich spüre eine große Verwantwortung für das, was ich spiele«, bekannte sie 2008 in einem Gespräch mit Waltraud Worthmann. »Ich fürchte, dass wir nichts verändern, aber vielleicht doch etwas bewirken können. Mit ›bewirken‹ meine ich: Menschen zum Nachdenken zu bringen. Ich spiele nicht für mich, sondern für ein Publikum. Egal, ob ich eine sympathische oder unsympathische Frau darstelle, ob sie verloren, frustiert, leidend oder boshaft ist; ob es sich um eine Kindesmörderin oder Drogenabhängige handelt: Ich will durch meine Darstellung verständlich machen, warum sie so geworden ist. Sonst hätte die Arbeit keinen Sinn für mich. Ich versuche, so tief ich nur kann, mich in die Seele eines Menschen hineinzufühlen. Was ich möchte: dass Zuschauer betroffen sind, von dem, was sie da sehen.«

Dank

Er gilt zuerst Cornelia Froboess, die mir als Autor wie als Person ihr volles Vertrauen schenkte. Sie unterstützte meine Arbeit nachhaltig, indem sie mir Einsicht in ihr beeindruckendes Privatarchiv gewährte. Wie schön, dass wir uns trafen! Ein besonderes Vergnügen bereitete mir der Austausch mit WeggefährtInnen und/oder Korrespondenzpartnern von Cornelia Froboess: namentlich seien Hermann Beil, Dieter Kosslick und Rosa von Praunheim erwähnt. Sie erlaubten uns nicht nur, ihre privaten Briefe an die Schauspielerin zu veröffentlichen, sondern erläuterten oft deren Kontext oder würzten sie mit Anekdoten.

Archivseits möchte ich Babette Angelaeas vom Deutschen Theatermuseum München und Christiane Poos-Breir vom Deutschen Rundfunkarchiv Frankfurt am Main danken. Erstere führte mich ebenso freundlich wie kundig durch die gigantische Fotosammlung des Museums. Letztere wies mir den Weg zu den Ton- und Bildaufnahmen mit Cornelia Froboess, die in den Archiven der diversen Sendehäuser aufbewahrt werden.

Dem Knaur-Verlag gebührt dreifache Anerkennung: der Verlagsleiterin Angela Gsell, weil sie den Mut hatte, ein Buchprojekt außerhalb des Mainstreams zu ermöglichen, dem Bildredakteur Markus Röleke, der uns über die zahlreichen rechtlichen Klippen bei den Abbildungen hinweghalf, und schließlich dem Lektor Artur Senger für oft hart, aber fair geführte Debatten.

Eine Lesebegleiterin besonderer Art war mir die 87-jäh-rige Schauspielerin Claudia Brodzinska-Behrend. Ihre Be-geisterung für das werdende Buch motivierte mich stark.

Schließlich meine Frau Carola: Sie nahm an den meisten Gesprächen mit Cornelia Froboess teil, half mir bei der Ar-chivarbeit im Rinklhof und steuerte mich konstruktiv durch Phasen, wenn meine Nerven blank lagen. Ohne ihren Rat und ihre Tat hätte die Froboess-Biografie nicht innerhalb von nur einem Jahr entstehen können.

Matthias Henke,
im Sommer 2024

Literatur

Achternbusch, Herbert: *Ella. Gust. Mein Herbert. Weg. Vier Stücke*, hg. und mit einem Nachwort von Kurt Palm, Berlin 1988

Adler, Bruno: *Frau Wernicke. Kommentare einer »Volksjenossin«*, hg. und mit einem Nachwort versehen von Uwe Naumann, Mannheim 1990

Archiv der Jugendkulturen e.V. (Hg.): *50 Jahre Bravo*, Berlin 2005

Bartezko, Dieter: *»Wo meine Sonne scheint«. Caterina Valente. Ein Wirtschaftswunder*, München 1998

Berger, Senta: *Ich habe ja gewußt, daß ich fliegen kann. Erinnerungen*, Köln ³2006

Bernhard, Thomas: *Stücke 3. Vor dem Ruhestand. Der Weltverbesserer. Über allen Gipfeln ist Ruh. Am Ziel. Der Schein trügt*, Frankfurt a.M. 1988

Böll, Heinrich: *Frauen vor Flußlandschaft. Roman. Mit einem Text von Siegfried Lenz und einer Dokumentation über Leben und Werk des Nobelpreisträgers*, Köln 1985

Doerry, Martin: *»Mein verwundetes Herz«. Das Leben der Lilly Jahn 1900–1944*, Stuttgart und München ⁵2002

Dorn, Dieter: *Spielt weiter! Mein Leben für das Theater*, München 2013

Dultz, Sabine mit Dieter Dorn und Michael Wachsmann: *Münchner Kammerspiele. Schauspieler, Regisseure, Aufführungen 1976–2001*, Fotos von Oda Sternberg und Winfried E. Rabanus, München und Wien 2001

Elsaesser, Thomas: *Rainer Werner Fassbinder*, Berlin ²2012

Everding, August: *Zur Sache, wenn's beliebt! Reden, Vorträge und Kolumnen*, München 1996

Fischer, Michael, Hans Jürgen Wulff (Hg.): *Musik gehört dazu. Der österreichisch-deutsche Schlagerfilm 1950–1965*, Münster und New York 2019

Fischer, Michael, Johannes Müske (Hg.): *Schlager erforschen. Kulturwissenschaftliche Perspektiven auf ein populäres Phänomen*, Münster und New York 2023

Grabowsky, Ingo, Martin Lücke: *Die 100 Schlager des Jahrhunderts*, Hamburg 2008

Haas, Walter: *Evelyn Künneke. »Sing, Evelyn, sing«. Revue eines Lebens*, Hamburg 1982

Hobsch, Manfred: *Liebe, Tanz und 1000 Schlagerfilme. Ein illustriertes Lexikon – mit allen Kinohits des deutschen Schlagerfilms von 1930 bis heute*, Berlin 1998

Jansen, Peter W., Wolfram Schütte (Hg.): *Rainer Werner Fassbinder*, Frankfurt a.M. 1992

Jens, Walter: *Die Friedensfrau. Ein Lesebuch*, Leipzig 1989

Kuhn, Paul: *Swingende Jahre. Der Mann am Klavier erzählt seine Lebensgeschichte*, Reinbek bei Hamburg 1988

Lechner, Otto, Hellmuth Matiasek, Franz Willnauer: *Carl Orff und der Heilige Berg Andechs*, München 2008

Meyer, Ursula: *Marika Rökk Fanclub Album*, München 1999

Nejar, Marie: *Mach nicht so traurige Augen, weil du ein Negerlein bist. Meine Jugend im Dritten Reich*, Reinbek bei Hamburg 2007

Pargner, Birgit (Hg.): [Ausstellungskatalog] *Hinter den Worten. Die Schauspielerin Gisela Stein*, München und Leipzig 2017

Pfarr, Christian: *Ein Festival im Kornfeld. Kleine deutsche Schlagergeschichte*, Leipzig 1997

Reissinger, Marianne: *August Everding. Die Biographie*, München 1999

[Richter, Hans Werner]: *Hans Werner Richter und die Gruppe 47. Mit Beiträgen von Walter Jens, Marcel Reich-Ranicki, Peter Wapnewski u.a.*, München 2007

Schütt, Hans-Dieter: *Spielzeit – Lebenszeit. Thomas Langhoff*, Berlin 2008

Seidel, Klaus Jürgen (Hg.): *Die ganze Welt ist Bühne. August Everding*, München und Zürich 1988

Steinthaler, Evelyn: *Mag's im Himmel sein. Mag's beim Teufel sein. Stars und Liebe unterm Hakenkreuz*, Wien 2018

Stiftung Haus der Geschichte der Bundesrepublik Deutschland (Hg.): [Begleitbuch] *Melodien für Millionen. Das Jahrhundert des Schlagers*, Bonn 2008

Strauß, Botho: *Die eine und die andere. Stück in zwei Akten*, München 2005

Strauß, Botho: *Theaterstücke 1981–1991*, München ³2008

Strauß, Botho: *Trilogie des Wiedersehens. Groß und klein. Zwei Theaterstücke*, München ⁶2011

Tabori, George: *Bett & Bühne. Über das Theater und das Leben*, Berlin 2007

Vollmer, Antje, Hans-Eckardt Wenzel: *Hinter den Bildern die Welt. Die untergegangene Bundesrepublik in den Filmen von Rainer Werner Fassbinder. Ein Briefwechsel*, Berlin 2015

Vujica, Elke (Hg.): *Im Dialog mit Hans Weigel. Freunde und Weggefährten erinnern sich*, Graz, Wien und Köln 1998

Text- und Bildnachweis

Für den Liedtext von *Pack die Badehose ein* auf Seite 29/30: Abdruck mit freundlicher Genehmigung von Cornelia Froboess-Matiasek und der Familie Bradtke

Für den Liedtext von *Zwei kleine Italiener* auf Seite 58/59: Musik: Christian Bruhn – Text: Georg Buschor © 1961 by Edition Intro Meisel GmbH

Für die Textausschnitte aus *Frau Wernicke* von Bruno Adler auf Seite 185: © by persona verlag gmbh 1990

Für das Gedicht *Für Ida Ehre* aus dem Buch *Die Friedensfrau* von von Walter Jens auf Seite 231/232: © Walter Jens Nachlass

Abbildungen:

1, 2, 3, 8, 9, 13, 14, 15, 17, 18, 23, 24, 25, 28, 29, 30, 32 Archiv Cornelia Froboess; 4 picture alliance / United Archives | United Archives / kpa / Grimm; 5 Der Spiegel, 1952, Nr. 32; 6 INTERFOTO / Archiv Friedrich; 7 Konrad Hermann; 10 INTERFOTO / Archiv Friedrich; 11 Erwin Schneider; 12 Flughafen-Bild-Dienst-Wien, Kucera & Vinek; 16 Foto Othmar, Wien; 19 picture alliance / dpa | dpa; 20 picture alliance / dpa / Georg Göbel; 21 picture alliance / dpa / Georg Göbel; 22 picture alliance / Eva von Maydell | Eva von Maydell; 26 Deutsches Theatermuseum München, © Thomas Dashuber; 27 Jan Höfner, München; 31 picture alliance

Register